이 책은 설교의 대상에서 투명인간이나 부수적 존재로 취급받아온 여성들을 청중의 본래 위치로 올려놓음으로써, "여성에게 하나님은 누구신가?", "성경은 오늘을 살아가는 여성에게 뭐라고 말하는가?"라는 물음의 도전장과 함께 설교자를 위한 실용적인 지침을 제시해주는 안내서다. 이 책의 독특성과 장점은 설교와 젠더의 교차점이다. 즉 기존의 남성적 관점에서 다룬 설교 서적과는 달리, 성과 젠더 정체성, 성 역할, 성 이미지, 여성 심리학, 여성의 인식론 등 여성주의적 관점을 "성경적 설교"와 연결시켜 설명해주고 있다는 점이다. 『여성을 위한 설교』야말로 인간성 회복과 이웃 사랑을 모색하는 하나의 대안이라 확신하면서, 청중으로서 여성을 깊이 이해하길 원하는 모든 설교자에게 일독을 권한다.

강호숙 | 전 총신대학교 강사, 교회여성리더십

타락한 인간 세상은 늘 소외와 차별을 만들어내고 누군가를 소외시킨다. 본서는 남성 위주의 서구 문화 속에서 상대적으로 소외된 절대다수인 여성을 어떻게 이해하고 또 어떻게 그들에게 그들이 공감할 수 있는 방식으로 하나님의 말씀을 전할 수 있는지에 대해 깊이 있는 연구를 제시한다. 청중의 과반수가 여성인 한국 교회의 상황에서, 여성인 청중을 이해하고 그들에게 말씀을 전하려고 할 때 고려해야 할 사항을 잘 정리해주며 우리 시각과 관점을 열어주는 책이다. 이 책을 읽으며 청중으로서의 여성뿐만 아니라, 수많은 편견과 차별의 벽을 만들어내는 오늘의 세계 가운데 소외된 사람들에 대해 새롭게 눈을 뜨고 그들을 이해하고 그들에게 말씀을 전하는 법까지를 고려하게 된다.

김운용 | 장로회신학대학교 예배·설교학 교수

설교란 "본문에 대해 말하는 것이 아니라 본문을 통해 청중에게 말을 거는 행위"다. 설교가 그저 무엇을 말할 것인지에 머물지 말고 누구에게 말할 것인지를 고민하는 작업이 되어야 한다는 뜻이다. 대부분의 경우 말씀을 듣는 청중은 남성보다 여성이 더 높은 비율을 차지하고 있다. 그럼에도 그동안의 강단은 남성적 가치가 지배하는 설교가 주류였다. 본서는 이런 문제점을 지적하면서 여성을 위한 설교를 주창한다. 그러면서도 본서의 탁월함은 남성성과 여성성이라는 이분법적 대립 구도가 아니라, 통합적인 안목으로 설교의 방향성을 제시하고 있다는 점이다. 참으로 말씀을 듣는 청중의 중요성을 다시금 일깨우는 최고의 책이다. 독자들에게 강력히 일독을 권한다.

이우제 | 백석대학교 설교학 교수

한국 교회 구성원의 절대다수는 "여성"이다. 그러나 얼마나 많은 설교자가 심각하고 의미 있게 여성 청중을 설교에서 고려하고 있는가? 매주 교회에서 선포되는 설교를 듣고 있는 교인들 중, 특히 "여성" 교인이 설교를 어떻게 받아들이는지 한 번이라도 진지하게 생각해본 적이 있는가? 이 책은 여성과 남성이 듣고 배우고 판단하는 방식, 그리고 권력과 리더십에 대해 인지하는 방식이 다르다는 점을 제시하고, 이에 따른 설교의 방향을 제시한다. 또한 매주 선포되는 설교에서 한국 교회의 주된 청중이 여성임을 거듭 상기시키고 있다. 교회의 주축인 여성들의 삶이 빛나고 변화되며, 나아가 이들을 통해 교회와 세상이 갱신되길 진실로 원하는 설교자에게 이 책은 분명 길을 제시할 것이다.

이윤경 | 이화여자대학교 기독교학과 구약학 교수

필독서! 매슈스는 남성과 여성이 성경을 어떻게 다르게 읽고 적용하는지 그 주된 차이점을 탁월하게 설명할 뿐 아니라 이런 두 성(性) 사이의 심연에 어떻게 다리를 놓을 수 있는지에 대해서도 전문가다. 매주 교회의 회중석을 채우고 있는 수많은 여성 신자에게 가 닿는 설교를 하고 싶다면 이 책을 읽어보라.

로드니 쿠퍼Rodney Cooper | 고든–콘웰 신학대학원

만약 앨리스가 옳다면, 우리 중 누군가는 다음과 같은 작업을 시급히 수행해야 한다. 즉 우리가 설교단에서 전한다고 믿고 있는 바와, 수많은 여성이 우리의 설교로부터 듣는 바 사이의 괴리에 대한 깊이 있는 성찰 말이다.

마틴 드한Martin Dehaan | RBC 미니스트리

하나님의 진리를 가르치기 위해 설교단에 서는 이라면 모두 읽어야 할 책이다. 내가 보기에 이 책은 계몽적인 동시에 설득력 있다. 고마워요, 앨리스!

에드워드 돕슨Edward G. Dobson | 갈보리 교회 원로 목사

남성뿐 아니라 여성, "제2의 성"에 대한 모든 통상적 신념을 탈신화화 하면서도 평화주의적 저술을 찾는 모든 독자에게 강력히 추천한다. 인간의 의사소통을 더욱 효과적으로 만드는 방법에 대한 통찰력 있는 저술이다.

버논 그라운즈Vernon Grounds | 덴버 신학대학원

회중의 절반을 향해 설교하는 것만큼 실패를 확실하게 자초하는 일도 없을 것이다. 앨리스 매슈스는 여성과 남성 모두에게 효과적으로 설교하는 방법에 대해 유용한 가이드를 제시하고 있다.

존 오트버그 John Ortberg
*If You Want to Walk on the Water, You've Got to Get Out of the Boat*의 저자

젠더 이슈가 어떻게 하나님의 백성 전체에게 설교하는 과제와 연결되어 있는지에 대해 통찰력 있게 탐구하는 책이다. 청중 각자가 가진 각각 다른 삶의 경험이 똑같은 설교로부터 어떻게 다른 메시지를 이끌어내는지를 선명하게 보여준다. 또한 설교자로 하여금 모든 성도를 그리스도 안에서 견고히 세우는 방법을 찾도록 돕고 있다. 바로 지금이 매슈스의 말에 귀 기울여야 할 적기다.

마거릿 슈스터 Margarite Shuster | 풀러 신학대학원

앨리스 매슈스 자신이 가진 믿음, 관용, 경험의 깊은 샘으로부터 설교자를 위한 지혜를 넘쳐흐르도록 길어 올리고 있다. 설교학 수업에서 필수 교재가 되어야 할 책이다.

린 반 다이크 Leanne Van Dyk | 웨스턴 신학대학원

PREACHING That Speaks to WOMEN

Alice P. Mathews

여성을 위한 설교

앨리스 P. 매슈스 지음 | 장혜영 옮김

차례

서문

개리슨 케일러(Garrison Keillor)는 매년 플로리다 주 올랜도에서 루터교 좌석 안내원들의 올림픽이 열린다고 주장하면서 이 경기를 다음과 같이 묘사한다. 참가팀들은, 어떤 안내원이 루터교회의 예배당으로 150명의 유니테리언교도(삼위일체론을 부정하고 신격의 단일성을 주장하는 기독교의 한 파―역자 주)들을 가장 잘 앉히고 또 예배가 끝날 때까지 이들이 뒤로 몰래 빠져나가지 않도록 잘 지키는지를 경쟁한다는 것이다.

일부 설교자들은 또 다른 올림픽에서 경쟁을 한다. 자신이 교회의 여성들을 완전히 무시하는 동안 그녀들이 얼마나 오랫동안 교회를 떠나지 않을지를 시험하는 것이다. 이것은 위험한 스포츠이고 결국에는 "승자"가 패자일 수 있다. 실제로 모든 집회에서 정기 출석자의 60퍼센트 혹은 그 이상이 여성이지만, 많은 남성 설교자들은 여성을 거의 언급하지 않으며 이들의 경험과 특별히 관련된 예시나 적용도 거의 사용하지 않는다. 유니테리언교도에게 루터교 예배가 그런 것같이, 자기에게 공감하기 어려운 설교를 여성이 기꺼이 듣고자 한다는 사실은 이들의 인내심에 대해 고결한 무언가를 이야기해준다.

설교의 대상은 "입주자"나 "관계자"가 아니다. 설교는 특정한 사람들을 염두에 둔다. 즉 오전 11시 20분, 5번 가와 메인 가가 만나는 곳에 위치한 교회에 모인 특정 사람들에게 설교는 전달된다. 효과적인 설교자는 성경을 알고 또 특정한 청중을 안다. 보통의 사역자들은 각각의 연령층의 특성에 초점을 맞춘다. 내게는 신세대(Busters)와 전후세대(Boomers), 공로세대(Builders)와 X, Y, Z세대를 설명하는 내용으로 빼곡한 서류철들이 있으며 이런 자료는 문화를 시체처럼 해부한다. 교회 리더들을 위해 만들어진 이런 분석 중 대부분은 여성을 당연하게 받아들인다. 일부 회중이 볼 때 여성에 대한 유일한 고려 사항은 이들이 안수를 받을 수 있는가 아닌가뿐이다.

하지만 여성은 우리 사회에서 성공을 거두었다. 여성은 대형 회사를 이끌고 제트기를 조종하며 공직에 진출한다. 여성은 우리 자녀를 가르칠 뿐 아니라 훌륭한 대학에서 명망 있는 학과장직을 소화하기도 한다. 또한 의사로, 치과 의사로 봉사한다. 어머니로서 자녀들을 양육하며 때로는 압도적인 역경 속에서도 그렇게 한다. 여성이 없다면 교회는 운영에 어려움을 겪게 될 것이고 선교 단체는 대폭 감소할 것이다. 우리 앞에 앉아 있는 여성들은 우리 할머니 세대와는 다르다. 과거 여성은 목회자나 기관에 대한 충성심으로 교회에 나왔지만, 그 손녀들은 그 이상을 원한다. 이들은 하나님 나라의 이류 시민이 아닌, 성령의 모든 은사를 소유한 그리스도인으로 대우받기를 원한다. 기독교 리더들이 여성을 무시한다면 우리는 우리 자신뿐 아니라 이들 역시 위험에 빠뜨릴 수 있다.

앨리스 매슈스에게는 여성에 대해, 여성과 소통하는 방법에 대해 책을 쓸 자격이 충분하다. 이것은 그녀에게 익숙한 영역이다. 그녀는 여성 연구로 박사 학위를 받았지만 그렇다고 지성의 독신주의를 앓고 있지는 않다. 그녀는 목회자의 아내로, 선교사로, 신학대학원의 학과 장으로, 저자로, 교사로, 컨퍼런스의 연설자로 그리고 사무원으로 자신의 은사들을 활용해왔다. 또한 회중석에서 시간을 보내기도 했다. 그녀는 청중으로서의 여성에 대해 이 책을 썼는데 이는 그녀가 이들을 알기 때문이다. 그녀를 아는 사람들은 그녀가 이들을 사랑하고 소중히 여긴다는 사실을 안다.

이 책은 당신을 도와 당신이 인류의 절반을 이루는 양쪽 모두에게 효과적으로 설교할 수 있도록 할 것이다.

해돈 W. 로빈슨

감사의 글

정직하게 정산을 해야 할 시점이 되었다. "빚을 서둘러 갚는 것", 아니 성경의 말을 빌리자면 "피차 사랑의 빚 외에는 아무에게든지 아무 빚도 지지 않는 것"(롬 13:8)이 옳다. 하지만 나는 이런 정책이 돈에 관해서는 지혜로운 것이지만 결코 되갚을 수 없는 다른 종류의 빚도 존재한다는 사실을 알게 되었다. 내 마음과 삶에 자신의 흔적을 남겨준 이들에게 내가 할 수 있는 충분한 보상이란 없다. 이 시점에서 내가 할 수 있는 것이라고는 이들에게 진 빚을 인정하는 것뿐이다.

이 책은 두 가지 주제 곧 젠더(gender)와 설교의 교차점에 대해 다룬다. 젠더라는 지뢰밭을 통과해가는 길을 발견할 수 있도록 나를 도와준 친구로는 폴라 네즈빗(Paula Nesbitt), 게이 허버드(Gay Hubbard), 마리아 보치아(Maria Boccia)가 있다. 이 세 여성은 놀라운 지성의 소유자로, 내가 상투적 문구로 치우치려 할 때나 검증되지 않은 이분법에 만족하려 할 때마다 내게 도전했다. 이들 외에도 수백 명의 여성으로 구성된 보이지 않는 합창단도 있다. 바로 내가 여성 사역을 해온 지난 30년 동안 교회와 패러처치(parachurch; 특정한 교단에

소속되지 않고 사회 정의와 선교를 주된 목적으로 하는 기독교 단체—역자 주)의 맥락 속에서 나와 교류해온 이들이다. 이들은 이 책에 지속적으로 등장하는 아이디어들을 위한 경험적 실험 그룹이 되어주었다.

또한 이 책은 설교에 대해 다룬다. 설교에 대한 내 생각에 일차적 영향을 끼친 이를 거론하자면 두말할 필요 없이 떠오르는 사람이 있다. 바로 해돈 로빈슨(Haddon W. Robinson)이다. 1980년대 초반에 들었던 그의 몇몇 강의를 통해 나는 설교라는 임무의 중요성을 이해하기 시작했다. 설교와 젠더의 교차점에 대해 생각하도록 한 사람도 로빈슨이었다. 1980년대 후반 그의 주선으로 내가 그의 목회학 박사 과정 학생들에게 청중으로서의 여성에 대해 강의한 것이 그 계기였다. 내가 설교의 임무 이면에 존재하는 소통 이론의 기본 원리 중 일부를 어떻게 실천해야 할지를 배우게 된 것도 로빈슨, 마트 드한(Mart DeHaan)과 지속적으로 함께해온 "세상을 발견하라"(Discover the World)라는 라디오 사역을 통해서였다. 최근에는 드한의 『강해설교』(Biblical Preaching, CLC 역간) 개정을 위해 그와 함께 작업할 기회가 있었는데 이 기회를 통해 나는 설교에 대한 몇몇 생각을 마음속에서 마침내 선명히 정리하게 되었다.

폴라와 게이, 마리아와 해돈에게 내가 이런 빚을 졌다는 사실에는 의심의 여지가 없다. 이 책을 통해 내가 그 빚을 되갚기 시작했는지는 또 다른 문제다. 이들이 지난 수년 동안 내게 제공해준 생각들을 통해 내가 무엇을 했는지(혹은 하지 못했는지)에 대한 전적인 책임은 내게 있다.

갚을 수 없는 빚이 더 있다. 반세기가 넘도록 내 인생의 동반자가 되어준 랜달(Randall)에게 진 빚이다. 작업실에서 내가 꾸준히 이 책을 집필하는 동안, 그는 나를 위해 인내하며 셀 수 없이 많은 전화를 받아주었다. 랜달이 만들어준 아침 식사, 설거지해준 접시들, 청소기를 돌려준 바닥도 마찬가지다. 내가 그에게 감사를 표현할 때마다 그는 자신이 자기 일을 할 수 있도록 나 역시 그를 위해 동일한 일을 했다고 상기시킨다. 그러고는 우리 두 사람은 미소를 짓고 사랑의 든든한 줄로 매인 인내하는 결혼 생활의 찬란한 아름다움을 인정한다. 하지만 여전히 빚은 남아 있다. 그리고 그것은 좋은 일이다. 빚을 서둘러 갚지 않는 것이 지혜로울 때도 있다.

서론

글을 쓰는 사람이 자신의 글에서 한발 물러서 있다는 믿음, 즉 그가 객관적인 태도를 유지하여 가장 이지적인 방식으로만 자신의 글에 관여한다는 믿음에는 전혀 근거가 없다. 해석학이 밝혀낸 분명한 사실 중 하나는, 우리가 자신의 과거와 현재의 싸움과 질문들을 바탕으로 우리 논의의 주제와 방향을 설정한다는 것이다. 독자로서 나는 내가 읽는 책들의 저자가 마주했던 싸움과 질문에 대해 조금이나마 알기를 원했다. 따라서 나는 이 책도 나 자신이 걸어온 길에 대한 간략한 설명으로 시작하는 것이 옳다고 생각한다.

내가 설교의 기술에 흥미를 느낀 것은 어린 시절이다. 나는 거의 모든 종류의 설교를 들어보았다고 해도 과언은 아닐 것이다. 매 주일 아침저녁으로 우리 교회 목사님의 설교를 들은 것은 물론이고, 지난 수년 동안 북미에서 훌륭하다고(또는 평범하다고) 알려진 모든 복음 전도자와 성경 교사들의 설교를 모조리 들어왔다. 우리 교회는 여름마다 6주에 걸쳐 열리는 천막 집회를 후원했는데 여기에는 설교자들의 행렬이 끊이지 않았으며, 우리 가족은 이 기간 중 단 하루의 저녁 집회도 빠진 적이 없었다. 그것도 모자라 천막 집회가 끝나면 차를 타고 미시간 서부에서 열리는 성경 컨퍼런스로 이동했고 거기서 2주 동안 아침저녁으로 설교를 들었다. 어떤 설교자는 듣는 이들이 넋을 잃고 자신의 설교에 몰입하도록 만들었다. 반면에 바닥에 깔린 목재 조각들 위로 뛰어다니는 귀뚜라미에 관심을 쏟게 만드는 설교자도 있었다. 무엇이 이런 차이를 만드는 걸까?

나는 설교에서 여성에 대한 농담이 일상적일 뿐 아니라 청중의 웃음을 유도하기에 유용하다고 간주되던 시대 속에서 성장했다. 여자아이로 태어나 성숙한 여인이 되어가는 도중에 있던 내게 이것은 불편한 사실이었다. 내가 젠더의 편견에 눈을 뜬 것은 훗날 기독교 대학에 진학하고 난 후였다. 교수님은 질문을 던지셨고, 나는 그 질문에 대한 훌륭한 답을 가지고 있었다. 그러나 교수님이 다른 남학생의 추측을 기다리시는 동안 공중에 번쩍 들린 내 손은 무시당하기 십상이었다. 내가 4년간 대학을 다니는 동안 여자 교수님은 단 한 분뿐이었다. 내가 사는 세상은 남성의 세상이었고 따라서 조심해야 한다는 생각은 더욱 분명해졌다.

이후 20년이 지나도록 이런 생각을 떨쳐줄 만한 일은 전혀 일어나지 않았다. 남편이 신학생과 목회자로 지낸 시간과 우리가 선교지에서 보낸 시간 동안, 나를 대화에 포함시켜주거나 내 말에 귀를 기울여준 남성은 거의 없었다. 그렇다. 내가 사는 세상은 남성의 세상이었다. 이 20년의 시간 동안 나를 집어삼킨 것은 가정 사역과 청소년 사역에 대한 큰 열정이었다. 4명의 성장기 자녀와 열린 목사관, 교회 안 아니면 해외의 여러 고등학생, 대학생 그룹에 대한 책임으로 나는 정말 바빴다. 이것은 유익하고 행복한 시간이었지만 내가 만났던 남성들을 생각할 때 나 자신이 충분히 존중받지 못한다고 느낀 시간이기도 했다.

우리가 프랑스 파리에서 사역하던 1970년, 두 여성 사역자가 그곳에 거주하는 여성을 대상으로 한 획기적인 선교 사역에 나를 초대해주었다. 나는 이 사역을 통해 여성을 "(재)발견"했고 이것은 내 인생의 전환점이 되었다. 여자아이로 태어나 40년간 여성으로 살아온 내가 이렇게 이야기하는 것이 이상하게 들릴 수도 있다. 청소년 사역에서 여성 사역으로 옮겨가며 나는 다른 귀를 가지고 여성의 이야기를 듣기 시작했다. 그리고 내가 들은 이야기들은 내 발을 새로운 길로 인도했다. 즉 내가 여성이 공감할 수 있는 방식으로 하나님의 말씀을 가르치도록 부름 받았다면 내가 이들의 현실에 대해 훨씬 더 많이 알아야 한다는 사실이었다. 따라서 나는 성경을 지속적으로 연구하는 것 외에도, 여성이 사회에서 직면하는 문제와 이들을 효과적으로 섬기기 위해 (진리의) 전달자들이 마주해야 하는 문제를 연구하기 시작했다.

나는 여성이 현대 문화로부터 들리는 메시지를 마주하고 평가하기 위해 하나님의 말씀으로부터 무엇을 들어야 할지 이해하고자 노력했으며, 위에서 언급한 두 번째의 연구는 나를 학교로 돌려보내 종교와 사회 변동 영역에서 박사 과정을 밟도록 했다. 당시 우리는 17년 동안의 유럽 사역을 마무리하고 미국으로 돌아왔으며 나는 교회와 신학교에서 여성 사역으로 자리를 잡은 상태였다. 솔직히 처음에는 내가 신학교의 직원이 된다는 사실이 마뜩찮았는데, 이는 과거에 그리스도인 남성과의 경험이 압도적으로 부정적이었기 때문이다. 하지만 하나님은 내 필요를 아셨고 내가 덴버 신학교(Denver Seminary)에서 많은 남성 교직원의 강력한 지지를 받도록 하셨다. 그중에는 도널드 버딕(Donald Burdick), 랄프 코벨(Ralph Covell), 윌리엄 토마스(William Thomas), 해돈 로빈슨이 있었다. 그곳에서 나는 이제껏 기도해왔지만 혼자서는 어찌할 수 없어 무력감을 느껴온 상처를 치유받기 시작했다.

내가 젠더와 설교의 교차점에 대해 건설적으로 생각하기 시작한 것도 덴버 신학교에서였다. (20년이 넘도록 해돈 로빈슨 곁에서 공부하면서 설교에 대해 고심해보지 않기란 불가능하다.) 나는 이 교차점에 대해 이야기하고 이를 기록했으며 결국에는 여기에 대한 과목을 가르치도록 제안받았다. 이것은 내 박사 논문의 주된 강조점이기도 했다. 그렇지만 내가 이 주제에 대해 모든 것을 아는 것은 아니다. 따라서 이 책은 일종의 미완성작이다. 하지만 나의 여정이 이 책의 페이지들을 통해 다른 이들을 도와 하나님의 영광을 위해 여성과 더욱 효과적으로 소통할 수 있도록 한다면, 내가 이 책을 쓰기 위해 감수한 모든 위험은 보상을 받는 셈이다.

폭넓게 볼 때 이 책은 성경의 명령, 즉 우리의 마음을 다하고 목숨을 다하고 뜻을 다하고 힘을 다해 하나님을 사랑하고 또한 자신과 같이 우리의 이웃을 사랑하도록 부르신(레 19:18; 신 6:4; 마 22:37-40; 눅 10:27) 방식을 따라 구성되었다. 1장에서는 청중으로서의 여성에 대해 이야기할 때 등장하는 신화와 타당한 변수들을 모두 살피며 이 책의 주제를 소개한다. 남성과 여성이 서로 어떻게 다른지에 대해 기록된 많은 내용은 실제로는 책임감 있는 분석으로 보기 어렵다. 1장은 사회과학과 자연과학적 근거를 들어 우리가 남성과 여성에 대해 이야기할 때 가하거나 불가한 일반적 원리들을 나열한다. 이 책을 통해 신화와 타당한 사실이 성경과 나란히 배열될 텐데, 이것들을 과학의 렌즈뿐만 아니라 성경의 렌즈를 통해서도 평가하기 위해서다.

2장은 하나님을 사랑하라고 그리스도인을 부르신 방식 곧 "마음(heart)을 다해"를 소개한다. 일부 주석가들은 마음을 다해 하나님을 사랑한다는 것은 우리의 자유의지(volition)와 도덕적 삶의 좌소인 의지(will)를 동원하여 그분을 사랑하는 것이라고 말한다. 이 장은 남성과 여성이 도덕적 의사 결정이라는 중요한 영역에서 어떻게 서로 다를 수 있으며, 설교자가 도덕적 문제에 대해 설교할 때 어떻게 남성과 여성 모두가 거기에 귀 기울일 수 있을지를 탐구한다.

3장은 목숨(soul)을 다해 하나님을 사랑하는 것으로 옮겨간다. 이 장에서 목숨은 불멸의 실체라는 그리스어의 철학적 의미가 아닌, 히브리어 용법 아래에서 해석된다. 즉 목숨은 생명력이 없는 먼지와 대조되는 필수적인 생명 원리다. 목숨은 육체에 생명을 부여해주는 자아라는 정신물리학적 의미를 갖는다. 신약성경은 이 히브리어를 번역하면서 그리스어 "psychē"를 사용하는데, 여기에는 우리 존재에 필수적인 심리적 부분을 가지고 하나님을 사랑한다는 의미가 담겨 있다. 이 장은 여성의 심리, 곧 여성의 스트레스 대처법, 낮은 자존감의 문제, 여성이 우울증에 취약하다는 사실 등을 탐구한다. 이후에는 설교가 어떻게 여성을 심리적 온전함으로 인도하여 이들이 자신의 목숨을 다해 하나님을 사랑하도록 하는지를 살핀다.

4, 5, 6장은 뜻(mind)을 다해 하나님을 사랑하는 것에 집중한다. 4, 5장은 여성이 뜻을 다해 하나님을 사랑하는 데 방해가 되거나 도움이

되는 다양한 인식론을 점검한다. 6장은 특별히 인식론과 영성의 연결 고리, 그리고 설교자가 어떻게 여성을 도와 여성이 자신의 뜻을 다해 하나님을 사랑하지 못하도록 하는 방해물들을 극복하게 만들 수 있는 지를 살핀다.

7, 8장은 힘(strength) 곧 하나님이 우리 각자에게 주신 능력과 은 사를 다해 하나님을 사랑하는 일에 집중한다. 7장은 여성의 권력과 권력 없음의 문제를 탐구하고, 8장은 여성이 어떻게 리더십을 발휘하는지, 그리고 설교자가 어떤 종류의 리더십을 사용해 청중으로 하여금 하나님 나라를 섬기면서 그들의 능력을 십분 발휘하도록 할 수 있는지를 살핀다.

9장은 자신과 같이 우리 이웃을 사랑하는 것에 집중한다. 이 장은 교회 때문에 소외감을 느끼는 여성들을 살펴보고, 설교자에게 청중을 격려하여 자신과 타인들을 끌어안도록 도전한다.

마지막으로 10장은 여성에게 설교할 때 일반적으로 범하게 되는 소통의 실수들을 살피고, 설교자가 자기 회중에 속한 여성에 대해 더욱 세심해질 것을 당부한다.

책 한 권을 쓴다는 것은 어떤 내용을 포함시키는 것인 동시에 어떤 내용을 누락시키는 것이기도 하다. 무엇을 생략해야 할지 알기란 쉽지 않다. 이런 이유로 나는 초고에 포함시켰던 많은 자료를 각주에 옮겨 실었다. 물론 아예 실리지 못한 자료도 많다. 특정 주제에 대해 좀 더 알고 싶은 독자를 위해 많은 경우 각주에 추천 도서들을 포함시켰다.

이 책을 집필하는 지금, 나는 고든 콘웰 신학교에서 여성 사역 수업을 진행하고 있다. 교실에서 나는 실제 여성의 싸움과 상처에 대해 많은 이야기를 나눈다. 오랫동안 여성과 일해보고 이들의 이야기에 귀 기울여보았다면 당신에게도 나눌 이야기가 많을 것이다. 이 이야기들은 우리 모두에게 우리 각자를 향한 하나님의 이상과 타락한 세상 속의 우리의 현실 사이에 존재하는 간극을 상기시킨다. 설교자가 청중으로서의 여성을 깊이 이해해감에 따라 이 간극을 조금이나마 좁혀가도록 하는 것이 이 책을 향한 나의 기도다.

1장

화성에서 온 남자
금성에서 온 여자,
사실일까?

가볍게 즐기기에 적격인 영화 "왓 위민 원트"(*What Women Want*)에서 멜 깁슨이 연기한 인물은 우연히 그를 둘러싼 여성의 마음속 생각을 엿들을 수 있는 능력을 얻게 된다. 인정사정없고 남성 우월주의에 빠진 광고 기획자인 주인공은 이런 놀라운 능력을 여성 직장 동료들을 상대로 사용하기 시작한다. 하지만 시간이 지남에 따라 여성의 마음속 생각이 자신이 생각하는 방식을 빚어갈 뿐 아니라 이들과의 효과적인 소통을 가능하게 한다는 사실을 발견한다.

멜 깁슨이 분한 인물은 "남자 중의 남자"였다. 그는 남성이 생각하고 행동해야 하는 방식을 알고 거기에 반하는 모든 것을 무시했다. 따라서 여성의 마음속으로 들어갈 수 있는 갑작스러운 능력은 그를 뒤흔들었다. 이제껏 여성에 대해 그가 생각하고 추측했던 바는 상당 부분 틀렸다. 그는 여성의 마음속 생각을 "듣기" 시작했고 여성에 대한 자신의 추측을 수정하기에 이르렀다.

우리 대부분은 성에 대해 여러 가지 추측을 가지고 살며 이런 추측은 상당 부분 신화에 근거한다. 이것들은 무대 위, 텔레비전 시트콤, 아니면 "왓 위민 원트" 같은 영화에나 어울릴 코미디다. 이런 추측들이 실제 거실이나 침실에서 펼쳐질 경우 이것은 코미디에서처럼 재미있을 리가 없다. 신화에 근거한 추측이 남성과 여성 모두의 삶과 죽음의 문제를 다루는 설교에 영향을 미칠 경우에는 더더욱 그렇다.

이 책은 매 주일 교회의 회중석에 앉아 있는 여성의 삶을 둘러싼 신화와 현실을 다루고 있다. 또한 이 신화와 현실이 여성이 강단으로부터 받는 메시지를 어떻게 결정짓는지를 다루기도 한다. 가장 중요하게는, 이 책은 여성이 하나님의 진리를 명확하고 설득력 있게 듣고 그것을 자기 삶에 적용할 수 있도록 목회자가 어떻게 설교할 수 있을지를 다룬다.

여성에 대한 설교자의 추측이 여성의 삶의 현실과 가깝게 맞아 떨어질 때, 여성이 강단으로부터 받는 메시지는 더 깊이 이들의 삶의 문제와 마음의 필요에 능력과 확신으로 다가올 것이다. 하지만 멜 깁슨이 분한 역할과는 달리, 목회자는 여성의 마음속 생각을 엿들을 수가 없다. 그렇다면 목회자는 어떻게 여성이 실제 강단으로부터 듣고 있는 메시지에 대해 믿을 만한 단서를 얻을 수 있을까?

잠깐 동안 유체 이탈을 상상해보자. 눈을 감고, 내일 아침 잠에서 깬 당신이 무엇가가 "잘못"되었음을 알아채는 장면을 떠올려보라. 당신이 잠든 사이 당신의 몸이 바뀐 것이다. 남성으로 잠이 들었다면 당신은 여성으로 잠에서 깰 것이고 여성으로 잠이 들었다면 남성으로 잠에서 깰 것이다.[1]

먼저 수많은 일상적 습관을 다른 방식으로 처리해야 한다는 사실이 충격으로 다가올 것이다. 화장실을 사용하는 방법이 다르다. 다른 옷을 입느라 씨름해야 한다. 밤새 자란 수염을 처리해야 할 수도 있는데 이제껏 여성으로 살아온 사람이 어떻게 면도를 할 수 있을까? 머리

---

1) 이런 상상이 처음 출판된 것은 Virginia Sapiro, *Women in American Society* (Palo Alto, Calif.: Mayfield Publishing, 1986), 255에서다.

를 펴거나 마는 도구를 한 번도 다루어본 적 없는 남성이 헤어스타일이 잘 잡히지 않는 아침에 무엇을 할 수 있을까? 아마도 최초의 충격은 이런 것들일 것이다.

하지만 시나브로 당신을 위협해오는 진짜 충격은 이런 신비한 변화가 당신의 직장 생활과 가정생활에 갖는 의미를 깨닫기 시작하면서부터다. 이런 변화는 남성 됨 혹은 여성 됨에 대한 당신의 이해를 변화시킨다. 또한 당신과 다른 성에 속한 절반의 인류에 대해 전과는 다른 태도를 갖도록 한다. 당신을 둘러싼 타인들에 대한 당신의 기대 역시 달라진다. 마뜩찮기는 하지만 당신은 당신에 대한 이들의 기대 역시 달라졌음을 발견한다. 이 기대들은 새로운 방식으로 당신에게 가한 것과 불가한 것을 정의할 것이다. 곧 당신은 사람들이 이전의 당신에게는 익숙하지 않던 영역의 역할을 기대한다는 사실, 실망스럽게도 이전의 당신이 매료되었던 활동이나 당신에게 만족감을 주었던 관계를 이제는 금한다는 사실을 발견한다. 한때는 당신과 다른 절반의 인류가 즐겨 한다고 믿었던 "전원" 생활이 이제는 힘들고 단조로운 매일의 의무로 전락해버린다. 하루를 보내며 당신이 마주하는 믿음과 기대들은 당신을 불확실과 사회적 혼란, 당신 자신은 물론이고 타인들과의 은근한 부조화로 이끈다.[2]

일어날 가능성이 없는 일을 굳이 왜 상상해야 하는지 궁금해하는 독자도 있을 것이다. 다른 사람의 신을 신고 1마일을 걸어보기 전에는

---

2) 위의 상상에 덧붙여, 성인으로서 당신의 삶을 있는 그대로 기록해보라. 당신이 하는 것과 하지 않는 것 중, 얼마만한 부분이 젠더에 의해 결정되는가?

그의 문제와 삶을 이해할 수 없다는 속담이 있다. 이런 일이 보통은 우리에게 가능하지 않지만 그 거리를 실제로 걸어볼 수 있는 다른 방법이 있다. 모노폴리(미국의 보드 게임 중 하나로 한국의 부루마블과 유사함—역자 주)에서 패하는 것은 부동산 시장에서 노후대책 연금을 잃는 것과는 다르다. 그럼에도 우리는 이 게임을 통해 위험 요소들 이면의 원리를 조금이나마 배울 수 있다.

(당신이 남성 독자라면[3]) 이 책은 당신이 실제 여성으로서 걷고, 여성이 듣는 대로 듣고, 여성에게 들리는 것을 듣고, 여성이 하나님과 성경, 그리스도인의 삶에 대해 생각할 만한 것을 생각하도록 돕기 위해 집필되었다. 당신이 설교자라면 이 책은 당신의 설교와 그 전달이 여성의 경험과 더욱 깊이 연결되도록 도와줄 것이다. 또한 많은 여성에게 복음의 진리를 가릴 수 있는 설교의 흔한 위험들을 피하도록 도와줄 것이다. 간략히 말해 매주 회중 앞에 설 때 이 책으로부터의 통찰을 적용함으로써 당신의 강단 사역이 완전히 변화되었음을 발견하게 될 것이다. 그리고 이것은 당신의 회중석에 앉은 여성에게 복된 소식이 될 것이다.

오랫동안 해돈 로빈슨과 일하는 동안, 우리는 그가 아마추어 설교자와 프로, 그러니까 숙련된 설교자에 대해 다음과 같이 묘사하는 것을 여러 번 들었다. 아마추어 설교자는 보통 "무엇에 대해 이야기할까?"라는 질문에서 시작한다. 반면에 숙련된 설교자는 "청중이 누구인

---

3) 가르치고 설교하는 여성도 이 책의 독자일 수 있겠지만, 오늘날 강단에 선 설교자들의 절대 다수가 남성이며 이들 중 다수에게 "여성으로 경험하는 삶"은 불분명하다.

가?"라는 질문에서 시작한다. 주제를 정하기 전, 당신이 설교해야 할 대상이 십 대인지, 사업가인지, 아니면 어르신들인지를 알 필요가 있다. 이런 대상들이 서로 다른 관심과 태도, 심지어 다른 언어를 사용한다는 사실은 분명하다.

하지만 남성과 여성, 혹은 이 둘이 섞인 청중이 서로 다른 관심과 태도, 심지어 다른 언어를 사용하는지는 그리 자명하지 않다. 결과적으로 설교에서 젠더에 대한 생각은 획일적 경향을 띤다. 불행한 것은, 여성과 남성 사이의 강력한 사회적 차이를 인지하지 못하는 실패가 이들의 삶에 영향을 미치는 수준에서 진리를 소통하지 못하는 결과로 이어진다는 사실이다.

내가 미시간 주 디트로이트에서 어린 시절을 보낸 1930-40년대, 부모님은 집 근처에서 빠르게 성장하고 있던 한 교회를 열심히 섬기셨다. 역동적인 목회자가 사역한 9년 동안 교회는 250명이 조금 안 되던 데서 1,400명 이상으로 성장했고 그동안 우리는 대공황과 제2차 세계대전을 겪었다. 비록 어린아이였지만 나는 목사님이 강단에서 자기는 여성과 어린이를 모으기 위해 노력할 필요가 없고 단지 남성에게만 집중하면 된다고 자랑하듯 이야기할 때면 매번 기분이 상했다. 목사님은 남성만 있으면, 그들의 아내와 아이들은 당연히 따라온다고 확신했다. 당시는 1930-40년대였고 어쩌면 그분이 옳았을 수도 있다. 목사님은 주일 아침마다 교회 건너편에 위치한 텅 빈 은행 건물에서 400명의 남성으로 구성된 성경공부 반을 인도했는데, 여기에는 남성만이 아니라 그들의 가족까지 참석했다. 교회의 보기 드문 이런 성장은 그분의 기본적인 교회 성장 철학이 타당함을 증명하는 듯했다.

그런데 이런 목회자가 21세기에도 똑같은 성공을 거둘 수 있을까? 확신컨대 그러기는 어려울 것이다. 세상은 지난 50년 동안 극적인 변화를 겪어왔다. 나 자신의 삶에 일어난 놀라운 범주의 변화를 떠올려 본다. 내가 어릴 때 들었던 설교 메시지 중 일부는 오늘날이라면 문을 박차고 나갈 만한 것들이다. 물론 이전 시대의 더 단순한 확신을 그리워하는 이들도 있겠지만, 그런 확신은 자리를 잃은 지 이미 오래다. 우리가 지금 복음의 좋은 소식을 말하고자 하는 세상을 빚어낸 것은, 잇따른 전쟁과 시민권 운동, 여성 운동, 산업 사회로부터 기술 사회로의 전환, 미디어와 정치와 교육의 보다 광범위한 세상 속 포스트모던 식 문답들이다. 오늘날 "청중이 누구인가?"라는 질문에 대한 대답이 그 청중은 여성과 남성 모두로 이루어졌다고 할 때, 이는 설교자들이 생각하는 것보다 훨씬 더 복잡하다.

우리가 청중에 대해 논의할 때 여기에는 문맥 또한 포함된다. 토크쇼의 청중은 주일 아침의 회중과 같지 않다. 격식을 차린 교회의 진지한 회중과 격식에 연연하지 않는 메가처치의 청중 역시 다르다. 청중의 사회적 문맥은 청중의 구성만큼 중요하다. 심지어 유사한 사람들이 회중석을 차지한 교회라도 이들의 개성과 믿음, 설교자의 태도에 따라 청중은 달라질 수 있다. 어떤 설교자의 새로운 통찰에는 마음을 여는 청중이 똑같은 통찰을 이야기하는 다른 설교자를 거절할 수도 있다. 목회자는 듣는 이들의 반응을 결정짓는 맥락의 일부다.

주일 아침 교회에 출석하는 평범한 여성은 어떤 메시지를 듣게 될까? 목회자의 설교에 포함된 메시지도 듣지만, 동시에 목회자가 언급하지 않는 것으로부터 또 다른 메시지를 들을 수도 있다. 강단에 선

목회자의 자세로부터 비언어적인 메시지를 들을 확률도 있다. 예배 전후로 일어나는 일상적인 사회적 상호작용으로부터 의도되지 않은 메시지를 들을 수도 있다. 하지만 그 메시지가 무엇이든 간에 현대 여성이 그것을 듣는 방식은 1930년대 우리 어머니가 그것을 들은 방식과는 큰 차이가 있을 것이다.

여성에게 설교하는 것은 남성에게 설교하는 것과 미묘한 방식으로 똑같지 않다. 주일 아침 설교자가 강단에 오를 때 하나님의 말씀을 모든 사람에게 효과적으로 전해야 한다는 도전은 설교자가 인식하는 것보다 거대하다. 프레드릭 뷰크너(Frederick Buechner)는 『진리를 이야기하라』(Telling the Truth)를 통해 전형적 청중을 다음과 같이 묘사한다.

> 맨 앞줄을 차지한 할머니들은 보청기를 켜고, 한 젊은 엄마는 여섯 살 아이의 입에 사탕을 물리며 손에는 색연필을 쥐어준다. 방학을 맞아 집에 왔다가 교회로 끌려 나온 대학 2학년생은 몸을 구부려 손으로 턱을 괸다. 지난 주 두 번이나 자살을 심각하게 고민한 부은행장은 찬송가를 앞좌석 받침대에 돌려놓는다. 임신한 여학생은 몸 안에서 생명의 꿈틀거림을 느낀다. 20년 동안 자신이 동성애자인 것을 대부분의 사람, 심지어 자기 자신에게 숨겨온 고등학교 수학 교사는 엄지손가락으로 주보를 정확히 반으로 접어 자신의 무릎 아래로 밀어 넣는다.

이어서 뷰크너는 설교자를 다음과 같이 묘사한다.

설교자는 강단 위에 놓인 등에 걸린 짧은 줄을 당겨 불을 켜고 강물 위를 떠다니는 카지노의 도박꾼처럼 자신의 노트를 가지런히 내려놓는다. 도사리고 있는 위험은 어느 때보다 크다. 이제부터 2분이 지나면 청중은 딴 생각을 하느라 그의 말에 전혀 귀 기울이지 않을 수도 있지만, 이 순간만큼은 설교자는 모든 이들을 그의 손에 쥐고 있다. 허름한 교회의 침묵이 귀청을 따갑게 한다. 모든 사람들이 그 침묵에 귀 기울이고 있기 때문이다. 모든 사람, 심지어 설교자 자신도 이것을 듣고 있다. 설교자가 지금까지 무엇을 말했고 말하지 않았는지는 모든 사람이 알고 있다. 하지만 그가 이번만큼은 무엇을 말할지, 이 침묵으로부터 무엇을 이야기할지 누가 알겠는가? 설교자여, 이들에게 진리를 이야기하라![4]

이것은 당신의 특권이다. 당신의 도전이다.

화성에서 온 남자, 금성에서 온 여자, 정말로 사실일까?

1990년대 존 그레이(John Gray)는 『화성에서 온 남자, 금성에서 온 여자』(Men Are from Mars, Women Are from Venus, 동녘라이프 역간)를 집필해 거금을 손에 쥐었다. 이 책은 수년 동안 베스트셀러 목록에 머무르며 모든 토크쇼에서 다루어졌다. 또한 남성과 여성에 관한 편만

---

4) Frederick Buechner, *Telling the Truth* (San Francisco: Harper & Row, 1977), 22-23.

한 신화 중 일부에 자료를 제공해주기도 했다. 이 책은 정확할까? 남성과 여성은 정말로 서로 다른 행성에서 왔을까?

최근의 인기 문헌 중 일부를 볼 때 존 그레이가 옳았다고 결론 내릴 수도 있다. 기독교는 물론 비기독교 작가들까지 모두 그의 기본 전제를 받아들인 것처럼 보이기 때문이다. 예를 들어 영국의 복음주의 지도자 로이 맥클라우리(Roy McCloughry)는 『남성과 남성성』(Men and Masculinity)에서 다음과 같은 결론을 내렸다. "남성과 여성 사이의 모든 대화는 서로 다른 문화 간의(cross-cultural) 대화다."[5] 그는 데보라 태넌의 『남자를 토라지게 하는 말, 여자를 화나게 하는 말』(You Just Don't Understand: Men and Women in Conversation; 한언 역간)을 인용해 덧붙여 설명했다. 여성은 대화를 통해 확신을 구하고 관계를 맺으며 친밀감을 강화하는 반면에, 남자는 대화를 사용해 주로 자신의 독립성을 보호하고 사회적 위치를 타결한다.[6]

이상의 결론이 사실이라면 다양한 청중에게 설교하는 임무는 대부분의 설교자가 알고 있는 것보다 훨씬 더 복잡할 수 있다. 남성과 여성 모두가 똑같은 방식으로 전해지는 말씀에 귀 기울인다는 생각만으로도, 어떤 교리를 가르치고 어떤 예화를 선택하는 방식이 절반(혹은 그 이상)의 청중에게 역효과를 불러올 수 있다. 앞선 상상이 보여주듯이 같은 나라, 같은 동네, 같은 교회에 살고 있는 남성과 여성이 실

---

5) Roy McCloughry, *Men and Masculinity: From Power to Love* (London: Hodder & Stoughton, 1992), 208.

6) 같은 책 210쪽에 인용된 데보라 태넌의 『남자를 토라지게 하는 말, 여자를 화나게 하는 말』.

37
1장 화성에서 온 남자 금성에서 온 여자, 사실일까?

제로는 다른 문화 속에서 움직인다는 것이 가능할까? 그렇다면 이런 점이 설교의 임무에 대해 가지는 의미는 무엇일까?

인류학자이자 선교학자인 폴 히버트(Paul Hiebert)는 문화란 어떤 무리의 사람들이 견해와 감정, 가치를 공유하는 방식이라고 말한다.[7] 보통의 경우, 문화라는 단어는 어떤 그룹의 "생활 방식" 곧 사람들이 자신이 믿고 느끼고 가치 있다고 여기는 것에 기초해 행동하는 방식을 가리킨다. 교회는 자신만의 문화, 곧 공유된 믿음, 감정, 가치를 갖는다. 인종 집단 역시 자신만의 문화, 곧 공유된 믿음, 감정, 가치를 갖는다. 나라도 마찬가지로 자신만의 믿음과 감정, 가치를 갖는다. 미국에 사는 남성과 여성 역시 미묘하게 서로 다른 문화, 곧 약간은 서로 다른 공유된 믿음, 감정, 가치를 갖고 있을 것이다. 우리는 "모든 미국인"이나 "모든 감리교인"(침례교인이나 오순절주의자 등 주어가 무엇이든)이 비슷한 방식으로 메시지를 듣는다고 생각하는 경향이 있다. 하지만 인종 집단이나 교단 같은 하위문화 안에서도 깊은 분열이 존재한다는 사실을 깨닫기까지는 그리 오랜 시간이 필요하지 않을 것이다. 이런 사실은 우리를 깨워 남성과 여성이 실제로 서로 다른 견해와 감정, 가치의 세상에 살고 있을 수도 있다는 가능성을 상기시켜야 한다.[8]

---

7) 문화적으로 적절한 사역에 대해 깊이 있고 탁월한 논의를 듣고 싶다면 Paul Hiebert, *Anthropological Insights for Missionaries* (Grand Rapids: Baker, 1985)를 보라. 『선교와 문화인류학』(죠이선교회 역간).

8) 엘리자베스 에리즈(Elizabeth Aries)는 성에 대한 이런 "두 문화"적 접근에 대해 중요한 질문을 던지는데, 이것이 사회적 수준에서 성적 불평등의 중요성을 인식하지 못한다는 것이다. 나는 남성과 여성 간 권력의 불평등에 대한 그녀의 우려를 인정하지만 그것을 이 책에 싣지는 않기로 했다. 이 문제에 대한 그녀의 논의가 궁금하다면

역사학자 앤 피러 스콧(Anne Firor Scott)은 우리가 현실을 바라보는 렌즈를 깎아내는 것이 문화라고 말한다.[9] 어떤 것은 분명하게 알아볼 수 있도록 하는 렌즈가 다른 것은 흐릿하여 알아보지 못하도록 할 수도 있다. 이중초점 렌즈를 써본 사람은 이것이 어떻게 작용하는지 알 것이다. 근시가 있는 사람은 독서를 위한 렌즈와 1미터 밖의 것을 보기 위한 렌즈가 따로 필요하다. 남성과 여성이 서로 다른 문화적 "렌즈"를 가지고 있고, 이 렌즈 때문에 이들이 똑같은 현실을 서로 다른 방식으로 볼 수도 있을까?

- 문화는 우리의 견해, 우리의 문화적 지식을 형성한다.[10] 문화적 지식은 우리가 현실을 분류하기 위해 사용하는 범주일 뿐 아니라 현실, 그러니까 우리를 둘러싼 세상의 본질과 세상이 움직이는 방식에 대한 추측과 믿음을 포함한다. 문화는 우리 생각의 기초 구성 요소들을 제공한다. 따라서 우리는 별개로 존재하는 남성적 문화가 남성의 생각을 위한 재료로 제공되는 것과 여성에게 제공되는 것이 서로 다르지는 않은지 질문해야 한다. 아닐 수도 있고 그럴 수도 있다. 하지만 이는 던져야만 하는 질문이다.
- 문화는 사물에 대한 우리의 감정을 형성한다. 예를 들어 우리의

Elizabeth Aries, *Men and Women in Interaction: Reconsidering the Differences* (New York: Oxford University Press, 1996), 195ff을 보라.
9) Ann Firor Scott, "On Seeing and Not Seeing: A Case of Historical Invisibility," *The Journal of American History* 71, no. 1 (1984): 7, 19.
10) 여기서의 지식은 철학자의 지식과는 다른 용법으로 사용되었다.

태도, 아름답고 추한 것에 대한 개념, 음식과 의복의 취향, 삶을 즐기고자 하는 방식, 슬픔이나 기쁨을 경험하는 방식이 그것이다. 분명 여성은 감정을 느끼고 표현하는 방식에서 남성과는 다른 문화적 허용을 갖는다.

• 문화는 우리의 가치를 형성하고 이 가치는 우리로 하여금 무엇이 도덕적이고 비도덕적인지를 결정하도록 돕는다. 많은 여성은 남성에게 남성만의 도덕률이 존재하며 여기에 문화적으로 정의된 그들만의 죄가 수반된다고 주장한다(이는 여성에 대해 죄를 정의해주는 도덕률과는 다르다). 남성과 여성이 어떤 행동이 의롭고 비도덕적인지에 대해 늘 동의하는 것은 아니다.

문화적 차이의 현실은 다른 세대 간의 문제로 치부되기 쉽다. 내게는 여섯 명의 손자가 있는데 이 아이들은 모두 나와 다른 언어를 사용한다. 내 어휘력을 벗어난 단어를 사용한다는 뜻은 아니지만, 이들은 분명히 내가 특정 단어에 부여하는 것과 다른 의미를 부여한다(예를 들어 cool이나 awesome, radical 등). 나는 크리스에게 이렇게 묻는다. "네가 에릭에게 'cool'하다고 한 건 무슨 뜻이니? 에릭이 어디가 차갑다는 거야? 나한테는 얼마나 따스한 아이인데"(젊은 세대에게 cool은 멋지다는 의미로 사용되기도 함—역자 주). 나는 내 손자들이 "cool" 같은 단어를 발음할 때 사용하는 어조를 들어왔고 따라서 이 단어가 다양한 의미와 용법을 지닌 중요한 단어임을 알고 있다. 다만 내가 이런 단어를 사용하지 않을 뿐이다.

하지만 남편 랜달과 함께 아침식사 후 커피를 마시며 가족과 일,

미래에 대해 이야기를 나눌 때는, 나는 그와 내가 동일한 언어를 사용할 거라고 쉽게 추측한다. 이래 봬도 우리는 반세기가 넘도록 동고동락하고 있지 않은가. 하지만 가끔은 그도 우리가 늘 같은 언어를 사용하지는 않는다는 사실을 상기시키는 발언을 할 때가 있다. 예를 들어 우리는 둘 다 대공황을 겪었고 돈을 사용하는 방식에서 보수적 태도를 가지고 있지만, 돈에 대해 같은 방식으로 이야기하지는 않는다. 랜달의 아버지는 1933년에 직장을 잃었고 따라서 가족을 제대로 건사할 수 없었다. 반면에 내 아버지는 대공황 속에서도 일을 할 수 있었고, 오늘날의 기준에 비하면 가난했지만 우리는 배를 곯지는 않았다. 결과적으로 나는 가진 모든 것을 잃는다는 것에 대해 랜달만큼 염려하지 않는 편이다. 그는 나보다 소비에 대해 더욱 조심스러운데, 이는 나와 다른 그의 삶의 경험으로부터 온다. 따라서 그에게 저축과 소비는 나와는 다른 의미를 지닌다.[11]

강단과 회중석 사이에서도 똑같은 일이 수없이 반복된다. 주일 아침 목회자가 강단에 올라설 때 설교를 듣기 위해 기다리는 성인 네 명 중 세 명은 여성일 확률이 높다. 교회마다 차이는 있겠지만, 대부분의 목회자는 남성보다 많은 수의 여성을 상대로 매 주일 설교를 한다. 이런 현실 때문에 청중으로서의 여성에 대해 생각하는 일은 현실적일 뿐 아니라 타당하다.

---

11) 이것은 젠더가 남편과 나 사이의 모든 차이점을 설명하지 않는다는 사실을 말하기 위함이다. 우리 두 사람은 각각의 원가족은 물론 성인이 되어 사회적 상황에서 쌓은 다양한 경험의 영향을 받았다.

- 당신은 오늘날 여성이 하나님의 어떤 말씀에 귀를 기울일 것이라고 생각하는가?
- 당신이 무엇을 이야기하든지 결국 그들이 듣게 될 하나님의 말씀은 무엇이라고 생각하는가?
- 당신이 깨뜨려야 할 그들의 지나친 관심사는 무엇인가?
- 그들은 청중 속 남성과 상당 부분 다른가?
- 위의 사실들은 매주 당신의 설교에서 어떤 의미를 갖는가?

이 책의 목적은 독자를 도와 위의 질문에 대한 적절하고 유익한 대답을 찾도록 하는 데 있다. 이를 위해 우리는 관련된 영역들, 곧 성 사회학, 여성 심리학, 여성이 인식하고 도덕적 결정을 내리는 방식 등을 함께 탐구할 것이다. 그 과정에서 남성과 여성 간 문화적 차이가 존재한다는 결정적 증거가 있는지도 살필 것이다.

도처에 도사리고 있는 신화에 주의하라

여자아이는 뭘로 만들어졌을까?
달콤한 것, 향기 나는 것,
그리고 좋은 건 전부.
여자아이는 그렇게 만들어졌지.

남자아이는 뭘로 만들어졌을까?

가위, 달팽이,

그리고 강아지 꼬리.

남자아이는 그렇게 만들어졌지.

위에서 인용한 전래 동요를 젠더에 대한 사실로 신뢰한다면 우리는 남성과 여성이 본질적으로 다르다는 결론에 도달할 것이다. "달콤한 것, 향기 나는 것, 온갖 좋은 것"과 "가위, 달팽이, 강아지 꼬리"에는 교집합이 없다. 하지만 남성 됨과 여성 됨의 의미를 묻는 질문에 답하기 위해 전래 동요에 의존해서는 안 된다.

꼭 전래 동요가 아니더라도 주제가 남성과 여성 간 차이점인 이상, 우리는 우리 앞에 놓인 위험들을 언급할 필요가 있다. 젠더 차이(gender difference)는 온갖 신화들이 자라나는 비옥한 토양을 마련한다. 첫 번째 젠더 신화는 머리가 둘 달린 히드라다.[12] 그 머리 하나는 남성과 여성 사이의 차이를 과장하는 경향이다. 다른 머리는 남성과 여성 간의 어떤 차이도 (생리학을 무시하면서까지) 부인하는 것이다. 두 입장 모두 하나님이 인류에게 주신 선한 선물로서의 젠더에 대한 진리로부터 우리를 멀어지게 한다. 젠더 차이가 과장될 때 사람은 일련의 역할로 축소되며 온전한 인간성을 이루지 못할 수 있다. 젠더 차이가 부인될 때에는 인류를 남성과 여성으로 창조하신 하나님의 목적

---

12) 그리스 문학에서 히드라는 아홉 개의 머리가 달린 신화적 괴물이다. 헤라클레스가 이 괴물의 머리 하나를 베었을 때, 즉시 상처를 불로 지지지 않으면 거기서부터 머리 두 개가 솟아나기도 했다. *Webster's Collegiate Dictionary*, 2d ed. (Springfield, Mass.: G & C Merriam Co., 1949)에 따르면 히드라는 다방면의 악을 상징한다.

이 방해받을 수 있다.

차이를 과장하기는 쉽다. 예를 들어 일부 저술가들은 남성과 여성의 특징을 목록으로 만들기도 했다. 이런 목록의 범주들이 상호배타적일 만큼 과장될 경우, 사회과학자들은 이를 A형 오류 혹은 알파 편향이라고 부른다. A형 오류는 다양한 상황을 통해 매일같이 일어난다. 예를 들어 저녁 뉴스에서 한 정치인이 국회 법안에 대한 두 정당의 입장 차이를 과장하는 경우다. 텔레비전 광고에서는 어느 제약회사가 자기네 의약품을 시중에서 팔리는 경쟁 회사 제품과 비교하여 그 약효를 과장하는 경우도 있다. 광고인들은 경쟁 상품과의 차이점을 과장함으로써 지속적으로 자신이 맡은 상품의 실질적이거나 상상적인 "우월성"을 찾는다. 정치인이든 제약업자든 아니면 자신의 설교를 기억에 남는 것으로 만들어줄 "우월성"을 찾고 있는 설교자든, 청중은 지나치게 단순화되다 못해 거짓이 되어버린 과장된 차이를 경계해야 한다.

남성과 여성의 특성을 다룬 어떤 목록이 극단적인 비교, 곧 사람들을 어느 한 범주로부터 배제한다면 A형 오류를 범했을 가능성이 있다. 예를 들어 남성은 이지적이고 여성은 감정적이라거나, 남성은 적극적이고 여성은 소극적이라고 선언하는 목록은 알파 편향의 책임이 있다. 여성은 남성만큼 이지적일 수 있고 남성 역시 여성만큼 감정적일 수 있다. 여성은 남성만큼 적극적일 수 있고 남성 역시 여성만큼 소극적일 수 있다.

반면에 지나치게 단순한 방식으로 차이점을 과장하는 일부 사람들을 핑계로 모든 차이점을 부인하는 이들도 있다. 이것은 B형 오류 혹은 베타 편향이다. 이는 과장된 차이점이 상처를 주는 방식으로 악용되는 경우가 있다고 해서[13] 존재하는 모든 타당한 차이점을 무시하기로 선택하는 것이다. 차이점을 과장하거나 무시하고 싶은 유혹은 강력하다. 그러나 이들 둘 다 오류다. 이 둘 모두는 젠더의 영역에서 남성과 여성의 현실을 정확히 반영하지 못하는 신화로 우리를 이끌어간다.

G. K. 체스터턴은 정통 신앙을 깊은 골이 양쪽으로 지나는 비좁은 산등성이로 비유했다.[14] 젠더 차이 역시 알파 편향의 골(차이의 과장)과 베타 편향의 골(차이의 부인)을 양쪽에 둔 비좁은 산등성이라고 할 수 있다. 남성과 여성에 대한 많은 책들이 벼랑 끝에서 비틀거리거나 둘 중 한쪽으로 추락해버렸다. 일부 교회에서 남성과 여성의 차이는 극단적으로 과장되며, 실제로 이것이 정형화되는 경우도 있다. 반면에 보다 넓은 문화에서 볼 때 유니섹스, 즉 남성과 여성 간에 차이가 없다고 외치는 목소리도 드높다. 하지만 이 두 입장은 다 젠더 차이의 사실에 대해 비좁은 산등성이로부터 미끌어지는 깊은 골이라고 볼 수 있다.[15]

이 모든 내용은 사역에 영향을 미치는 젠더의 문제들을 분류하는 것이 복합적인 작업임을 경고한다. 우리는 알파 편향과 베타 편향으로부터 스스로를 경계해야 한다. 우리는 젠더가 사역, 특히 설교의 영역에 어떻게 관여하는지를 탐구하면서 젠더에 대한 사실의 좁은 산등

---

13) 민족적 편견에 대한 연구들이 분명하게 밝혀온 대로 "차이"는 타인에 대한 차별의 기초가 될 확률이 높다.

14) Gilbert Keith Chesterton, *Orthodoxy* (New York: John Lane, 1909). 『오소독시: 나는 왜 그리스도인이 되었는가?』(이끌리오 역간).

15) 젠더 전쟁에는 의외의 동반자들이 있다. 예를 들자면 많은 보수 그리스도인과 일부 급진적 페미니스트들(메리 댈리 박사[Dr. Mary Daly]와 같은)이 있는데, 이들 모두는 남성과 여성의 차이를 과장하는 경향이 있다.

성이를 벗어나 양쪽으로 파인 깊은 골에 빠지지 않기를 원한다.

두 번째 신화는, 특히 우리가 대중적인 기사나 책을 읽을 때, 모든 남성을 한쪽 범주로 그리고 모든 여성을 다른 한쪽 범주로 몰아넣는다. 사실 남성과 여성 간만큼이나 여성 집단 혹은 남성 집단 내에서도 굉장한 다양성이 존재한다. 이는 수학 능력과 언어 능력, 공격성, 공간 능력 연구를 통해 사실로 증명되었다. 집단 간의 차이가 집단 내의 차이보다 적다. 그 이유 중 하나는 차이의 어떤 일반적 범주 내에서도 다른 변수 요인들이 작용하기 때문이다. 예를 들어 통제된 연구 안에서 일반적으로 남성이 여성보다 더 나은 공간 지각 능력을 갖는다. 하지만 젠더가 공간 지각 능력과 관련된 유일한 요인은 아니다. 활짝 열린 공간에서 사는 사람은 좁고 사방이 막힌 지역에서 자란 사람보다 더 나은 공간 지각 능력을 갖는다.[16] 따라서 공간 지각 능력을 논의할 때 젠더도 중요하지만 환경이 더 중요하다. 그리고 젠더 이슈에서 가장 중요하게 나타나는 환경은 남성과 여성이 상호작용하는 사회적 환경이다.

젠더와 관련된 행동을 포함하여 어떤 행동도 그것이 일어나는 사회적 상황과 독립적으로 존재하지 않는다. 청중의 성별을 안다면 우리는 중요한 무엇을 아는 것이다. 이는 좋은 소식이다. 남성과 여성 간 차이점과 유사점을 이해할 때, 우리는 더 효과적인 설교자가 될 수 있다. 바로 그것이 이 책의 목적이기도 하다. 하지만 나쁜 소식은 우리가

---

16) Anne Fausto-Sterling, *Myths of Gender: Biological Theories about Women and Men* (New York: Basic Books, 1985), 34-36.

젠더를 고려하되 그것만을 고려할 수는 없다는 사실이다. 젠더는 인간의 삶에 하나님 말씀의 능력을 강화하기 위해 우리가 고려해야 할 유일한 변수가 결코 아니다.

여성에게 하나님의 말씀을 더 효과적으로 나누기 원하는 사역자가 마주하는 도전은 두 종류다. 첫째는 부분적으로나마 여성의 경험을 여성으로서 이해하는 것이다. 둘째는 설교를 듣는 여성이 단순히 "집단적"인 존재가 아님을 이해하는 것이다. 각각의 여성은 하나의 개인으로, 여성이면서 기업의 간부나 유색 여성, 독립하지 않고 노부모를 보필하는 여성, 이혼하고 정부 보조를 받는 여성일 수 있다. 다섯 자녀를 기르는 전업주부일 수도 있다. 여성은 결코 집단적이지 않다. 이들은 공통의 성을 가졌지만 상당한 차이를 지닌 개인들이다. 따라서 설교자에게 이런 차이들은 성별만큼 중요한데, 왜냐하면 이 차이들이 각각의 여성이 그가 전하는 메시지를 듣는 방식과 관련되기 때문이다.

세 번째 신화는 젠더가 유일무이하게 중요한 요인이라는 주장이다. 젠더는 중요하다. 하지만 우리가 젠더에 쏟는 관심이 여성이 설교자의 말을 듣는 방식에 영향을 미치는 다른 사회적 요인들을 자동적으로 제거해주지는 않는다. 예를 들어 당신이 도시 외곽에서 부유한 교회를 섬기는 미혼의 젊은 백인 목사라고 가정해보자. 한 동료 목사가 몸이 아파 당신에게 대신 설교해줄 것을 부탁했는데 그 대상이 경제적으로 궁핍한 도심 교회의 흑인 여성으로 구성된 MOPS[17] 그룹이

---

17) MOPS는 콜로라도에 그 기지를 둔 전국적 패러처치 사역, 유치원생 어머니회 (Mothers of Preschoolers)의 약자다.

었다. 이 그룹에는 정부 보조를 받는 미혼모와 어린 손주를 돌보는 할머니, 낮 시간 동안 아이들을 돌보기 위해 야간 근무를 해야 하는 젊은 기혼 여성들이 포함되어 있다. 당신의 청중은 누구인가? 여성이다. 하지만 이들의 젠더가 당신이 이 질문에 대답하기 위해 고려해야 할 유일한 요인인가? 여기서 인종은 얼마나 중요할까? 경제 수준은? 결혼 유무는? 나이는? **당신의** 인종은? **당신의** 경제 수준은? **당신의** 결혼 유무는? **당신의** 나이는? 젠더는 중요하다. 하지만 우리가 나누는 하나님의 좋은 소식이 진리에 더욱더 다가가는 때는, 젠더만이 중요한 요인이 아니라는 기초 위에서 행동하는 때다. 사실 많은 경우 젠더는 고려해야 할 요인들 중 가장 연관이 적을 수도 있다.

연구원들이 어떤 연구를 설정할 때 결과에 영향을 미칠 것으로 예상되는 모든 변수는 식별되고 통제되어야 한다. 예를 들어 어떤 의과대학에서 특정 약물과 특정 질병의 상호관계를 연구한다고 할 때 몇몇 감염 환자만을 대상으로 하는 것은 충분하지 않다. 수많은 다른 변수들을 감안하지 않는다면 연구 결과는 왜곡될 수 있다. 예를 들어 환자의 나이나 복용 중인 다른 약, 가족력, 평상시의 식단과 수면, 놀이 습관, 중독 등이다. 그중(혹은 그것들 외에도) 하나라도 무시되거나 누락될 경우, 연구원들은 호도될 수 있다. 젠더 차이를 이야기할 때도 마찬가지다. 회중석에 앉은 여성과 남성에 대해 말할 때 우리는 조심스럽게 그 미묘한 차이들을 언급해야 한다. 이들의 삶 속에는 여러 가지 변수가 작용하기 때문이다. 집단 내 차이가 집단 간 차이보다 클 수 있다. 이는 남자가 화성에서 오고 여자가 금성에서 왔다는 주장 이면의 신화를 받아들이는 데 있어 주의를 요구한다.

남성과 여성 간 차이에 대한 몇몇 사실

이런 점은 설교자가 강단에 올라가면서 유념해야 할 남성과 여성 간 차이가 정말로 존재하는지에 대한 질문으로 이어진다. 이 질문에 답하기 위해 우리는 두 가지 상호적 부분, 즉 성(sex)과 젠더(gender)를 구분해야 한다. 이 두 단어는 동의어가 아니다. 성은 생리학적 요소로, 남성과 여성의 생식 구조의 차이, 염색체의 차이(여성은 XX, 남성은 XY), 호르몬의 차이(예를 들어 테스토스테론과 에스트로겐의 균형), 체모와 근육량, 피부색, 힘과 같은 육체적 특징 등의 차이를 포함한다. 반면에 젠더는 남성적이거나 여성적인 것과 연관되는 모든 것을 가리킨다. 그것은 우리가 생각하고 느끼고 행동하는 방식, 곧 문화적으로 수용되는 양식으로서 우리가 여성성과 남성성을 표현하는 방식이다. 따라서 대략적으로 말해 성은 생리학적으로 결정된 것, 젠더는 사회적으로 학습된 것, 즉 남성 혹은 여성으로서의 적절한 태도나 행동에 대해 우리가 어릴 적부터 습득해온 것을 의미한다.

하지만 우리의 성과 젠더 사이에는 강력한 상호작용이 존재한다. 생식 기관에서 본질적인 생리적 차이가 수행하는 역할을 생각해보라. 여성에게는 자궁과 유방이 있고 따라서 대부분의 여성은 임신을 하고 아이를 낳고 낳은 아이에게 젖을 물릴 수 있다. 이런 기능은 수많은 차이를 낳는다. 여성이 생식 기능과 관련해 남성은 경험하지 못하는 생리적 사건들을 경험한다는 사실에는 의심의 여지가 없다. 남성은 생리나 임신, 출산, 수유, 생리적 폐경을 겪지 않는다. 그리고 여성은 이런 사건을 물리적으로만이 아니라 감정적으로도 경험한다. 여성의 몸에 일어나는 이 사건들은 단순히 생물학적 차원에서만 일어나지 않는다. 이것들은 여성이 자기 육체, 많은 경우 자존감과 섹슈얼리티(sexuality)를 바라보는 방식과 불가분하게 연결된다.

따라서 우리는 "생물학은 운명이다"라고 말한 지그문트 프로이트(Sigmund Freud)에 동의해야 할까? 꼭 그런 것은 아니다. 루스 블라이어(Ruth Bleier)는 "생물학은 가능성을 드러낼 뿐 그것을 결정짓지는 않는다"라고 말했다.[18] 생물학은 결코 무관하지 않지만 그렇다고 결정적이지도 않다. 남성과 여성 모두에게 있어, 이들의 육체와 정신, 행동, 역사, 환경은 각자에게 유일무이한 방식으로 상호작용한다. 따라서 모든 사람은 각기 다른 성 정체성을 가지게 된다.

여기서 문제는 남성과 여성 간 차이가 선천적이라고 믿는 사람들과 인생 경험의 결과라고 믿는 사람들 사이에서 벌어지는 젠더 차이에 대한 지속적 논쟁이다. 하지만 더 넓은 범위의 자료를 살펴볼 때, 우리는 이 문제가 전적으로 본성(생물학)의 문제이거나 전적으로 양육(사회화)의 문제인 것은 아니라는 사실을 발견하게 된다. 우리 모두 안에서 이 두 요인은 상호작용한다. 어떤 이들은 본성을 전적으로 배제하고 100퍼센트 양육만 강조하고 싶어한다. 반면에 양육을 전적으로 배제하고 100퍼센트 본성만을 강조하고 싶어하는 이들도 있다. 하지만 진실은 중간 지점에 있다. 젠더 차이는 분명히 존재한다. 하지만 이 차이의 뿌리는 자연과 본성 그리고 상호작용이 일어나는 환경의 조합

---

18) J. Williams, *Psychology of Women: Behavior in a Biosocial Context*, 3d ed. (New York: W. W. Norton, 1987), 97에 인용.

에 있다. 젠더 차이에서 본성의 역할을 과장하는 데에는 위험이 따른다. 예를 들어 하나님이 남성은 무엇을 시작하는 자로, 여성은 그것에 반응하는 자로 창조하셨다고 주장하는 기독교 저술가들이 있다.[19] 하나님이 남성과 여성을 이렇게 창조하셨다면 남성과 여성으로서의 행동 규범을 벗어나는 것은 곧 하나님의 창조 의도를 벗어나는 것이 된다. 하지만 혼자 시작하는 것에 불편을 느끼는 남성 그리스도인이나 소극적 태도로 반응하는 것에 쉬이 적응하지 못하는 여성 그리스도인이 분명히 있다. 중요한 것은 설교자로서 당신이 이를 인식하는 것이다. 당신이 남성과 여성 간 차이가 선천적이라는 주장을 (그 이유가 하나님의 설계이든 생물학이든) 받아들였다면, 당신은 어떤 방식으로든 자신에게 경건하거나 자신의 존재에 선천적인 것으로 제시되는 유형에 순응하지 못하는 선한 의도를 가진 사람들 가운데서 심각한 내적 갈등과 죄의식을 불러일으킬 수 있다.[20]

당신이 설교하는 대상은 소수의 정형화된 무리가 아니다. 당신은

---

19) 예를 들어 John Piper and Wayne Grudem, *Recovering Biblical Manhood and Womanhood* (Wheaton: Crossway, 1991), 397에 실린 Elisabeth Elliot, "The Essence of Femininity: A Personal Perspective," chapter 25을 참조하라.

20) 더욱 위험한 것은 이런 가르침이 젠더 차이에 대한 사회생물학적 견해로 통하는 문을 열어젖힌다는 사실이다. 이 견해에 따르면 젠더 차이는 생물학적인 것으로 되돌릴 수가 없으며, 이는 피해 의식의 가능성을 창조한다. 즉 누구든지 "생물학적"으로 빚어진 결과에 대해 자기에게는 책임이 없다고 주장할 수 있다는 뜻이다. 실제로 자신이 테스토스테론의 피해자라며 법정에서 자신의 무죄를 주장한 강간범도 있었다. 하나님은 우리의 행동에 대해 책임을 물으시며, 이는 젠더의 희생자 이론(victimization theory)이 허용하지 않는 바다. 반대로 만일 남성과 여성의 차이가 성과 학습되는 젠더의 상호작용에 기인한다면, 우리는 그중 무엇이 불변하며 무엇이 변화되는지를 평가할 수 있다.

1장 화성에서 온 남자 금성에서 온 여자, 사실일까?

특정한 사회적 상황 안에서 개인을 향해 설교하는 것이다. 하나님의 말씀을 효과적으로 전하라는 부름에 충실하기 위해 당신은 당신의 청중을 대할 때 고정관념을 넘어 개인들로 바라보아야 한다.

이제 우리는 어디로 가야 할까?

다음 장들에서 몇 가지 중요한 질문에 답하고 싶다. 남성과 여성 간의 상황화된 차이에 대해 우리는 어떤 사실을 배워왔는가? 이 자료들은 믿을 만한가? 믿을 만하다면 이것으로 우리는 무엇을 해야 할까? 가장 중요하게는 이것을 어떻게 설교에 적용해야 할까?

　이번 장의 제목은 "화성에서 온 남자, 금성에서 온 여자, 사실일까?"라는 질문이었다. 이 질문에 대한 대답은 "아니오"다. 우리 모두는 동종의 지구인으로서 사랑의 하나님이 우리를 남성과 여성으로 창조하셨다. 남성과 여성 간 차이는 환경에 따라 생기기도 하고 사라지기도 한다. 우리의 도전은 우리가 마주하는 것이 신화인지, 아니면 여성과 소통하는 방식에 영향을 미치는 현실인지를 분별하는 것이다.

요약

- 설교자의 추측이 여성의 현실과 가까울수록 그의 설교는 이들의 삶의 문제와 마음의 필요에 더욱 강력히 다가갈 것이다.

- 젠더 차이는 신화에 비옥한 토양을 제공한다. 남성과 여성 간 차이를 과장하는 사람은 A형 오류 혹은 알파 편향의 잘못을, 남성과 여성 간 차이를 부인하는 사람은 B형 오류 혹은 베타 편향의 잘못을 범한다.
- 집단 내 차이가 집단 간 차이보다 큰 경우가 있다.
- 성(sex)은 우리의 생물학적 일부이며, 젠더(gender)는 우리가 생각하고 느끼고 행동하는 방식, 곧 문화적으로 수용되는 양식으로서 우리가 자신의 여성성과 남성성을 표현하는 방식이다.
- 생물학은 전혀 무관하지 않지만 그렇다고 결정적이지도 않다.
- 본성과 양육은 함께 결합해 남성과 여성 간 차이를 만들어낸다.
- 당신이 설교하는 대상은 정형화된 무리가 아니라 개인들이다.

더 생각해볼 문제

- 당신이 설교하는 대상을 유념할 때 하나님의 말씀이 깨뜨려야 할 이들의 지나친 관심사는 무엇인가?
- 당신이 가장 최근에 전했던 세 편의 설교를 떠올려보라. 청중은 당신이 의도하지 않은 어떤 메시지를 들었을까? 그중 젠더와 관련된 메시지가 있었을까?
- 당신은 젠더 차이에 대해 무엇이 사실이라고 생각하는가?
- 젠더 차이에 대한 당신의 이해는 당신의 설교에 어떤 영향을 끼치는가?

2장

도덕적
의사 결정을
위한 설교

여러 주간을 연이어 같은 자리에 앉아 십계명 시리즈 설교를 듣고 있을 때였다. 너는 나 외에는 다른 신들을 네게 두지 말라. 너를 위해 새긴 우상을 만들지 말라. 너는 네 하나님 야웨의 이름을 망령되게 부르지 말라. 안식일을 기억하여 거룩하게 지키라. 네 부모를 공경하라. 살인하지 말라. 간음하지 말라. 도둑질하지 말라. 네 이웃에 대해 거짓 증거하지 말라. 탐내지 말라(출 20:2-17). 어린 시절 십계명을 암송했던 내게 이런 "가내 법규들"은 익숙하게 느껴졌다.

그런데 이때 새로운 무엇이 소개되었다. 설교자가 반복적으로 우리를 십계명의 상황, 그러니까 자기 백성을 속박과 죽음의 땅으로부터 구원해주신(출 20:2) 야웨(관계를 맺고 언약을 지키시는 야웨)에게로 인도한 것이다. 자기 백성을 돌보시는 하나님을 이 계명들이 주어진 상황 속에서 생각하자 이전에는 엄중한 규칙 목록에 불과했던 것이 이제는 전혀 다르게 다가오기 시작했다. 백성을 노예 생활로부터 건져내신 하나님의 사랑의 구원 안에서 바라볼 때, 이전에는 메마르고 비인격적이었던 것이 활기를 띠기 시작한 것이다. 이제 계명들은 나를 죄와 죽음에서 구원해주신 분과의 관계를 자원하는 마음으로 유지하기 위한 지혜의 방편으로 보이기 시작했다. 나와 하나님의 관계 속에서 바라볼 때, 십계명의 타당성은 새로운 방식으로 그 모습을 드러냈다.

우리는 이런 연결 고리에 놀랄 필요가 없다. 이미 예수님이 자신을 따르는 자들을 향해 이것을 분명히 하셨기 때문이다. 어느 날 율법 교사였던 한 바리새인이 교묘한 질문으로 예수님을 궁지에 몰고자 했다. 그는 물었다. "선생님, 율법 중에서 어느 계명이 크니이까?" 예수님은 대답하셨다. "네 마음을 다하고 목숨을 다하고 뜻을 다해 주 너의 하나님을 사랑하라 하셨으니 이것이 크고 첫째 되는 계명이요 둘째도 그와 같으니 네 이웃을 네 자신같이 사랑하라 하셨으니 이 두 계명이 온 율법과 선지자의 강령이니라"(마 22:36-40). 하나님과 이웃을 함께 사랑하는 것은 십계명뿐 아니라 모든 율법과 예언서를 요약한다. 하지만 우리가 우리와 하나님의 관계를 두고 감상에 빠지는 것을 막기 위해 예수님은 하나님을 향한 우리의 사랑이 우리의 온 마음과 목숨, 뜻으로부터 나와야 함을 상기시키신다. 이번 장과 이어지는 다른 장들에서 우리는 이것이 일상과 여성을 향한 설교에서 어떻게 나타나는지를 살펴볼 것이다.

마음을 다해 하나님을 사랑한다는 것은 다소 감상적으로 들린다. 하지만 "사랑하다"라는 동사와 "마음"이라는 명사를 자세히 들여다본다면 감상적이지 않은 그림이 드러난다. 이 본문에서 "사랑하다"는 우리의 느낌이나 감정과는 거리가 멀다. 오히려 이 단어(*agapē*)는 타인에게(이 경우에는 하나님께) 가장 유익한 무엇을 행하고자 하는 노력이다. 타인에게 가장 유익한 무엇을 행하려는 노력은 마음을 우리 감정의 처소로 보는 21세기적 개념으로부터 우리를 이끌어내, 마음을 우리의 도덕적 움직임과 도덕적 의사 결정의 처소로 보는 1세기의 견해로 인도한다. 예수님은 마음을 "악한 생각과 살인과 간음과 음란과 도둑질과 거짓 증언과 비방"(마 15:19)의 근원지로 보셨으며 여기서 나열된 내용은 십계명 후반의 순서와 동일하다. 마태복음의 또 다른 기록에서 예수님은 "선한 사람은 그 쌓은 선에서 선한 것을 내고 악한 사람은 그 쌓은 악에서 악한 것을 내느니라"(12:35)고 말씀하셨다. 마음은 의지와 도덕적 생명의 처소이고, 마음을 다해 하나님을 사랑한다는 것은 도덕적 의지를 가지고 그분을 사랑하는 것을 포함한다.[1] 예수님에 따르면 우리의 마음은 온갖 종류의 도덕적 잘못의 근원지일 수 있다. 그리고 이런 윤리적 악의 해결책은 왜곡된 마음이 아니라 온 마음으로 하나님을 사랑하는 데서 나온다. 하나님과 이웃을 향한 사랑을 상황으로 볼 때, 우리는 올바른 도덕적 의사 결정을 내릴 수 있다. 세상 속 하나님의 명예에 가장 유익한 것을 기초로 도덕적 의사 결정을 내릴 때 우리는 하나님을 향한 우리의 사랑을 드러낸다.

위에서 논의한 내용을 감안해 이 "가내 규칙", 즉 성경 안에서 발견되는 윤리적 원리에 대해 당신이 느끼고 생각하는 바는 무엇인가? 또한 당신은 이 가내 규칙을 어떻게 설교하는가?[2] 모든 종교(기독교는 물론 다른 종교들)의 기초는 이런 규칙, 즉 우리가 행해야 할 것과 피해야 할 것들이다. 하지만 당신이 가내 규칙을 설교하는 방식은 당신의 청중이 그것을 이해하고 살아내는 방식에 영향을 미칠 수 있다. 가내 규칙은 그 집에 거하는 사람들이 도덕적 의사 결정을 내리는 방식을 지배한다. 당신이 강단에서 이것을 제시하는 태도는 청중이 도덕

---

1) *The Interpreter's Dictionary of the Bible*, vol. 2 (New York: Abingdon Press, 1962), 549-50.
2) 여기에는 십계명뿐 아니라 우리의 도덕적 의사 결정을 지배하는 모든 성경적 가르침도 포함된다.

적 의사 결정에 접근하는 방식을 바꿀 수 있다.

표면적으로 볼 때 같은 교회에서 자라면서 같은 입교식과 주일 학교를 거친 아이들이라면, 남자아이든 여자아이든 자신의 도덕적 결정을 위해 같은 기준을 사용할 것이라고 추측할 수 있다. 이들이 동일한 교사와 설교자로부터 성경의 진리를 배웠기 때문이다. 우리는 진리는 진리이고, 진리의 적용은 이해하기 어려운 것이어서는 안 된다고 믿는다. 하지만 도덕성 발달에 대한 일부 연구들은 남성과 여성 각각이 지지하는 도덕적 가치와 그 가치를 특정한 삶의 상황에 적용하는 방식에 흥미로운 차이가 있음을 보여준다.

도덕적 의사 결정(즉 무엇이 옳고 그른지에 대한 결정)은 인생의 다양한 사건을 통해 시간을 두고 학습된다. 올바른 선택을 배워가는 이런 과정을 우리는 보통 "도덕성 발달"이라고 부른다. 이것은 십계명의 특정한 명령들부터 이런 원리들을 크고 작은 문제, 개인적이거나 추상적인 삶의 문제, 예를 들어 전쟁과 평화, 이혼, 사형이나 낙태, 혹은 혼외정사에 적용하는 작업을 포함한다. 예를 들어 낙태와 출산 사이에서 고민하는 십 대 미혼모의 상황을 생각해보라.

- 이 미혼모는 어떤 기준 혹은 이유를 바탕으로 자신의 결정을 내릴 것인가? 어떤 요인이 그녀의 궁극적인 결정에 영향을 미칠 것인가?
- 이런 곤경에 빠진 딸을 지원해야 할지 고심하고 있는 부모에게 가장 중요한 요인은 무엇일까? 이들이 상황을 살피며 문제를 고심하는 동안 저울을 이쪽 혹은 저쪽으로 기울어지게 하는 것

은 무엇일까?

- 태아의 아버지는 미혼모의 결정을 어떻게 생각할까?
- 당신이 이 미혼모의 목회자라면 어떤 기준을 가지고 낙태에 관한 상담을 진행하겠는가? 낙태를 찬성하거나 반대하는 이유로 당신은 무엇을 제시하겠는가?

미혼모 여성과 그녀의 부모, 남자 친구, 목회자는 도덕적 딜레마에 직면해 있다. 이들 각자는 이런 상황에 대한 대처 방법을 두고 도덕적 결정을 내릴 것이다. 이 딜레마를 두고 이들은 어떤 사고를 펼칠 것인가? 이 문제를 따져보는 동안 이들은 어떤 기준을 사용할 것인가? 무엇이 옳고 그른지 결정지어야 할 임무에 이들은 어떻게 다가갈 것인가?

도덕적 의사 결정과 관련된 젠더 차이

인간이 옳고 그른 선택을 배워가는 방식에 대한 현재의 이해에 상당 부분 영향을 끼친 것은 로렌스 콜버그(Lawrence Kohlberg)가 지휘한 도덕성 발달 연구였다. 하지만 콜버그가 내린 결론은 조심스럽게 적용되어야 하는데, 왜냐하면 그의 초기 연구는 오직 남자아이만을 대상으로 했기 때문이다.[3] 그는 84명의 남자아이가 20년이 넘는 기간

---

3) Lawrence Kohlberg, "The Development of Children's Orientation toward a Moral Order: I. Sequences in the Development of Human Thought," *Vita Humana* 6 (1963): 11-33. 콜버그의 업적에 대해 더 알고 싶다면 L. Kohlberg,

동안 어떻게 도덕적 선택을 내려왔는지의 변화를 기록했다. 그는 자신의 관찰을 통해 인간의 도덕성 발달에는 여섯 가지 단계가 있음을 발견했다.[4] 이런 단계를 사용한 이후 연구에서 콜버그는 도덕성 발달 속에 젠더 차이가 있다는 증거도 찾아냈다. 예를 들어 3단계에 해당하는 사람에게, 옳은 것을 행한다는 것은 타인을 돕고 그들을 기쁘게 하는 것을 의미한다. 4단계의 결정은 관계보다 규칙을 우위에 둔다. 콜버그에 따르면 대부분의 남성은 궁극적으로 4단계(법과 질서의 정신으로, 도덕성을 비인격적인 기준으로 측정하는 단계)까지 도달하는 반면에, 대부분의 여성은 3단계(타인에 대한 책임감으로, 도덕성을 대인관계의

The Philosophy of Moral Development: Moral Stages and the Idea of Justice: Essays on Moral Development, vol. 1 (San Francisco: Harper & Row, 1982)과 L. Kohlberg, *The Psychology of Moral Development: Moral Stages and the Idea of Justice: Essays on Moral Development*, vol. 2 (San Francisco: Harper & Row, 1984)을 보라.

4) 1단계에서 어린아이는 벌을 받지 않기 위해, 2단계에서는 보상을 받기 위해 규칙을 따른다. 두 경우 모두 규칙을 따르겠다는 아이의 결정은 자신과 생존에 대한 관심을 기초로 한다. 어느 순간 학령에 다다른 아이들은 유형의 보상을 위해서가 아니라 타인의 인정을 받기 위해 규칙에 순응하기 시작한다(3단계). 다른 말로 "착한" 아이가 되는 것이다. 그중 일부는 4단계로 이동하고 여기서는 법과 질서라는 사고방식이 발달된다. 이들은 규칙을 어겨 질책받는 것을 원하지 않으며 따라서 규칙에 대한 엄격한 순응을 발달시킨다. 3, 4단계에서는 타인과 타인의 의견에 대한 관심이 발달된다. 이들은 사회 속 타인의 필요에 대해 책임감 있는 방식으로 반응하고 싶어한다. 5단계에서는 규칙에 순응할 때 사람들이 더불어 평화롭게 살 수 있다고 생각하며 따라서 여전히 규칙에 순응하지만, 이 규칙을 유연한 것으로 본다. 6단계에서는 내면적 원리(예를 들어 정의나 평등)를 발달시키고 이 원리에 의한 자기 정죄를 피하기 위해 애쓴다. 5단계와 6단계 모두에서 어떤 사회 규칙이 주변 사람과 공유되는 상호의존을 침해한다고 생각한다면 그 규칙을 위반할 수도 있다. 도움이 될 만한 도표나 콜버그 이론에 대한 더 자세한 논의로는 Janet Shibley Hyde, *Half the Human Experience: The Psychology of Women*, 4th ed. (Lexington, Mass.: D. C. Heath, 1991), 49-52을 보라.

기준으로 측정하는 단계)에서 그치고 만다.[5]

　이런 연구 때문에 여성의 도덕성이 덜 발달되었다고 결론짓는 사람들이 있다. 일반적으로 여성은 비인격적인 규칙이나 법보다는 타인에게 미칠 영향을 고려해 도적적 결정을 내리는 경향이 있기 때문이다. 일부가 주장하는 여성의 "결함"을 생각할 때, 우리는 콜버그가 자신의 연구에서 남성을 표준으로 측정 기준을 만들었다는 사실을 기억해야 한다. 그는 남성을 기준으로 해서 여성을 측정했으며, 그가 연구한 남성과 다르다는 이유로 여성에게 결함이 있다고 선언한 것이다. 콜버그가 연구한 여성은 도덕적 문제에 무관심한 것이 아니라 반응이 달랐을 뿐인데, 이런 다름이 콜버그에게는 결함으로 비친 것이다.

　콜버그의 도덕 발달 연구 일부에 참여했던 동료 캐롤 길리건(Carol Gilligan)은 여성에게 "선"으로 정의되는 바로 그것, 예를 들어 타인의 필요에 대한 돌봄이나 관심이 콜버그의 측정 기준으로 볼 때는 도덕적 판단의 결함으로 비친다는 점을 지적했다.[6] 콜버그의 판단으로 볼 때, 관계에 미치는 영향을 기초로 해서 도덕적 판단을 내리는 것은 적절치 않으며, 좀 더 추상적이고 비인격적인 것을 기반으로 도덕적 결정을 내려야 했다.[7] 이것은 많은 여성을 진퇴양난의 상황으로 밀어 넣

---

5) 같은 책, 51쪽.

6) Carol Gilligan, *In a Different Voice* (Cambridge: Harvard University Press, 1982), 18.

7) 게이 허버드는 다음과 같이 기록했다. "이런 부적절한 일반화는, 콜버그의 업적에 대한 맹목적 수용과 이것이 여성을 결함 있는 존재로 주장하는 학설에 제공한 추정 증거만 아니라면, 단순히 안타깝게만 여길 수도 있다"(M. Gay Hubbard, *Women: The Misunderstood Majority* [Waco: Word, 1992], 149).

2장 도덕적 의사 결정을 위한 설교

었다. 타인의 필요에 대한 관심과 이들을 돌보는 일에 책임을 다하는 방식은 여성으로 하여금 도덕적 판단에서 외면의 목소리를 듣고 다양한 견해를 수용하도록 만들었다.[8] 그러나 콜버그의 측정 기준에서 이것은 도덕적 연약함이었다.

낙태를 고심하는 젊은 여성의 문제로 돌아가 보자. 프레데리카 매튜스-그린(Frederica Mathewes-Green)은 1년 동안 북미 여러 지역을 돌며 낙태한 여성을 인터뷰했다.[9] 이 인터뷰에 따르면, 많은 경우 이들이 낙태를 결심한 것은 부모나 태아의 아버지가 그것을 강요했기 때문이었다. 여성의 부모는 자기 주변 사람들의 시선을 가장 염려했고 자기 딸이 결혼도 하지 않은 상태에서 출산을 함으로써 당할 수치를 두려워했다. 혹은 때 아닌 임신으로 딸의 교육 기회와 장래가 망가질 것을 염려했을 수도 있다. 태아의 아버지는 대체로 자신의 행동의 결과에 무관심했고 당장 한 아이의 아버지가 된다는 것(혹은 양육의 부담을 지는 것)의 불편을 감수하고 싶어하지 않았다. 반면에 여성이 낙태를 결심한 것은 자기에게 가장 중요한 사람들의 호의를 잃지 않고 싶다는 이유에서였다.[10]

대부분의 그리스도인이 볼 때, 현재 중요한 부모나 남자 친구와의 관계를 근거로 일부 여성이 낙태를 결정한다는 것은 적절하지 못

---

8) Gilligan, *In a Different Voice*, 16.

9) Frederica Mathewes-Green, *Real Choices: Listening to Women; Looking for Alternatives to Abortion* (Ben Lomond, Calif.: Conciliar Press, 1994, 1997).

10) 콜버그의 측정 기준을 적용한다면, 부모와 남자 친구의 일부 염려는 자신에 대한 염려를 기초로 하는 1단계의 결정일 것이다.

하다. 이들은 인간 생명의 신성함이라는 원리가 우선시되어야 한다고 말할 것이다. 그리고 이것은 성숙한 도덕성 발달에 대한 콜버그의 이해를 뒷받침하는데, 곧 우리가 의사 결정을 내릴 때 대인관계라는 기초를 넘어 규칙이나 추상적인 원리를 사용해야 한다는 것이다.

콜버그는 도덕성 발달을 자신의 연구의 주된 초점으로 삼았으며 따라서 도덕적 의사 결정의 문제를 다양한 관점에서 연구했다. 한 연구 프로젝트를 통해 그는 열한 살 아이들에게(이 경우에는 남자아이와 여자아이가 섞여 있었다) 다음과 같은 도덕적 딜레마를 소개한 후[11] 이것을 어떻게 풀어가야 할지를 질문했다. 하인즈(Heinz)라는 이름의 남자가 있는데 그는 아내의 목숨을 구하기 위해 자신이 돈을 주고 살 수 없는 약을 훔쳐야 할지를 고심하고 있다는 문제였다. 하인츠는 약사에게 가격을 낮추어줄 것을 요청했지만 거절을 당했다. 그는 어떻게 해야 할까? 이것은 도덕적 규범 간의 갈등이다. 연구자들은 청소년들이 이를 풀어가면서 어떤 논리를 사용하는지에 관심을 두었다.

길리건에 따르면 열한 살의 제이크는 처음부터 하인즈가 약을 훔쳐야 한다고 주장했다. 이유는 이 갈등이 재산과 인간 생명 간의 가치에 대한 것이며 생명이 재산보다 훨씬 더 가치 있기 때문이었다.[12] 제

---

11) 이 연구의 참여자들은 6학년이었고 이들은 서로 다른 도덕성과 자아 개념을 탐구하기 위해 권리와 책임의 연구에도 참여했다. Gilligan, *In a Different Voice*, 25.

12) 이것은 경쟁 원리들 간의 계층을 만들어낸다. 도덕적 의사 결정에 대한 이런 접근의 보다 자세한 설명은 Norman Geisler, *Ethics: Alternatives and Issues* (Grand Rapids: Zondervan, 1971)에서 찾아볼 수 있다. 여기서 저자는 도덕적 의사 결정을 위해 성경에서 도출된 원리들을 계층화하는데, 이는 서로 "경쟁하는" 원리들이 더 이상 동등하지 않고 다른 무엇에 종속되도록 하기 위해서다. 가이슬러의 도식에서 계층

이크는 이 딜레마를 "사람이 연관된 일종의 수학 문제"라고 표현하면서 하인즈가 약을 훔쳐야 한다고 해결책을 냈다. 만일 하인즈가 붙잡히고 재판을 받게 된다면 판사는 그의 행동에서 도덕성을 발견하고 그에게 절도죄를 묻지 않을 것이라는 것이다.

길리건은 완전히 다른 방식으로 문제에 접근한 에이미의 반응도 소개하고 있다. 에이미는 하인즈가 대출을 받는 식의 다른 방법을 생각하면서 다음과 같이 말했다. "약을 훔치는 것 말고도 다른 방법이 있을 거예요." 에이미는 그가 약을 훔쳐서는 안 된다고 확신하는 동시에 그의 아내 역시 죽도록 방치되어서는 안 된다고 확신했다. 하인즈가 약을 훔치면 당장은 아내의 목숨을 구할 수 있을 것이다. 하지만 그가 절도죄로 감옥에 가게 되고 아내가 다시 병든다면 곁에서 아내를 돌볼 수가 없다. 하인즈와 아내의 지속적 관계뿐 아니라 하인즈와 약사의 관계 역시 고려해야 한다. 문제를 해결할 수 있는 다른 방법이 있어야 한다.

에이미는 이 딜레마를 (제이크와 같이) "사람이 연관된 일종의 수학 문제"로 본 것이 아니라 시간을 두고 펼쳐지는 관계의 이야기로 보았다. 에이미가 염려한 것은 하인즈의 아내가 지속적으로 남편을 필요로 한다는 것과 약사가 이 가정의 상황에 반응해야 한다는 것이었다. 길리건의 분석에서 에이미가 바라본 세상은 홀로 서 있는 사람들이 아니라 관계로 구성된 것이었으며, 세상은 규칙의 체계가 아니라 사람들 간의 연결을 통해 하나로 유지될 수 있는 체계였다. 에이미에게 문제는 타인

화된 원리들은 원리들 간의 결정이라는 문제를 제거한다.

의 필요에 반응하지 못한 약사였다. 약사가 자신이 약의 가격을 낮추지 않은 것의 결과를 볼 수만 있다면 그는 하인즈의 아내를 위해 하인즈에게 약을 건네주고 값은 나중에 치르도록 할 것이다.

이 두 청소년은 같은 딜레마를 매우 다른 두 개의 도덕적 문제로 바라보았다. 제이크에게 이것은 생명의 가치와 재산상의 가치 사이의 갈등이었으며, 생명이 재산보다 더 높은 가치이고 따라서 이 경우 절도는 적절하다는 논리로 해결 가능한 문제였다.[13] 에이미에게 문제는 인간관계의 균열이었다. 반면에 제이크는 같은 문제를 논리와 법의 체계를 통해 바라보았다. 에이미에게 해결책은 관계의 소통 과정을 개선하는 데 있었다.[14]

하지만 이 연구 프로젝트의 면접관들은 이들의 반응을 평가하면서 에이미를 제이크보다 한 단계 낮게 측정했다. 왜냐하면 에이미가 도덕성이나 법의 개념에 대해 체계적 사고 능력을 보이지 않았기 때문이다. 면접관은 관계에 대한 에이미의 의존을 순진하고 미숙한 것으로 치부했다. 결국 에이미는 놓쳤지만 제이크가 발견한 것은 측정되었고, 반대로 제이크는 놓쳤지만 에이미는 발견한 것은 질문되지

---

13) 나는 기독교적 관점으로 볼 때 콜버그나 길리언 모두 특별히 성경적인 관점에서 도덕성을 다루고 있지 않다는 사실을 분명히 지적하고 싶다. 콜버그는 6단계에서 사람들이 "내면의 원리"를 바탕으로 사고한다고 주장하는데, 이 원리들이 꼭 기독교 윤리학자들이 도덕성의 보편 원리로 생각하는 것과 일치하지는 않는다. 콜버그의 견해에서, 어떤 사람이 내면화한 원리는 어떤 것이건, 그 사람에게 특정한 결정을 저지하는 법이나 규칙을 위반할 권리를 부여한다. 예를 들어 정의라는 내면화된 원리는 이론적으로 볼 때 씨족 간 전쟁의 상황에서 보복적 폭력의 행위로 인도할 수 있다.

14) Gilligan, *In a Different Voice*, 29.

않았다. 에이미의 반응은 콜버그의 측정 체계를 벗어났고 도덕적 판단에 결함이 있는 것으로 평가되었다.[15]

길리건은 하버드 대학교에서 콜버그와 함께 도덕적 판단에 대한 연구를 하면서 다음과 같은 점을 확신하게 되었다. 일반적으로 윤리적 의사 결정에 대한 남성적 접근은 평등에 근거한 권리의 도덕성을 그 초점으로, 공정성의 이해를 그 중심으로 한다는 것이다.[16] 곧 도덕적 결정은 공정성의 원리를 모든 사람에게 평등하게 적용해 이루어져야 하고 이것은 비인격적 규칙들을 통해 가능하다. 반대로 도덕성 발달에 대한 여성적 접근은 필요의 차이를 인식하는 책임 윤리에 초점을 둔다. 사람들이 처한 삶의 상황은 서로 다르며 이는 상호작용에 참여하는 개개인이 서로 다르기 때문이다. 따라서 도덕적 결정을 내리는 데 있어 획일화된 접근은 적절치 못하다. 각 상황의 독특성을 고려하는 것이 필수적이다.

학교에서 보았던 한 여성의 그림을 기억하는가? 한쪽으로 보면 젊고 아름다운 여성이 보이고 다른 한쪽으로 보면 쭈그렁 할머니가 보였던 그림 말이다. 아니면 두 개의 구불거리는 수직선을 보고 무엇이 보이는지를 대답했을 수도 있다. 교실 안의 어떤 아이에게 두 개의 선은 화병을 만들었고 다른 아이에게 두 개의 선은 서로 마주보는 두 여성의 옆모습을 만들었다. 그 그림을 보았을 때 당신은 아마도 사람들이 실재를 보고 해석하는 방식에 대해 공부하고 있었을 것이다. 같은

---

15) 같은 책, 31.
16) 같은 책, 164.

그림에서 두 가지 형상을 보는 방법을 듣고 난 후에도 우리 내면의 무언가가 둘 중 하나를 보도록 우리를 강요한다는 사실은 흥미롭다.[17]

남성과 여성이 도덕적 판단을 개발할 때에도 똑같은 일이 일어난다. 도덕성을 주로 정의나 공정성의 문제로 보기로 선택하는 사람이 있는 반면에 돌봄의 문제로 보기로 선택하는 사람도 있다. 이런 선택(정의와 돌봄 간의)이 우리가 도덕적 문제를 정의하는 방식을 변화시킨다. 문제가 다른 것은 "그림"이 다르기 때문이다. 제이크와 에이미가 마주했던 가설적 상황에서 이것을 확인할 수 있다. 제이크는 정의라는 기초 위에서 해결책을 찾았고 에이미는 돌봄이라는 기초 위에서 찾았다. 제이크에게 약을 훔치는 것은 타당했는데 하인즈에게 닥친 딜레마 속의 약사가 부당하고 부정했기 때문이다. 에이미에게는 약을 훔치는 일에 따르는 위험을 감수할 타당한 이유가 없었는데 하인즈의 아내가 남편의 지속적인 돌봄을 필요로 했기 때문이다.

길리건은 다음과 같이 결론 내렸다.[18] "여자아이는…남자아이와 다른 방식으로 자아의 주된 정의가 되는 '공감'의 기초를 개발한다.…여자아이는 타인의 필요나 감정을 자신의 것으로 경험하는 데 보다 강력한 기초를 갖게 된다."[19] 결과적으로 관계는 여성과 남성에 의해 서로 다

---

17) Carol Gilligan, "Moral Orientation and Moral Development," in *Women and Moral Theory*, ed. Eva Feder Kittay and Diana T. Meyers (Totowa, N. J.: Rowman & Littlefield, 1987), 19-20.

18) 길리건의 결론은 낸시 초도로우의 저술 *The Reproduction of Mothering* (Berkeley: University of California Press, 1978)을 논의하는 중에 등장한다.

19) Gilligan, *In a Different Voice*, 8.

르게 경험된다.[20] 그리고 길리건이 옳다면, 관계의 개념 자체는 남성과 여성에게 어릴 때부터 서로 다른 의미와 중요성을 가질 것이다.

우리가 길리건의 의견을 침소봉대 할 수도 있다. 그녀는 작은 표본을 바탕으로 결론을 내렸다. 도덕성 발달에서 여자아이와 남자아이, 그리고 남성과 여성 사이의 젠더 차이에 대한 다른 연구들로부터 얻을 수 있는 확정적인 증거가 있을까?

자넷 레버(Janet Lever)는 상당한 시간을 들여 남자아이와 여자아이가 학교 운동장에서 쉬는 시간을 보내는 모습을 관찰했다. 그녀가 발견한 바에 따르면, 남자아이는 규모가 크고 연령대가 뒤섞인 그룹을 선호하는 반면에, 여자아이는 두세 명으로 이루어진 그룹 안에서의 활동을 선호했다. 보통 남자아이는 여자아이보다 더욱 경쟁적인 게임을 했다. 여자아이는 승자나 패자가 있는 게임보다는 사방치기나 줄넘기와 같은 순서를 지키는 게임을 하는 편이었다.

또한 레버는 일반적으로 남자아이의 게임이 여자아이의 게임보다 오래 지속된다는 사실을 발견했다. 이는 남자아이가 규칙을 설명하는

---

20) 따라서 길리건은 이렇게 쓴다. "남자아이와 남성에게 분리와 개성화는 성 정체성과 불가분 연결되어 있는데 어머니로부터의 분리가 이들의 남성성 발달에 필수적이기 때문이다. 여자아이와 여성에게 여성성 혹은 여성 정체성의 문제는 어머니로부터의 성공적 분리나 개성화 과정에 의존하지 않는다. 남성성이 분리를 통해 정의되고 여성성이 애착을 통해 정의되기 때문에 남성의 성 정체성은 친밀함으로부터 위협을 받고 여성의 성 정체성은 분리로부터 위협을 받는다. 따라서 남성은 관계에 어려움을 겪는 반면에, 여성에게는 개성화가 문제가 된다. 하지만 남성보다는 여성의 삶을 특징짓는 사회적 상호관계와 개인적 관계로의 질적 참여는 서술적 차이일 뿐 아니라 발달에서 방해물이 된다.…분리하지 못하는 여성의 실패는 정의상 발달하지 못하는 실패가 된다"(같은 책, 8-9).

것으로 논쟁을 해결하고 게임이 지속되도록 만들었기 때문이다. 레버의 발견에 따르면, 남자아이들은 늘 서로 싸움을 벌였지만, 이런 싸움 때문에 게임이 중단되더라도 그 중단이 7분 이상 지속되지는 않았다. 남자아이는 게임 자체만큼이나 게임의 규칙을 설명하는 등의 법적 논쟁을 즐기는 것 같았다. 반면에 여자아이는 논쟁이 일어날 경우 게임을 중단하는 경향이 있었다. 그들에게는 관계를 보존하는 것이 게임을 지속하는 것보다 더 중요해 보였다.[21]

스위스의 심리학자 장 피아제(Jean Piaget)는 남자아이가 유년기를 거치며 법률과 관련한 규칙의 설명과 논쟁을 해소해가는 공정한 과정의 발달에 점점 더 매료된다는 사실을 발견했다. 그의 연구에서 이런 매료는 여자아이의 특징과는 거리가 멀었다. 피아제는 여자아이가 규칙에 대한 더 실용적인 자세, 곧 "규칙은 게임에 그럴 만한 가치가 있을 때에만 좋은 것이라는 생각"을 가진다고 썼다.[22] 여자아이는 규칙에 대한 태도에서 보다 더 관대하고 예외적인 사항을 기꺼이 만들었으며, 혁신적인 것을 더 쉽게 감수했다. 결과적으로 피아제가 도덕성 발달에 있어 필수적인 것으로 보았던 법의식의 "발달은 남자아

---

21) Gilligan, *In a Different Voice*, 9에 인용된 Janet Lever, "Sex Differences in the Games Children Play," *Social Problems* 23 (1976): 478-87. 내가 레버(Lever)와 피아제(Piaget), 밀러(Miller), 울프(Woolf)의 의견 사이의 연결점을 처음으로 발견한 것은 길리건의 글을 통해서였다. 하지만 여기서 나는 이들의 생각을 좀 더 알아보고 싶은 독자들이 쉽게 찾아볼 수 있도록 원래 자료를 인용했다.

22) Jean Piaget, *The Moral Judgment of the Child* (1932; reprint, New York: Free Press, 1965), 83.

이보다 여자아이 안에서 훨씬 더 부족했다."[23]

진 베이커 밀러(Jean Baker Miller)는 "여성은 타인과의 애착과 연계라는 상황 안에 머물고 여기에 기반을 두고 발달해간다.…여성의 자아의식은 상당 부분 타인과 관계를 맺고 그것을 유지하는 능력을 중심으로 정돈된다"라고 주장했다. 어떤 관계가 방해받을 때, 많은 여성은 이것을 단순히 "관계의 상실이 아닌 자기 자신의 상실에 가까운 무엇으로 받아들인다."[24]

1929년 버지니아 울프는 이렇게 썼다. "여성의 가치가 다른 성이 정한 가치와 많은 경우 서로 다르다는 사실은 명백하다.…두 가치 중 승리하는 것은 남성적 가치다."[25] 여기에는 문제가 있는데 특히 그리스도인 여성에게 그렇다. 많은 설교에서 규칙과 원리의 "남성적 가치"가 관계를 이긴다. 하지만 밀러가 말한 대로 여성의 자아의식이 이들이 관계를 맺고 그것을 유지하는 능력을 중심으로 정돈된다면, 그런 연계는 이들의 도덕적 의사 결정에 영향을 미칠 수밖에 없다. 결과적으로 여성(특히 그리스도인 여성)은 자신이 타인에 대한 염려를 도덕적 의사 결정에 포함시키는 것이 적절한지에 대해 의심하게 된다. (이런 의심은 성경이 이웃과의 관계 속에서의 사랑을 강조한다는 점을 감안한다면 이상한 일이다.) 하지만 관계는 대부분의 여성의 정체성에 있어

---

23) 같은 책, 77.

24) Jean Baker Miller, *Toward a New Psychology of Women* (Boston: Beacon Press, 1976), 83.

25) Virginia Woolf, *A Room of One's Own* (New York: Harcourt, Brace & World, 1929), 76.

필수적인 부분이고 따라서 이들은 종종 타인의 의견을 좇아 스스로의 판단을 바꾸기도 한다. 예를 들어 여성은 상대방이 믿는 것을 사실로 표현함으로써 그렇게 한다. "지붕 위의 바이올린"의 테비에(Tevye)처럼, "한편으로 보면…, 다른 한편으로 보면…"이라고 말함으로써 분열된 두 판단 모두에 가치를 부여하는 것이다.

이런 명백한 판단의 혼돈을 도덕적 약점으로 보는 이들도 있지만, 길리건을 위시한 다른 학자들에게 이것은 여성의 도덕적 강점, 즉 관계에 대한 깊은 관심과 불가분한 것으로 비쳐졌다. 여성은 판단하기를 꺼리는데, 이것은 그 자체로 여성 발달의 고유한 부분, 즉 타인을 향한 관심의 표시일 수 있다. 여성에게는 관계의 측면에서 스스로를 정의하는 일과, 자신의 돌보는 능력을 통해 스스로를 도덕적으로 평가하려는 경향이 동시적으로 일어난다.

하지만 울프가 지적한 대로 둘 중 승리하는 것은 남성적 가치다. 따라서 그리스도인 여성은 진퇴양난에 처한 자신을 종종 발견하곤 한다. (타인을 향한 관심을 무시하고) 규칙과 추상적인 원리를 기초로 도덕적 결정을 내려야 할까, 아니면 규칙과 추상적 원리를 개의치 않고 관계된 사람에게 최선이 될 만한 것에 기초해서 도덕적 결정을 내려야 할까?

따라서 도덕적 사고와 관련한 젠더 이슈는 다음과 같은 다른 질문들을 반영한다. 우리는 도덕적 문제가 타인에 대한 우리의 책임에 있어서의 갈등으로부터 온다고 보는가, 아니면 추상적인 원리나 법, 규칙 등에 명시된 서로 경쟁하는 권리들로부터 온다고 보는가?[26] 많은

---

26) 이번 장의 시작에서 등장한 임신한 십 대 여학생의 예가 보여주는 것은 다음과 같다.

여성에게 남성적 도덕성, 즉 권리의 도덕성은 인간의 필요와 개개인에 대한 무관심을 합리화하는 것으로 비쳐진다. 반면에 대부분의 남성에게 타인에 대한 책임을 기초로 하는 여성적 도덕성은 결정력의 부족과 산만함으로 비쳐지는데, 그런 결정이 상황에 따라 달라질 수 있기 때문이다. 이런 도덕성에는 분명함이나 확실함이 없다. 어떤 상황에서든 동일하게 적용되는 규칙도 없다.

도덕적 발달에 대한 학문적 연구를 떠나 대부분의 광고업계는 관계가 여성을 좌지우지한다는 인식을 바탕으로 움직인다. 왜 텔레비전 "연속극"은 오후 시간대에 방송되는 걸까? 남성과 비교할 때 더 많은 수의 여성이 오후 시간에 집을 지키고, 바로 이들이 뒤엉킨 관계들이 빚어내는 지속적인(끝없는) 이야기의 주된 소비자이기 때문이다. 왜 일부 출판사의 주된 소득원은 로맨스 소설일까? 내밀한 관계를 소재로 한 사랑과 상실, 고통의 이야기를 갈망하는 여성의 수가 로맨스 소설을 북미 베스트셀러 목록의 상위에 올려놓을 만큼 많기 때문이다. 보통 여성은, 자신이 스스로를 남성적 개인주의로 바라보는 것보다 훨씬 더 상호의존을 지향하는 것처럼 보인다.

(전부는 아니지만) 많은 수의 여성이 경쟁에 대해 갈등을 경험한다. 이는 게임을 하는 어린이들에 대한 레버의 연구뿐 아니라 많은 여성

여학생의 부모나 남자 친구의 의견이나 바람, 명령에 대한 관심이 이 문제를 결정해야 할까 아니면 서로 경쟁하는 권리들 중 태아의 살 권리가 우리의 가장 중요한 관심사가 되어야 할까? 권리들 간의 경쟁은 사람 사이의 것일 수도 있고(임신한 십 대 학생의 삶에서 영향력 있는 사람들 간의 갈등), 규칙이나 법, 원리들 사이의 것일 수도 있다(살 권리과 생식의 자유의 권리 간의 갈등).

이 프로 스포츠에 대해 보이는 반감을 통해 엿볼 수 있다. (하키나 풋볼 같은) 폭력적인 스포츠가 특히 그렇지만, 경쟁하는 경기, 즉 승자와 패자가 존재하는 모든 단체 경기에서 이것은 어느 정도 사실이다. 일반적으로 여성은 모두에게 유리한 상황을 찾는 일에 더 몰두한다. 즉 관계를 위협하지 않는 방식으로 딜레마를 해결할 방법을 도모하는 것이다.

이런 연구에서 살펴볼 수 있는 또 다른 사실은, 대부분의 여성이 자신의 성취보다 타인을 돌보는 일을 중요하게 생각할 뿐 아니라 개인적 성취보다 유대감에 더 높은 가치를 부여한다는 점이다.[27] 하지만 동시에 직장 여성에 대한 어떤 연구에 따르면, 남성으로부터 업무 훈련을 받은 여성이 자신의 일터로 더욱 경쟁적인 태도를 끌고 들어온다고 한다.[28] 남성이 주도하는 근무 환경에서 일할 때 여성은 남성 동료에 상응하는 공격성을 선호하며 이타적인 행위를 옆으로 제쳐두곤 한다. 이런 사실은 여성이 남성보다 원래 이타적이라고 추론하는 것에 대해 경고를 던진다. 사회적 상황은 돌봄의 윤리에 영향을 미친다. 여성과 남성 모두가 경쟁을 부추기는 사회적 상황 속에서 기꺼이 돌봄과 정의를 포기한다는 사실을 우리는 보아왔다.

당신의 교회에 속한 여성 중 적어도 절반이 "돌봄"이 어렵고 불가능한 직업의 세계에서 시간(매일 8시간이나 그 이상)을 보낸다는 사실

---

27) 실제로 많은 여성은 자신이 이루는 모든 성공이 언제나 누군가의 희생으로만 가능하다고 믿는다. 이 내용은 4장에서 더욱 자세히 논의될 것이다.

28) Cindy Simon Rosenthal, *When Women Lead: Integrative Leadership in State Legislatures* (New York: Oxford University Press, 1998).

은 당신의 설교 사역과 무관할 수 없다. 여성이 일터에서 성공을 거두기 위해서는 도덕적 의사 결정에서의 변화가 요구되는데, 이는 인식되지 못할 뿐 아니라(연구에서도 미진했다) 일하는 여성이 경험하는 스트레스의 주된 요인 중 하나이기도 하다. 동시에 여성 CEO들에 대한 일부 연구는 직업 세계에 대한 이들의 접근이 다름을 강조하고 있는데, 이는 도덕성 발달에서의 젠더 차이와 매우 유사하다[29](8장에서 더 자세히 논의될 것이다).

이전 장에서 언급했듯이 집단 내 차이는 집단 간 차이만큼이나 중요하다. 모든 여성이 관계에 근거해서 도덕적 결정을 내리는 것은 아니며, 모든 남성이 규칙이나 법, 내면화된 원리에 근거해 도덕적 의사 결정을 내리는 것도 아니다.[30] 캐럴 태브리스(Carol Tavris)에 따르면 현실의 삶에서는 "절대적으로 자율적인 개인도 절대적으로 타인과 연결된 개인도 없다."[31] 우리는 연결과 자율 모두를 추구해야 한다. 두

---

29) 여기에 대한 더 자세한 논쟁으로는 Sally Helgesen, *The Female Advantage: Women's Ways of Leadership* (New York: Doubleday Currency, 1990), 5-68을 보라. 1990년에 헬게슨이 지적한 내용은 21세기에 이르러 점점 더 타당한 것으로 드러나고 있다. 더욱 많은 기업들이 상하 관계의 권위주의적 리더십보다는 관계망 속에서 더욱 포용하고 상호작용에 애쓰는 리더십의 CEO를 원하는 것이다. 헬게슨은 이를 최근 저술인 *Everyday Revolutionaries: Working Women and the Transformation of American Life* (New York: Doubleday, 1998)에서도 반영하고 있다. 위에서 언급한 로젠탈의 *When Women Lead*도 똑같은 실재를 반영한다.

30) K. 버시(K. Bussey)와 B. 모언(B. Maughan)의 보고에 따르면, 남성은 이야기 상대의 성별에 따라 논증을 다르게 한다. 남성은 여성과 이야기할 때에는 3단계, 남성과 이야기할 때는 4단계에 머무는 경향이 있다. 반면에 여성은 이야기 상대의 성별에 따라 논증의 방법을 바꾸지 않는다. Susan Basow, *Gender Stereotypes and Roles* (Pacific Grove, Calif.: Brooks/Cole Publishing, 1992), 65을 보라.

31) Carol Tavris, *The Mismeasure of Woman* (New York: Simon & Schuster, 1993),

가지 모두가 서로에게 필수 조건이기 때문이다.[32]

어떻게 설교에 적용할까?

여성의 도덕적 사고에 대한 길리건의 연구 보고가 처음으로 알려진 것은 『다른 목소리』(*In a Different Voice*)의 출판을 통해서다. 여성의 다른 사고에 대한 묘사와 함께, 논의되어야 할 문제가 분명해졌다. 어떤 결정이 최대한 도덕적이기 위해서는 이 기준이 법과 질서에 있어야 할까, 아니면 특정한 길을 선택하는 데 있어 관계라는 "다른 목소리"가 동일하게 유효한 기준이 될 수 있을까? 기독교 윤리 영역에서 (대부분의 설교는 윤리적 생각을 반영한다) 대다수 복음주의적 도덕 신학자들은 자신을 "의무론자"(deontologist) 곧 율법 아래에서의 의무와 관련된 사람으로 분류해왔다. 하지만 다른 길을 선택한 사람들도 있는데, 예를 들어 자신을 "책임적 자아"(responsible self)로 부른 리처드 니버(H. Richard Niebuhr)가 그렇다.[33] 니버는 우리의 도덕적 반응이 타인에 대한 책임 중 하나로 형성되는 것은 우리를 둘러싼 사람들과의 상호작용 안에서라고 지속적으로 주장했다.[34]

89.

32) Thelma J. Goodrich, Cheryl Rampage, Barbara Ellman, and Kris Halstead, *Feminist Family Therapy: A Case Book* (New York: W. W. Norton, 1988), 20.

33) H. Richard Niebuhr, *The Responsible Self: An Essay in Christian Moral Philosophy* (San Francisco: Harper & Row, 1963)를 참조하라.

34) 길리건과 니버의 책들을 넘어서서 이런 질문을 묻고 싶은 독자가 있다면, 계몽주

이번 장 초반에 우리는 어떻게 "가내 규칙들"을 설교할 것인가라는 질문을 던졌다. 이 질문보다 우선되는 질문은, 당신의 회중이 하나님을 마음을 다해 사랑하기 위해 강단으로부터 무엇을 들어야 하는가 하는 질문일 것이다. 대계명(The Great Commandment)은 남성과 여성 모두를 위한 것이다. 따라서 온 교회가 듣고 순종할 수 있도록 당신은 하나님의 진리를 어떻게 설교해야 할까? 도덕적 의사 결정의 문제를 논의할 때 당신은 성경 본문을 오직 논리와 율법의 렌즈로만 바라볼 수도 있고, 문제를 관계 안에서 즉 이로 인해 타인이 받게 될 영향과 딜레마와 관련된 관계를 보호하고 발전시키기 위해 우리가 할 수 있는 일로 설정할 수도 있다. 특정 본문에 대한 설교를 준비할 때 당신은 비인격적인 규칙과 상호 간의 관계 중 무엇을 우선으로 할지, 아니면 두 가지 모두를 참작해 본문의 도덕적 문제를 논의할 수 있는 방법이 있는지를 판단해야 한다. 당신의 회중 속에는 비인격적인 접근을 잘 "들을" 남성과 여성도 있을 것이고 반면에 설교를 이해하기 위해 상호 관계에 귀를 기울일 이들도 있을 것이다.

말씀을 진지하게 받는 남성과 여성이라면 콜버그의 이론이 성경의 가르침과 일치하는지를 질문해야 한다. 콜버그는 도덕성 발달에서 비인격적인 규칙의 단계를 상호 간 관계의 단계보다 높이 정의했다. 하지만 이것은 성경적 사고방식일까? 이 질문에 답하기 위한 적절한 출발점은 예수님이 자기의 청중을 위해 십계명의 일부를 재해석해

의 윤리 철학에 대한 이것의 관계적 도전이 보다 자세히 기록된 Susan J. Hekman, *Moral Voices, Moral Selves* (Cambridge, U.K.: Polity Press, 1995)을 보라.

주신 마태복음 5장이다. 예수님이 이 계명들을 점검하신 상황은 다음 20절에서 제시된다. "내가 너희에게 이르노니 너희 의가 서기관과 바리새인보다 더 낫지 못하면 결코 천국에 들어가지 못하리라." 곧이어 예수님은 몇 가지 계명을 언급하신다. 이 각각의 점검은 "옛 사람에게 말한 바…"(21, 27, 31, 33절)라는 말씀으로 시작되며, 구약의 명령들을 언급하신 뒤에는 "나는 너희에게 이르노니"(22, 28, 32, 34절)라고 덧붙이신다.

마태복음 5장의 구조는 예수님이 우리에게 우리가 십계명 곧 가내 규칙들을 어떻게 생각하고 해석하고 사용해야 할지를 가르치고 계신다는 사실을 분명히 보여준다. 다시 말해 예수님은 출애굽기 20장과 신명기 5장에서 하나님이 자기 백성에게 제시하셨던 위대한 원리로 우리를 이끌어가심으로써, 우리에게 도덕적 의사 결정에 대해 설명하고 계신 것이다.

1세기 예수님의 청중 중 누가 이 계명들을 가장 꼼꼼히 지켰을까? 물론 바리새인들이다. 하지만 예수님은 산상수훈의 이 부분을 여시며 다음과 같이 분명히 말씀하신다. "내가 너희에게 이르노니 너희 의가 서기관과 바리새인보다 더 낫지 못하면 결코 천국에 들어가지 못하리라"(20절).

하지만 예수님의 말씀을 듣기 위해 떼 지어 몰려다니는 평범한 촌민들이 어떻게 바리새인보다 더 나은 의를 가질 수 있을까? 불가능한 일처럼 보인다. 하지만 이 질문에 대한 답은 예수님 당대의 사람들이 "의"(rightousness)에 대해 이해한 방식에서 발견될 수 있다. 엘리자베스 악트마이어(Elizabeth Achtemeier)는 다음과 같이 설명한다.

구약에서 이해되는 의는 철저하게 히브리식 개념으로 서구의 사고와는 이질적일 뿐 아니라 이 용어에 대한 일반적 이해와도 모순을 이룬다. 그리고 이 의의 의미를 이해하지 못하는 것이 아마도 구약의 종교를 "율법적인" 것, 신약의 은혜와는 동떨어진 것으로 인식하는 가장 큰 이유일 것이다.[35]

이어서 악트마이어는 의가 언제나 관계의 요구, 우리와 하나님 사이의 관계든 아니면 사람 사이의 관계든, 그 관계의 요구를 충족하는 것이라고 말한다. 의는 "올바른 관계 맺음"(right-relatedness)이다.

예수님이 마태복음 5:20에서 의를 언급하셨을 때 그분은 의를 올바른 관계 맺음으로 보는 구약 개념을 염두에 두고 계셨다. 우리는 그리스도라는 제물을 통해 하나님과 올바른 관계를 맺고, 일상의 삶에서는 하나님의 실제적인 명령을 준수함으로써 서로 간에 올바른 관계를 맺는다.

- 만일 우리가 의롭다거나 서로와 올바른 관계를 맺고 있다면 우리는 살인을 삼가는 것(5:21)만으로 충분하다고 생각하지 않을 것이다. 원인이 없는 분노나 성난 말로 이어지는 분노를 조심할 것이다(22절). 우리는 언제나 화목(23-24절), 즉 관계의 개선을 추구할 것이다.

---

35) Elizabeth Achtemeier, "Righteousness," in *The Interpreter's Dictionary of the Bible*, vol. 4 (New York: Abingdon Press, 1962), 80-85.

- 만일 우리가 의롭다거나 서로 간에 올바른 관계를 맺고 있다면 우리는 간음하지 말라는 율법의 조항을 넘어(27절) 우리 정신과 마음속 음욕의 시작과 철저하고 영구적인 방식으로 싸울 것이다(28-30절). 우리가 서로 간에 올바른 관계를 맺고 있다면 우리는 배우자와의 이혼을 허용하는 구멍을 찾아(32절) 우리의 관계를 망가뜨리지 않을 것이다.

이것의 실례를 위해 우리는 주님의 지상 사역을 살펴볼 필요가 있다. 예수님은 올바른 관계를 일구는 것을 강조하심으로 자신을 비판하는 자들을 계속해서 당황케 하셨다. 누가복음 7장을 보면 한 거리의 여자가 예수님의 발에 향유를 붓는 장면이 나오는데, 예수님이 그녀에 대해 애정을 보이시는 동안 바리새인들은 불평을 쏟아냈다. 누가복음 19장에서 예수님은 삭개오라는 따돌림 받는 세리의 집을 방문하기로 선택하시고 그것을 지켜보던 구경꾼들은 예수님의 친구 선택 안목을 의심했다. 요한복음 4장에서 예수님은 여러 결점을 가진 한 여성과 대화를 시작하셨다. 심지어 그분의 제자들조차 왜 예수님이 굳이 그녀와 대화하시려고 하는지 당혹감을 내비쳤다. 다시 한 번 예수님은 율법주의가 아닌 관계에 관심을 보이셨다.

의로운(도덕적) 삶의 뿌리를 이루는 것은 올바른 관계 맺음이다. 당신은 이런 사실이 설교에 미치는 영향을 볼 수 있는가? 당신은 십계명을 어떻게 설교할 것인가? 단순히 삶의 규칙들로만, 보편적 원리로서 모든 사람에게 동일하게 적용할 것인가? 아니면 먼저 우리와 하나님의 관계, 그다음에는 우리 가족과 공동체의 구체적 관계 안에 뿌리

내린 것으로 설교할 것인가?

동시에 이것은 양자택일의 문제가 아니다. 성경 속 윤리적 의사 결정은 원리와 그 원리가 적용되는 상황 모두에 관심을 둘 것을 요구한다. 예언자 미가는 "여호와께서 네게 구하시는 것이 무엇이냐?"라고 물었고 그 대답은 "오직 정의를 행하며 인자(mercy)를 사랑하며 겸손하게 네 하나님과 함께 행하는 것이 아니냐"였다(미 6:8). 이 문장의 등위접속사("그리고")는 위의 질문이 "정의를 행하는 것"과 "긍휼을 사랑하는 것" 중 양자택일의 문제가 아님을 분명히 한다. 우리는 두 가지 모두를 행해야 한다. 이는 추상적 원리에 집중하는 남성적 초점과 인간적 상황에 집중하는 여성적 초점을 한곳으로 이끈다. 긍휼이 결여된 원리나 그 원리로 영향을 받게 될 사람들에 대한 관심이 결여된 설교는 충분하지 않다. 마찬가지로 각각의 상황 때문에 원리를 희생해서도 안 된다. 우리는 원리와 상황 모두를 사용해 하나님의 진리를 설교하도록 부름 받았다. 이 두 가지 사이의 작용은 춤과 같다.

루스 티파니 반하우스(Ruth Tiffany Barnhouse)는 인체의 눈을 통해 유익한 비유를 제공한다. 의사인 그녀는 우리의 시력을 구성하는 두 가지 시야가 갖는 역할을 묘사한다.[36] 먼저 중심시(macular vision)는 우리로 하여금 세부적인 것에 집중할 수 있도록 하고, 그다음 주변시(peripheral vision)는 그 특정한 세부 사항의 상황을 보도록 한다. 만일 누가 "중심시와 주변시 중 무엇이 더 중요한가요?"라고 묻는다면

---

36) Ruth Tiffany Barnhouse, *A Woman's Identity* (Cleveland, S.C.: Bonne Chance Press, 1994), 47.

적절한 대답은 "터무니없는 질문이에요. 우리에게는 둘 다 필요합니다"가 될 것이다. 중심시가 없다면 우리가 보는 모든 것은 흐릿할 것이고, 주변시가 없다면 어떤 것을 아무리 자세히 살핀다고 해도 그것을 설명해줄 상황이 없기 때문에 이해할 수 없을 것이다. 초점이 없는 상황은 충분하지 않다. 상황이 없는 초점도 마찬가지다. 우리는 시력뿐 아니라 설교에서도 이 둘 모두가 필요하다.

우리는 보편적 원리들에 집중할 필요가 있지만 이 원리들은 이것들이 적용되는 구체적인 상황 안에서(어쩌면 이 상황 안에서만) 가장 잘 이해될 수 있다. 예수님이 1세기 이스라엘인들에게 하나님의 계명을 적용하셨을 때, 그분은 언제나 타인과의 관계 안에 있는 실질적 장애물에 대한 분명한 개인적 적용과 함께 계명을 세우셨다. 필수적인 관계성 없이는, 우리의 "의"는 하늘 문 앞에서 쫓겨난 바리새인들의 의보다 나을 수 없다(마 5:20; 23:13).

하나님을 마음을 다해 사랑한다는 것은 정의와 긍휼, 법과 상황 모두를 감안하여 의사 결정을 내린다는 뜻이다. 당신이 하나님의 온전한 뜻을 설교할 때, 남성과 여성 모두 의롭고 도덕적인 의사 결정, 곧 하나님과 이웃과의 올바른 관계 맺음을 향한 관심에 뿌리내린 결정을 하게 될 것이다.

요약

• 우리의 마음은 온갖 종류의 도덕적 잘못의 근원지일 수 있고, 이

런 윤리적 악에 대한 해결책은 마음을 다해 하나님을 사랑하는 것이다.

- 당신이 가내 규칙들을 설교하는 방식은 당신의 청중이 도덕적 의사 결정을 내리는 기초를 바꿀 수 있다.
- 많은 설교에서 규칙이나 원리의 "남성적 가치"가 관계를 이긴다.
- 도덕적 사고와 관련된 젠더의 문제는 다음과 같은 다른 질문을 반영한다. 우리는 도덕적 문제가 타인에 대한 우리의 책임 속 갈등으로부터 온다고 보는가, 아니면 서로 경쟁하는 권리들로 부터 온다고 보는가?
- 모든 설교자가 성경적·신학적으로 씨름해야 하는 질문은 도덕 적 문제를 어떻게 설교해야 하는가다.
- 의로운(도덕적) 삶의 뿌리를 이루는 것은 올바른 관계 맺음이다.
- 성경 속 윤리적 의사 결정은 원리와 그 원리가 적용되는 상황 모두에 관심을 둘 것을 요구한다.

더 생각해볼 문제

- 그리스도의 이름을 들고 세상으로 나아가는 우리를 특징짓는 것은 어떤 종류의 "의"인가?
- 도덕적 발달과 도덕적 의사 결정에 대한 성경적 이해는 무엇 인가?
- 우리는 이런 성경적 이해를 어떻게 우리의 삶과 설교에 적용할

수 있을까?

- 도덕적 의사 결정에 대한 성경적 이해는 우리가 교회 안팎에서 남성과 여성을 섬기는 방식에 어떤 영향을 미치는가?
- 당신이 전한 최근 세 편의 설교를 생각해볼 때, 당신은 추상적인 원리와 그것이 적용되는 관계적 상황 사이의 균형을 얼마나 잘 유지했는가?
- 근본적으로 당신은 가내 규칙들이 그 집의 모든 사람에게 똑같이 적용되어야 하는 규칙이라고 생각하는가, 아니면 상황에 따라 서로 다른 적용의 여지가 있다고 보는가?
- 예수님은 율법의 "규칙들"을 어떻게 요약하셨는가?

3장

심리적
온전함을 위한
설교

몇 년 전 어느 주일, 휴가 중이던 나와 남편은 가까운 교회를 방문했다. 광고 시간이 되자 목사님은 세 명의 여성을 강단으로 불러냈다. "이리로 오세요, 아가씨들. 모든 사람이 여러분의 예쁜 얼굴을 볼 수 있도록요. 그리고 다가오는 빵 바자회에 대해 이야기해주세요." 그 순간 나이가 지긋하고 머리가 센 세 여성이 자리에서 일어나 강단으로 걸어 나갔다. "아가씨?" "예쁜 얼굴?" 나와 남편은 놀라 서로를 쳐다보았다. 이들은 아가씨가 아니었다. 그리고 이들의 얼굴이 예쁜지 그렇지 않은지는 이들이 맡은 광고 내용과 특별한 관련이 없었다. 그날 이 익살스러운 목회자에게 앞의 내용과 같은 언급은 악의가 없었으며 어쩌면 칭찬이었을 수도 있다. 하지만 이런 언급의 이면에는 여성과 여성에게 무엇이 중요한지(좀 더 젊고 예쁜 것)에 대한 추측이 깔려 있다. 그는 나중에 자신의 설교에서(설교의 본문은 잊어버렸다) 젠더 고정관념을 설교했다. 즉 이런 고정관념이 우리로 하여금 하나님 앞에서 온전한 인간성을 갖지 못하도록 남성과 여성을 분류해버린다는 것이다.

하나님의 형상대로 창조된 남성 혹은 여성이 된다는 것은 무슨 의미일까? 이것은 남성에게는 자신의 전반적 감정을 부인하는 방식으로, 여성에게는 정신이나 은사의 충분한 사용을 부인하는 방식으로 젠더를 정의하는 것과 관련될까? 이번 장은 때때로 교회와 설교 속으로 침범하는 젠더 고정관념을 진단하고 이런 고정관념들이 회중석에 앉아 있는 남성과 여성에게 어떤 영향을 미치는지를 살펴볼 것이다.

설교의 중심적 임무는 청중이 야웨(곧 관계 안에서 언약을 지키시는 하나님)를 그들의 마음과 목숨과 뜻과 힘을 다해 사랑하고 또한 그들의 이웃을 자신과 같이 사랑하도록 하는 것이다(레 19:18; 신 6:5). 예수님에 따르면 이것이 모든 율법과 예언의 요약이다(마 22:37-40; 눅 10:27-28).[1] 청중을 도와 하나님을 야웨로 알게끔 하는 설교자라면 전도를 등한시할 리 없고 오히려 사람들을 인도해 예수 그리스도를 통해 야웨 하나님과 사랑의 관계를 맺도록 노력할 것이다. 이런 설교자라면 예배를 등한시할 리 없고 오히려 청중이 하나님을 향한 사랑을 그들의 마음과 목숨과 뜻과 힘을 다해 경험하도록 도울 것이다. 이런 설교자라면 사회적 관심을 등한시할 리 없고 오히려 청중이 이웃을 사랑할 방법을 깨닫도록 도울 것이다. 하지만 우리는 스스로에게 물어야 한다. 우리가 우리의 마음과 목숨과 뜻과 힘을 다해 하나님을 사랑한다는 것이 무슨 의미인가? 우리가 우리 자신을 사랑하고 돌보는 것과 같이 열정적으로 이웃을 사랑한다는 것은 무슨 의미인가?

신명기 5:6-21에서 십계명이 반복되었을 때 이것이 가장 큰 명령, 곧 우리의 마음과 뜻과 힘을 다해 하나님을 사랑하라고(신 6:5) 하신

---

1) 고대 유대 랍비들은 613개의 별도의 계명을 율법에 포함시켰고 그중 무엇이 가장 큰지에 대해 논쟁했다. 랍비들이 예수님께 다가갔을 때(마 22:36-40) 질문한 것도 이것이었다. "선생님, 율법 중에서 어느 계명이 크니이까?" 예수님의 대답은 유대의 최고 사상과 맞아 떨어졌고 마가의 기록을 보면(12:29-34) 이 질문을 던진 서기관은 예수님의 대답에 놀라며 "[선생님의] 말씀이 참이니이다"라고 대답했다. 가장 큰 계명은 유대인과 그리스도인에게 하나님의 주된 요구를 요약해주고, 십계명의 부정을 긍정으로 바꿔준다(George Arthur Buttrick, ed., *The Interpreter's Bible: A Commentary in Twelve Volumes*, vol. 2 [New York: Abingdon Press, 1953], 372-73).

명령 다음에 등장한 것은 우연이 아니다. 둘 사이의 필수적 연결 고리를 간과한 채 우리는 쉽게 야웨를 향한 우리의 사랑을 공적인 법계에 순종하는 것으로 대체해버린다. 이것은 자기 백성을 향한 하나님의 의도를 왜곡한다. 율법이 필요한 것은 하나님의 뜻이 아직은 우리 마음에 온전히 뿌리내리지 못했기 때문이다.[2] 하지만 우리는 이 율법을 우리를 먼저 사랑하신(요일 4:19) 하나님을 향한 사랑의 상황 안에서 살아내야 한다. 2장에서 우리는 하나님과 우리 이웃을 향한 사랑의 상황 안에서 "가내 법규들"을 설교하지 못하는 것의 위험을 살폈다. 일부 주석가들에 따르면 하나님을 온전한 마음으로 사랑하는 것은 그분을 우리의 뜻과 자유 의지의 자리, 도덕적인 삶으로 사랑하는 것을 포함한다.

동시에 우리는 우리의 목숨(soul, 영혼)을 다해 하나님을 사랑해야 한다. 현대인들은 목숨이라는 단어를 불멸의 실체를 가리키는 그리스어의 철학적 의미로 즐겨 사용하는 반면에, 히브리어 구약은 이 단어로써 생명력 없는 먼지와 대조를 이루는 필수적 생명 원리를 가리킨다. 따라서 이 단어는 육체에 생기를 부여해주는 자아라는 정신물리학적 의미를 지니는 것이다.[3] 구약성경의 영역본 대부분에서 "목숨"

---

2) 같은 책, 372. 신 9:23-24에서 모세는 이스라엘 백성에게 다음 내용을 상기시킨다. "여호와께서 너희를 가데스 바네아에서 떠나게 하실 때에 이르시기를 너희는 올라가서 내가 너희에게 준 땅을 차지하라 하시되 너희가 너희의 하나님 여호와의 명령을 거역하여 믿지 아니하고 그 말씀을 듣지 아니하였나니 내가 너희를 알던 날부터 너희가 항상 여호와를 거역하여 왔느니라."

3) *The Interpreter's Dictionary of the Bible*, vol. 4 (New York: Abingdon Press, 1962), 428-29.

3장 심리적 온전함을 위한 설교

으로 번역된 히브리어 "nephesh"는 "자아" 혹은 "사람"을 뜻한다. 출애 굽기 23:9에서 이 단어는 "인간 감정의 총체"를 의미한다.[4] 구약의 그리스어 번역(70인역)은 "목숨"을 표현하기 위해 "psyche"를 사용했다. 마가는 체포되어 십자가에 달리시기 전 겟세마네에서 씨름하시던 예수님을 묘사하기 위해 이 단어를 사용했다. "내 **마음**이 심히 고민하여 죽게 되었으니"(막 14:34; 한글 성경에서는 "마음"으로 번역됨). 요한은 어떤 그리스인들이 자신을 보기 원한다는 사실을 들으셨을 때 예수님이 하신 생각을 기록하기 위해 이런 단어를 사용했다. "인자가 영광을 얻을 때가 왔도다. 지금 내 **마음**이 괴로우니 무슨 말을 하리요. 아버지여 나를 구원하여 이때를 면하게 하여주옵소서. 그러나 내가 이를 위해 이때에 왔나이다"(요 12:23, 27; 한글 성경에서는 "마음"으로 번역됨). 사도 바울은 "영적" 사람에 반하는 "육적" 사람을 표현하기 위해 이 그리스어를 사용했다(고전 2:14). 일반적으로 신약에서 "psyche"는 "활력, 생명"을 의미하는 오래된 그리스어의 용법(예를 들어 호메로스의 특징)을 유지했다.[5]

요한복음 19:30은 "영혼(pneuma)이 떠나가시니라"라고 기록한다. 같은 복음서(요 10:15)에서 예수님은 "양을 위해 목숨(psuche[psyche]) 을 버리"셨고 마태복음 20:28에서는 자신의 목숨(psuche로, 영혼 [pneuma]이 아니다)을 대속물로 주셨다. 이것은 특징적인 차이인데,

---

4) 같은 책, 428.
5) 같은 책, 429.

하나님과의 관계에서 볼 때 영혼(*pneuma*)과 목숨(*psuchē*)은 꽤 다른 위치를 갖기 때문이다. "영혼"(*pneuma*)은 하나님이 피조물에 불어 넣어주시는 호흡이고 하나님으로부터 오는 생명 원리다. "목숨"(*psuchē*)은 인간의 개별적인 소유로 한 사람을 타인으로부터, 그리고 생명이 없는 자연으로부터 구별한다.…"인간은 영혼(spirit)인 존재가 아니라 영혼을 소유하고 있다. 인간은 혼(soul)이다.…그 혼 안에는 개성, 곧 인간의 경우에는 인격과 자신, 자아가 존재한다"[Oehler, *OT Theology*, I, 217로부터 인용].[6]

성경 저자들이 마음(heart)과 목숨(soul)을 중복해서 사용할 때가 있지만, 일반적으로 우리의 목숨을 다해 하나님을 사랑한다는 것은 우리 존재에 필수적인 심리적 일부를 가지고 그분을 사랑한다는 것을 암시한다.

우리는 가장 큰 계명이 야웨 하나님을 우리의 목숨을 다해 사랑하라는 것임을 안다.[7] 하지만 타인은 물론 우리 자신의 경험을 살펴볼 때 하나님을 목숨을 다해 사랑한다는 것은 어떻게 보면 우리의 "온전한" 영혼, 곧 삶의 경험에 대한 인식으로 분열되거나 깨어지지 않은 영혼을 전제로 한다. 우리 문화에서 상담 서비스의 급증은[8] 많은 이

---

6) *The International Standard Bible Encyclopedia*, vol. 5 (Grand Rapids: Eerdmans, 1952), 2837-38.

7) 마태, 마가, 누가가 사용한 그리스어는 양적인 의미에서 "모든"(all)을 뜻하는 일반적 단어 *pas*가 아니라, "온전한" 혹은 "전체의"를 뜻하는 *holos*다. 이 단어는 질적인 느낌을 가진다.

8) 이 말은 상담 서비스에 대한 비판이 전혀 아니다. 이런 서비스는 많은 사람에게 타인

들이 하나님이나 타인들을 자신의 온전한 심리적 존재를 가지고 사랑하지 못하도록 하는 심리적 상처와 분열에 대한 치유를 필요로 한다는 사실을 반증한다. 실제로 우리 대부분이 하나님을 온전한 영혼으로 사랑하지 못하는 것은 우리가 심리적으로 "온전"하지 못하기 때문이다.

청중, 특히 여성이 목숨을 다해 하나님을 사랑하도록 하기 위해 우리는 어떻게 설교해야 할까? 어떻게 선포된 말씀이 사람을 자유롭게 만들어서 이들로 하여금 하나님을 온전히 사랑하도록 할까? 특히 여성이 그들의 목숨을 다해 하나님을 사랑하지 못하도록 하는 장애물에는 무엇이 있을까? 우리 문화 속에서 많은 여성에게(그리스도인 여성을 포함해) 무언가가 잘못되어 있음을 알 수 있는 한 가지 지표는, 그녀들이 북미 상담 서비스의 주된 소비자로서 자리를 굳건히 지키고 있다는 사실이다. 그 이유가 무엇이라고 생각하는가? 이 사실은 여성의 일반적 행복과 만족에 대해 무엇을 말해주는가? 또한 여성이 교회에서 듣는 기독교 메시지의 적절성에 대해서는 무엇을 말해주는가?"

과의 관계 속에서 자신의 태도와 행동에 대해 생각할 수 있는 새롭고 더 나은 방식을 제공했다.

9) M. Gay Hubbard, *Women: The Misunderstood Majority* (Waco: Word, 1992), 1, 8.

남성과 여성의 심리적 차이

남성과 여성의 차이에 대한 보고들은 최소한 다음 세 가지의 영역을 드러내며 남성보다 더 많은 수의 여성이 상담 서비스를 이용하는 이유에 대해 우리의 이해를 돕는다.

1. 남성과 여성은 서로 다른 방식으로 자신의 스트레스를 해결할 수 있다.
2. 이들은 자신의 역량에 대해 똑같이 느끼지 않을 수 있다.
3. 이들은 서로 다른 이유로 우울증을 경험할 수 있으며 서로 다른 방식으로 이것을 해결할 수 있다.

이 항목 각각을 심리적 온전함의 렌즈를 통해 살펴보도록 하자.

스트레스

사람들은 일상 속 스트레스를 서로 다른 방식으로 관리한다. 한 연구[10]에 따르면, 사람들은 스트레스의 원인과는 무관하게 다음 세 가지 중 한 가지 방법을 사용해 스트레스에 대처한다.

1. 어떤 사람들은 스트레스를 유발하는 상황을 바꾼다. 이들은 환

---

10) L. I. Pearlin and C. Schooler, "The Structure of Coping," *Journal of Health and Social Behavior* 22 (1978): 337-56.

경 속에서 변화를 이끌어낸다.

2. 스트레스가 되는 상황에 자신이 부여하는 의미나 가치를 바꾸는 사람들도 있다.

3. 그 상황에 대한 자신의 감정을 관리하는 사람들도 있는데 때로는 자신의 감정을 부인하면서 그렇게 한다.

스트레스에 대항하는 이 세 가지 방법 중 첫 번째는 상황 자체에 집중한다. 두 번째와 세 번째는 상황에 대한 자신의 감정이나 믿음에 집중한다.

이 연구는 남성과 여성 사이의 흥미로운 차이점에 대해서도 보고하고 있다. 스트레스 상황을 마주한 남성은 대부분의 경우 첫 번째를 선택한다. 스트레스를 유발하는 상황을 단도직입적으로 상대하는 것이다. 간략히 말해 남성에게는 스트레스를 유발하는 환경을 바꿈으로써 자신의 스트레스를 경감하고자 하는 경향이 있다. 반면에 여성은 대부분의 경우 세 번째를 선택한다. 여성에게는 스트레스를 주는 환경을 바꾸기보다 그 스트레스에 대한 자신의 감정을 관리하고자 하는 경향이 있다.

이런 남성과 여성의 행동 차이에 대해 사회과학자들은 다양한 이유를 제시한다. 일부 사회과학자들은 "표현적" 특질을 갖는 여성에 반해, 남성은 "도구적" 특질을 가진다고 믿는다. 이는 스트레스 관리의 영역에서 남성은 어떤 일을 하거나 상황을 바꾸는 것에 대해 더욱 "도구적"인 반면에, 여성은 무력감을 느끼고 상황을 바꿀 자신의 능력을 의심하여 결국에는 스트레스를 유발하는 것에 대한 자신의 감정을 대면하게 된다는 뜻이다.[11] (남성이나 여성) 누구든 스트레스를 자신의 감정 안으로 맞아들이는 순간, 그 스트레스를 관리하는 것은 더욱 어려운 문제가 된다. 이것은 보통 스스로에게 걱정할 필요가 없음을 상기시키는 자기 대화를 수반한다. 연구자들은 스트레스를 상대하기 위해 세 번째 방법을 선택하는 사람들이 부인과 수동적 수용, 자기 안으로의 침잠, 마술적 사고의 요소, 맹신에 가까운 희망, 긴장과 걱정을 회피하는 것이 문제를 해결하는 것과 마찬가지라는 믿음을 사용한다는 사실을 발견했다.[12] 이런 발견은 왜 남성보다 여성이 더 높은 수준의 스트레스를 호소하는지를 이해하는 데 도움이 된다. 많은 수의 여성이 가장 비효율적인 방법을 선택해 스트레스 상황을 해결하려고 하기 때문이다.[13] 스트레스가 되는 사건이나 관계에 대해 자신의 감정을

---

11) 여기에 대한 더 자세한 논의로는 Susan Basow, *Gender Stereotypes and Roles*, 3d ed. (Pacific Grove, Calif.: Brooks/Cole Publishing, 1992), 172-202을 보라.

12) Pearlin and Schooler, "Structure of Coping," 342. 감정을 다스리는 것과 관련된 자기 대화는, 예를 들어 어떤 여성이 분노는 그리스도인에게 적절한 감정이 아니라고 믿기 때문에 자신이 느끼는 분노를 부인하는 것을 포함할 수 있다. 타인에게도 자신은 화가 난 것이 아니라고 주장할 수 있지만, 이것은 일부 현실로부터 자신을 분리시키며 따라서 스트레스를 더욱 악화시킨다.

13) 남성과 여성 간 스트레스 격차에 대해 새로 진행 중인 연구들은 여성의 높은 스트레스에 대해 또 다른 설명을 제시한다. 주디 포맨(Judy Foreman)에 따르면 여성에게는 "돌봄의 대가"를 치르려고 하는 경향이 있다. 그녀는 보스턴에 위치한 베스 이스라엘 디커네스 의료센터 내 심신의학연구소 심리학자 앨리스 도마(Alice Domar)를 다음과 같이 인용했다. "남성은 세 가지, 즉 직계 가족, 일, 돈에 대해 염려한다. 여성은 매일같이 12가지에 달하는 것, 즉 직계 가족, 일, 돈, 직계 가족 외 가족, 친구, 자녀의 친구, 자기 집의 모습, 몸무게, 애완견 등에 대해 염려한다." 심리학자이자 하버드 의대 건강관리정책 교수인 로널드 케슬러(Ronald Kessler)는 다음과 같이 지적했다. "여성이 안 좋은 일을 더욱 많이 경험한다. 당신을 죽게 하는 것은 이 일들의 조합이고 어떤 일이 터졌을 때 그 틈을 메우는 것은 여성이다"(Judy Foreman, "Stressed Out?

3장 심리적 온전함을 위한 설교

관리하려는 이들의 노력은 장기적으로 볼 때 스트레스를 감소시키지 못한다.

왜 많은 여성이 이처럼 가장 비효율적인 방법을 선택하는 것일까? 그 이유는 이것 말고는 다른 선택이 없다고 생각하기 때문인데, 이런 대답은 설교의 임무에 대해 슬프고 충격적인 의미를 갖는다. 여성은 삶에 대한 소극적 자세가 그들에게 적절한 것이라고 배워왔다. 일반적으로 여성은 자기에게는 지금 자신이 처한 스트레스 상황을 바꿀 만한 능력이나 권위, 힘이 없으며 남성만이 그런 힘과 권위를 갖는다고 생각한다.

자신의 환경을 바꿀 수 있는 능력에 대해 여성들이 갖고 있는 일반적인 불신은 목회자에게 깊은 우려가 되어야 한다. 설교의 기본적 목표는 청중이 성경으로부터 들은 바를 일상의 도전을 해결하는 데 사용할 수 있도록 이들에게 능력을 부여하는 것이다. 여성으로서 자신이 행동할 수 있다는 사실을 믿지 않는다면, 여성은 능력 주심에 대한 당신의 메시지를 남성과는 다른 방식으로 듣게 될 것이다. 빌립보서 4:13에 대한 설교를 들을 때("내게 능력 주시는 자 안에서 내가 모든 것을 할 수 있느니라"; 이 상황은 기본적 필요를 충족시키는 것을 포함해 여러 문제로 인한 불안을 어떻게 상대하느냐) 이들은 본문 속 능력 주심을 듣지 못할 수도 있다.

Try a Hug," *The Boston Globe*, 13 August 2002, p. D3).

자존감

1991년 「크리스채너티 투데이」(*Christianity Today*)에는 데이비드 네프(David Neff)의 다음과 같은 충격적인 사설이 실렸다.

여성 안수 논쟁으로부터 올라오는 짙은 연기가 한 가지 중요한 요인을 바라보는 우리의 시야를 가리고 있는 듯하다. 바로 그리스도인 여성 전체를 볼 때 이들의 자기 존중이 통탄할 만큼 부족하다는 사실이다. 이는 안수에 대한 우리의 입장과는 별개로 우리가 근심해야 할 문제다.

온타리오 성경대학 사역 연구부서 학과장직을 맡고 있는 개리 브레드펠트(Gary Bredfeldt)에 따르면, 최근 캐나다에 위치한 아홉 개 성경대학에 입학하는 여학생들의 자존감[14]과 자신감, 개인적 능력에

14) 1장에서 우리는 우리가 명백히 존재한다고 생각하는 남성과 여성 간 차이가 선천적인지(우리가 그렇게 태어나는 것인지) 아니면 특정한 문화 속에서 시간을 두고 성장하면서 그렇게 발달해가는 것인지에 대해 질문한 바 있다. 실제로 우리는 다양한 하위문화 속에서 성장한다. 따라서 1장에서 언급한 대로 이것은 중요한 질문이다. 예를 들어 전반적 자존감 측정에서 남성은 여성보다 약간씩 높은 수치를 기록하는 경향이 있다. 하지만 이런 젠더 차이는 백인 여성이 가장 낮은 수치의 자존감을 기록하는 가운데, 아프리카계 미국인 여성보다는 유럽계 미국인 여성에게서 더욱 강하게 나타난다. 바소우(Basow)는 삼천 명이 넘는 4학년에서 10학년 학생을 대상으로 한 전국적 연구(American Association of University Women, "Shortchanging Girls, Shortchanging America" [Washington, D.C.: The Greenberg-Lake Analysis Group, 1991])를 통해 자존감의 젠더 격차가 어린아이에서 초등학교, 중학교로 옮겨갈수록 더욱 벌어진다는 사실을 밝혀냈다. 여학생의 경우 "나는 내 모습 그대로 행복하다"는 문장에 동의하는 비율이 초등학생 60퍼센트에서 중학생 37퍼센트, 고등학생 29퍼센트로 급격히 하락했다. 반면에 같은 내용에 동의하는 남학생은 초등학생 67퍼센트, 중학생 56퍼센트, 고등학생 46퍼센트였다. 여학생의 경우 자존감의 가장 큰 하락은 백인과 히스패닉 여성에게서 나타났고 가장 적은 감소는 아프리카계 미국 여학생에게서 나타났는데, 이는 주목할 만한 사실이다. 자존감의 영역에서 성(性) 말고도

대한 자기인식은 심각할 만큼 부족하다. 전체 인구로 볼 때 동일 연령의 여성이 자신의 개인적 역량을 인식하는 표준 수치는 남성보다 7퍼센트 정도 뒤떨어진다. 반면에 성경대학 표본에서의 격차는 40퍼센트로 끔찍한 수준이다. 성경대학에 속한 여학생은 세속 학교에 속한 여학생보다 20퍼센트나 낮은 수치를 기록했는데, 반면에 성경대학에 속한 남학생은 세속 학교에 속한 동년배보다 15퍼센트나 높은 기록을 보였다. 브레드펠트의 연구는 예비적 결과에 불과하지만 무시되어서는 안된다.

이미 오래전부터 여성 심리학과 학생들은 남성과 여성 간 자신감의 격차에 주목하고 있다.…로잘린드 바넷(Rosalind Barnett)과 그레이스 바룩(Grace Baruch)은 『유능한 여성』(The Competent Woman)에서 다음과 같이 썼다. "실패할 때 여성은 자신의 역량이, 남성은 자신의 노력이 부족했다고 믿는 경향이 있다. 반면에 성공할 때 여성은 일이 쉬웠다거나 행운이 따랐다고 믿고, 남성은 공을 자신의 역량으로 돌리는 경향이 있다." 남녀 간 자신감의 격차가 존재한다는 사실을 인정하는 동시에 이것이 왜 일부 기독교계에서 악화되는지를 생각해볼 필요가 있다.[15]

네프의 사설이 제기한 문제가 무시되어서는 안 된다. 이런 연구 결

다른 중요한 요인이 존재한다는 뜻이기 때문이다. 남성과 여성 간 이런 명백한 자존감의 차이에 대한 설명은 생물학이 아니라 남성과 여성이 생활하는 사회적 상황에 있을 가능성이 높다.

15) David Neff, *Christianity Today*, 22 July 1991, 13.

과를 보다 폭넓은 그리스도인 공동체에 적용할 경우 주의가 필요하겠지만, 이는 분명히 그리스도인 여성과 이들의 자존감과 관련해 몇 가지 심각한 질문을 제기한다. 그리스도인 남성과 여성 사이의 자존감 차이(40퍼센트)는 캐나다의 전체 인구에서 이들의 동년배의 보다 작은 차이(7퍼센트)에 비해 왜 이렇게 큰 것일까? 세속 대학을 다니고 있는 친구들의 자존감보다 확연히 낮은 젊은 그리스도인 여성의 자존감은 이들의 성장이나 현 상황(성경학교 재학 중) 속 어떤 요인들로 설명될 수 있을까? 동시에 그리스도인 남학생의 자존감 수치가 다른 남학생보다 확연히 높게 나타난다는 사실을 우리는 어떻게 이해해야 할까? 브레드펠트의 보고서는 당신의 설교를 듣고 있는 그리스도인 여성 일부가 자신의 가치와 능력을 심각하게 불신하는 것으로 고통 받고 있을 수도 있다는 충격적인 가능성을 지적한다.

물론 캐나다에 위치한 아홉 개 성경학교 여학생들의 표본을 당신의 교회 회중석을 차지한 모든 혹은 대부분의 여성에게 적용할 수는 없다. 하지만 여성의 자존감 문제가 우리가 믿고 싶은 것보다 훨씬 더 심각하게 만연해 있다고 지적하는 또 다른 연구들이 있다. 페기 오렌스타인(Peggy Orenstein)에 따르면, 1학년 여자아이는 동갑내기 남자아이와 같은 수준의 기량과 포부를 갖지만, 고등학교에 올라갈 즈음이 되면 이들의 꿈은 의심으로 얼룩진다고 한다.[16] 메리 파이퍼(Mary Pipher)에 따르면, 여자아이가 중학교에 진학할 즈음, 이들의 자존감

---

16) Peggy Orenstein, *School Girls: Young Women, Self-Esteem, and the Confidence Gap* (New York: Doubleday, 1994) in association with the American Association of University Women study cited in note 9.

은 허물어지며 따라서 이들의 수학 성적도 곤두박질을 치고 우울증은 깊어진다고 한다.[17] 또한 파이퍼는 좀 더 넓은 문화 속에 존재하는 강조와 추세를 지적하면서 오늘날 서구 세계에서 여학생들이 심리적 온전함을 개발하는 것이 얼마나 어려운지를 말했다. 동시에 남자 청소년에 대한 최근 연구들은 지금까지의 추세를 거슬러, 남자아이가 자존감 영역에서 충격적인 수치 저하를 보이고 있다는 증거를 제시한다.[18] 요즘 시대의 남자아이들은 겉으로는 강하고 쾌활하고 자신감이 넘쳐 보이지만 사실은 슬프고 외롭고 혼란스럽다. 따라서 낮은 자존감은 젊은 여성뿐 아니라 젊은 남성에게도 중요한 문제가 되고 있다. 그리스도인들은 어떻게 우리의 문화가 남자아이와 여자아이 모두의 자신감과 기대, 낙관주의를 약화시키고 있는지 이해하는 방법을 찾고자 고심해야 한다.

일반적으로 말해 자존감은 우리가 우리 자신에게 합당하다고 믿는 대로 스스로에게 부여하는 가치(곧 자기 가치)와 스스로의 능력에 부여하는 가치가 혼합된 결과물이다.[19] 남성과 여성 모두에게 성경적

---

17) Mary Pipher, *Reviving Ophelia: Saving the Selves of Adolescent Girls* (New York: Putnam, 1994).

18) 여기에 대해 더 알고 싶은 독자는 중요한 자료인 William Pollack, *Real Boys: Rescuing Our Sons from the Myths of Boyhood* (New York: Henry Holt, 1998)를 보라. 또 다른 중요한 자료는 1998년 Horatio Alger Association 보고서다. 이 보고서에 따르면 남자아이는 학업적으로, 그리고 자존감과 미래에 대한 기대감의 측면에서 실제로 하향세를 기록하고 있다. 이제 어떤 영역에서는 남자아이가 여자아이보다 낮은 점수를 기록하기도 한다. 이런 정보는 Pollack, *Real Boys*, 173에서 찾을 수 있다.

19) Basow, *Gender Stereotypes*, 174.

으로 적절한 자존감은 우리가 죄인이라는 사실, 따라서 우리가 하나님의 지속적인 은혜의 대상이라는 사실을 인정하는 것을 포함한다. 우리 중 삶의 모든 영역에서 우리를 향한 하나님의 긍휼과 인자를 의지하지 않고 살 수 있는 사람은 아무도 없다. 하지만 성경적 자존감은 동시에 각각의 사람이 하나님이 부르시고 은사를 주신 가치 있는 존재임을 인정한다. 우리는 하나님이 주신 은사를 통해 온전히 그분을 섬기도록 창조되었다. 하지만 정죄의 메시지(죄악된 인간의 타락)는 들으면서도, 하나님 앞에서 우리가 가치 있는 존재라는 메시지는 놓치는 이들이 있다. 많은 여성이 자신이 하나님의 형상으로 창조되었다는 사실과 그분이 이들의 삶에 은사와 소명을 주셨다는 사실을 인정하는 데 큰 어려움을 겪고 있다. 자존감(그것이 낮든 높든)은 우리가 메시지를 듣는 방식을 결정하고, 여성은 때때로 남성과는 다른 방식으로 능력 주심의 메시지를 듣고 있다.

성경적으로 유효한 자존감을 개발하고 유지하는 것은 남성과 여성 모두에게 복합적인 과제다. 성경은 하나님의 무한한 은혜의 은사들 중 하나로 그리스도인에게 이런 과제를 성공적으로 완수하기 위해 필요한 영적·심리적 자료를 제공한다.[20] 하지만 어떻게 이런 자료를 사용해서 긍정적이고도 성경적으로 책임감 있는 방식으로 삶에 반응

---

20) 일부 그리스도인은 우리의 목표가 오로지 하나님을 존귀하게 하는 것(God-esteem)임을 강조해 자존감(self-esteem; 스스로를 존귀하게 여기는 마음—역자 주)이라는 용어 자체를 거부한다. 하지만 하나님은 우리를 자신의 형상대로 창조하셨고, 우리는 그분을 온전히 의지하는 가운데 구원을 받고 은사를 얻은 존재라는 긴장 속에서 살도록 부름 받았다.

할 수 있을지를 설명하는 것은 설교자의 몫이다. 효과적인 사역을 위해 설교자는 성경적으로 건강한 신학을 소통하는 것뿐 아니라, 그 메시지를 회중석에 앉은 남성과 여성의 서로 다른 삶의 경험으로 담아내야 한다. 예를 들어 당신이 교만에 대해 설교할 때 남성은 이것을 일터나 교회에서 입지를 얻고자 하는 자신의 노력으로 객관화할 가능성이 크다. 하지만 여성은 당신이 말하는 바를 적절한 자존감과 혼동할 수 있다. 똑같은 메시지이지만 구체적으로 적용되지 않을 때 매우 다른 결과를 낳을 수 있다.

우울증

여성의 삶에 영향을 미치는 세 번째 요소는 보통 우울증으로 정의되는 복합적 상태다.[21]

---

21) 모든 우울증이 비슷하다는 뜻은 절대로 아니다. 의사들은 우울증을 몇 가지로 구분하며 각각의 치료법 역시 서로 같지 않다. 기분변조(dysthymia)는 가장 약한 형태의 우울증으로 만성적 증상을 동반한 장기 질환이다. 이 병은 환자가 아무것도 할 수 없게 하지는 않지만, 심할 때에는 일상생활이 방해받을 수도 있다. 주우울증(major depression)은 일하고 잠자고 음식을 먹고 삶을 즐기는 능력을 방해한다. 이 우울증은 남성보다 여성에게 두 배 정도 많이 나타나는데 매년 미국 인구 중 11퍼센트가 이 우울증에 걸린다. (시골에 비해) 도시인에게 더 빈번히 나타나고 이것에 가장 걸리기 쉬운 사람은 어린아이를 기르면서 양육의 도움이 부족한 젊은 여성이다. 조울증(bipolar depression)은 울증과 조증이 서로 반복되면서 비이성적 행동을 하게 되는 질병으로 환자가 아무것도 할 수 없게 한다. 조울증은 단극성 우울증(unipolar depression)만큼 일반적이지는 않다. 우울증의 네 번째 종류는 계절성 우울증(seasonal affective disorder)으로 주로 해가 없는 겨울에 나타난다. 여성은 아이를 낳고 산후 우울증을 경험할 수 있으며 대부분의 사람은 사랑하는 이를 잃었을 때 상실의 슬픔을 경험한다. 따라서 우울증이라는 단어를 일반적 범주 안에서 사용하는 것에는 오해의 소지가 있을 수 있다.

심각한 우울증에 걸린 사람은 절망과 낮은 자존감의 상태를 빈번하게 경험할 뿐 아니라 거의 모든 활동에서 즐거움을 느끼지 못한다. 너무 많은 사람이 우울증을 경험하기 때문에 심리 장애에서 우울증은 "흔한 감기"로 불리기도 한다.…애석한 사실은 여성이 우울증을 경험하는 비율이 남성보다 1.7배에서 3배 정도 높다는 것이다.[22]

비공식적이기는 하지만, 일부 임상의들은 자기 환자 중 85퍼센트가 우울증에 걸린 여성이라고 추측하고 있다. 우울증에 걸릴 확률이 남성보다 여성이 세 배나 높다는 사실은 우리에게 이런 질문을 던지도록 만든다. 여성이 남성에 비해 우울증에 취약한 것일까? 이에 대해 일부 임상의들은 여성에 비해 남성이 우울증에 대해 도움을 청하지 않는 편이고 따라서 남성 중에는 진단받지 못한 우울증도 있을 것이라고 주장한다.[23] 반면에 우울증 진단을 받는 남성 한 명 당 적어도 두 명에서 여섯 명까지의 여성이 우울증 진단을 받는다고 보고하는 임상

---

22) Margaret W. Matlin, *The Psychology of Women*, 3d ed. (Orlando, Fla.: Harcourt Brace, 1996), 453. 이런 통계를 뒷받침하기 위해 매틀린은 다음 연구들을 인용한다. R. C. Kessler, K. A. McGonagle, S. Zhao, C. B. Nelson, M. Hughes, S. Eshleman, H. Wittchen, and K. S. Kendler, "Lifetime and 12-month Prevalence of DSM-III-R Psychiatric Disorders in the United States," *Archives of General Psychiatry* 51 (1994): 8-19; E. McGrath, G. P. Keita, B. R. Strickland, and N. F. Russo, eds., *Women and Depression* (Washington, D.C.: American Psychological Association, 1990). 이런 통계는 우울증에 대처하기 위해 남성이 여성보다 (심리 치료보다) 약물과 술에 의존할 가능성이 높다는 사실을 간과하며 따라서 남성의 경우 높은 비율의 약물 복용, 여성의 경우 높은 비율의 우울증을 기록했을 수도 있다.
23) 우리 문화는 여성에게는 아픈 것, 육체적·정신적 질병을 위한 도움을 청하는 것을 허용하는 반면에 남성에게는 허용하지 않는다.

의도 있다.[24]

마가렛 매틀린(Margaret Matlin)은 우울증과 관련해 다음과 같은 일곱 가지 개인적·사회적 요인을 지적했다.

1. 자기 삶에 대한 통제력 부재.
2. 낮은 자존감.
3. 개인의 낮은 업적 의식.
4. 파생된 정체성, 다른 말로 자신의 개인적 정체성이 타인의 성취에 의존한다는 강한 의식.
5. 친구와 가족으로부터 오는 사회적 지지의 부족.
6. 중요한 타자들과의 관계에 대한 염려.
7. 전통적이고 여성적인 젠더 고정관념.[25]

그중에는 남성과 여성 모두에게 공통적인 것도 있지만 여성에게 더욱 특징적인 것도 있다. 일반적으로 볼 때 여성은 이 모두에 더 취

---

24) Dana Crowley Jack, *Silencing the Self: Women and Depression* (Cambridge: Harvard University Press, 1991), 1을 참조하라. E. D. 로스블럼(Rothblum)은 다음과 같이 언급했다. "남성의 경우 일생 동안 우울증에 걸릴 위험은 2퍼센트에서 12퍼센트인 반면에 여성의 경우 이것은 5.5퍼센트에서 26퍼센트에 달한다"(E. D. Rothblum, "Women's Socializaton and the Prevalence of Depression: The Feminine Mistake," *Women and Therapy* 1 [1982]: 5-13). P. J. Wickramaratne, M. M. Weissman, P. J. Leaf, and T. R. Holford, "Age, Period, and Cohort Effects on the Risk of Major Depression: Results from Five United States Communities," *Journal of Clinical Epidemiology* 42 (1989): 333-43도 보라.

25) Matlin, *Psychology of Women*, 454.

약해 보인다.

우울증은 비탄(grief)과 비슷한데 두 가지 모두에서 상실과 슬픔의 생각이 감정을 지배하기 때문이다.[26] 하지만 우울증과 비탄은 똑같지 않다. 우울증으로 고통 받는 사람은 자존감의 하락을 경험한다. 여기에 덧붙여, 우울증에 걸린 사람은 생각과 수면, 식욕, 활력의 수준, 행동에 영향을 미치는 다른 추가적 증상들을 보인다. 이런 증상들은 우울증에 걸린 남성과 여성에게 공통적으로 나타나지만, 이런 공통적 슬픔과 상실의 경험 안에서 남성과 여성이 서로 다른 종류의 상실에 반응한다는 사실을 지적한 이들이 있다. 여성이 우울증을 호소하는 것은 대부분 가까운 관계 안에서의 분열과 갈등 때문이다. 남성이 우울증을 호소하는 것은 이상적 목표나 성취와 관련된 목표의 상실이나 실적의 문제 때문이다.[27]

여성과 남성이 다른 방식으로 우울증을 경험한다는 사실의 기저에는 자아에 대한 서로 다른 두 가지 그림이 있는 것 같다. 내적 자아에 대한 한 가지 그림은 분리된 자아(separate self)다.[28] 이 그림은 미국인의 원형적 이상 곧 강인한 개인, 영웅, 전사, 자수성가한 인물을 반영한다. 내적 자아에 대해 이런 그림을 가진 사람은 통제와 자기 지

---

26) Jack, *Silencing the Self*, 6.

27) 같은 책, 7.

28) 프로이트는 "보통은 우리에게 우리 자신이나 자아의 느낌만큼 분명한 것은 없다. 이런 자아는 우리에게 자유롭고 단일하며 다른 모든 것으로부터 구별된 무엇으로 비쳐진다"라고 말했다(Sigmund Freud, *Civilization and Its Discontents*, trans. J. Strachey [1930; reprint, New York: W. W. Norton, 1961], 13.『문명 속의 불만』[열린책들 역간]).

시, 독립성에 집중한다. 분리된 자아로 특징지어지는 사람에게 관계는 기능적인 것이다. 이런 사람은 타인이 채워줄 수 있는 개인적 필요의 실재를 인정하고 주로 이런 필요를 채우기 위해 관계 속으로 들어간다. 그렇다고 이 과정이 애착이 결여된 채 노골적이고 상스러운 방식으로 이루어지는 것은 아니다. 하지만 이런 종류의 사람에게 관계는 그 자체만으로는 소중하지 않다. 관계는 주로 분리된 자아의 목적을 이루기 위해 이루어지고, 이는 자신이 상호 간 타인의 필요를 채우게 된다고 해도 마찬가지다. B. 이렌리치(B. Ehrenreich)와 D. 잉글리쉬(D. English)는 관계에 대한 이런 접근의 결과를 다음과 같이 묘사했다.

> 만일 어떤 친구나 성적 파트너가 더 이상 [나의 필요를] 충족시키지 못한다면, 구매자가 더 좋은 가격을 찾았을 때 더 이상 이전의 판매자와는 거래를 하지 않는 것처럼, 그와의 유대감은 깨질 수 있다. 여기에는 필요에 사람들이 대체될 수 있다는 내재적 타당성이 포함되어 있다.[29]

유사하게 다나 크롤리 잭(Dana Crowley Jack)도 다음과 같이 지적했다.

> 만일 관계가 이처럼 경제적 의미에서 기능적인 것이라면 특정한 관계

---

29) B. Ehrenreich and D. English, *For Her Own Good: 150 Years of the Experts' Advice to Women* (New York: Doubleday/Anchor, 1979), 274-75.

의 악화나 상실은 개인을 극심하게 흔들어서는 안 되며 우리의 목표는 잃어버린 관계를 최대한 혼란 없이 대체하는 것이 되어야 한다.[30]

일부 학자들은 분리된 내적 자아의 그림이 많은 남성의 특징이라고 주장하기도 한다. 『남성과 남성성』의 결론에서 로이 맥클라우리는 애석해하며 다음과 같이 말했다. "관습적 남성성은 매우 기능적이다. 이것은 무엇을 성취하고 통제하고 문제를 해결하며 무엇에도 취약해지지 않는 것이다."[31]

내적 자아에 대한 두 번째 그림은 관계적 자아(relational self)라고 불린다. 이 자아는 분리된 자아와는 반대로 사회적 경험의 상황 안에서 정의된다. 상대방이 내게, 곧 나의 말과 행동에 어떤 반응을 보이는지에 따라 (자아로서) 내가 누구인지를 이해하는 것이다.[32] 이런 내적 자아의 그림을 가진 사람에게 관계는 단순히 기능적이지 않으며 그의 정체성에 토대나 기초를 제공해준다. 관계적 자아의 내적 이상을 가신 사람에게 애착은 자아가 성장하는 토양이 된다.

낸시 초도로우(Nancy Chodorow)는 중요한 차이점들이 대체로

30) Jack, *Silencing the Self*, 9.

31) Roy McCloughry, *Men and Masculinity: From Power to Love* (London: Hodder & Stoughton, 1992), 253.

32) S. A. 미첼(S. A. Mitchell)은 "타인과의 관계망을 떠나 고립된 가운데서는 심리학적으로 의미 있는 '자아'가 없다"고 말했다(*Relational Concepts in Psychoanalysis: An Integration* [Cambridge: Harvard University Press, 1988]). 여기에 대해 더 알고 싶은 독자는 사회학자 허버트 블루머(Herbert Blumer)의 상징적 상호작용론 연구를 참조할 수도 있다.

남자아이와 여자아이의 유아기 경험에서 나타난다는 사실을 발견했다.[33] 여자아이는 남자아이보다 자신이 "덜 분리되었다는" 사실을 경험한다. 다른 말로 관계적인 내적 자아의 그림을 개발해간다는 뜻이다. 이것은 그들로 하여금 상실을 다른 방식으로 경험하도록 하며 우울증이나 상실감에 대해서도 다른 반응을 보이도록 한다.

수잔 놀랜 혹스마(Susan Nolen Hoeksema)는 남성이 우울증에 걸릴 경우, 이들은 어떤 활동을 통해 자신의 감정으로부터 자기 주의를 전환시킬 가능성이 높다는 사실을 발견했다. 그녀는 이것을 우울증에 대한 주의 전환식 반응이라고 불렀다. 반대로 여성이 우울증에 걸릴 경우, 이들은 자기 감정의 가능한 원인과 결과들을 숙고하며 자기 내면의 증상에 집중할 가능성이 높았는데, 혹스마는 이것을 반추식 반응이라고 불렀다.…주의 전환을 시도한 이들은 종종 우울증으로부터 성공적인 탈출을 이루어냈다.…반면에 반추는 잘못된 행동을 연장·강화시켰다. 반추는 사람의 생각 안에 부정적인 편견을 만들어내는 경향이 있으며 따라서 특히 비판적인 생각이 이들의 마음을 비집고 들어왔다. 또한 자기비판과 절망감에 휩싸일 가능성이 높아졌다. 이런 비판적인 방식은 더 장기적이고 심각한 우울증에 걸릴 확률을 높였다.[34]

우울증에 걸린 청중에게 설교하는 문제를 생각할 때(모든 회중에

---

33) Nancy Chodorow, *The Reproduction of Mothering: Psychoanalysis and the Sociology of Gender* (Berkeley: University of California Press, 1978), 167.
34) Matlin, *Psychology of Women*, 458-59.

는 이런 이들이 여럿 있을 것이다) 우리는 어떻게 이들을 격려함으로써 이들이 자신에게 없는 것을 반추하는 대신 자신의 주의를 돌려 하나님의 선하심과 은혜에 집중하도록 할 수 있을까?(빌 4:8) 복음은 어떻게 사람들의 가장 깊은 심리적 필요에 응답하는가? 사람들이 자신의 두려움과 슬픔으로부터 자유해지고 하나님의 임재 속에서 사는 기쁨을 누리기 위해서는 무엇이 필요할까? 다시 말해 이들은 어떻게 그 안에서 "굳건하게 서"도록(갈 5:1) 우리를 부르신 하나님의 자녀의 영광스런 자유를 경험할 수 있을까? 복음은 어떤 방식으로 절망을 참되고 영원한 소망으로 바꾸어주는가? 일부 우울증에는 육체적 원인이 있고 이런 경우 생리적 질병으로 다루어져야 하지만, 모든 우울증은 성경을 세심하고 요령 있게 적용하는 건강한 심리학으로부터 유익을 얻을 수 있다. 일반적으로 남성과 여성은 스트레스와 우울증을 서로 다른 방식으로 다스리는 것처럼 보인다. 하지만 동시에 우리 모두는 하나님을 더욱 깊이 알고 신뢰함으로써 우리 삶을 더욱 잘 다스릴 수 있으며 그럴 때 우리는 목숨을 다해 하나님을 사랑할 수 있다.

의사소통의 형태와 여성의 영혼

2장에서 우리는 도덕적 의사 결정의 상황을 통해 여성에게 관계가 중요하다는 사실을 다룬 바 있다. 이제 관계의 문제는 남성과 여성 간의 심리적 차이를 이해하는 데 핵심적 내용이 된다.

　많은 여성에게 남성과 여성이 서로 관계 맺는 방식은 자존감의 문제를 일으키는 것으로 비친다. 의사소통은 상호작용의 중요한 영역 중 하나로서 핵심적 역할을 수행한다. 의사소통에 대한 다양한 연구 는[35] 여성과 남성의 의사소통 형태의 차이를 지적하는데, 그 차이의 크기나 본질, 정도에 대해서는 학자들 간에 의견이 분분하다.[36]

---

35) 예를 들어 언어적 의사소통의 영역에서 L. McMullen, "Sex Differences in Spoken Language: Empirical Truth or Mythic Truth?" (paper presented at the annual convention of the Canadian Psychological Association, Quebec City, Canada, 1992)는 남성이 여성의 말을 끊는 횟수가 여성이 남성의 말을 끊는 횟수보다 훨씬 더 많다는 증거를 제시한다. M. LaFrance, "Gender and Interruptions: Individual Infraction or Violation of the Social Order?" *Psychology of Women Quarterly* 16 (1992): 497-512의 보고에 따르면, 여성이 남성의 말을 끊을 경우 부정적 평가를 받게 되는 반면에 남성은 그렇게 평가되지 않는다. K. Bischoping, "Gender Differences in Conversation Topics, 1922-1990," *Sex Roles* 28 (1993): 1-18에 의하면, 남성은 여성에 비해 스포츠와 오락에 대한 이야기를 훨씬 많이 하며, 여성이 남성에 대해 이야기하는 비율은 남성이 여성에 대해 이야기하는 비율에 비해 네 배나 높다. 얼굴 표정에 대해 J. M. Stoppard and C. D. G. Gruchy, "Gender, Context, and Expression of Positive Emotion," *Personality and Social Psychology Bulletin* 19 (1993): 143-50에 따르면, 여성은 웃는 얼굴을 하고 타인을 향해 긍정적인 감정을 표현하도록 기대되는 반면에 남성에게는 이런 규칙이 없다고 한다. 그 외 다른 차이들이 Matlin, *Psychology of Women*, 213-29에서 논의되었다.

36) 여기서는 수많은 연구가 지지하는 의사소통 양식의 다양한 젠더 차이가 보고된다. 매틀린(*Psychology of Women*, 215)은 이런 젠더 차이의 크기가 적어도 다음 네 가지 요인에 의존한다고 말한다.

1. 젠더 차이는 어떤 행동이 자기 보고의 형태로 평가될 때 극대화된다. 사람들은 객관적 평가가 입증하는 것보다 더 자신을, 예를 들어 "돌봄과 배려", "인식" 등등의 사람이라고 묘사하곤 한다.

2. 젠더 차이는 타인과 함께할 때 더욱 극대화된다(예를 들어 남성의 경우 주변에 구경꾼들이 몰릴 때 더 영웅처럼 행동할 수 있다).

3. 젠더 차이는 어떤 행동이 젠더와 관련된 특정 기술(예를 들어 타이어를 교체하거나 음식을 만드는 기술)을 요구할 때 극대화된다.

4. 젠더 차이는 다른 역할이 최소화되고 젠더가 가장 두드러질 때 극대화된다. 예

고정관념은 사람들이 남성과 여성의 의사소통 양식에 대해 가지는 인상에도 영향을 미칠 수 있다. 고정관념에 따르면 전화나 이웃 사람을 붙들고 끝없이 수다를 떠는 등 말을 많이 하는 것은 여성이다. 하지만 일부 연구에 따르면 보통은 남성이 여성보다 더 말을 많이 한다.[37] 남성이 방해를 받지 않고 대화를 "주도"하기 위해 "유언휴지"(filled pauses, "음"이나 "어" 같은 소리)를 더 많이 사용한다는 연구도 있다.[38]

이런 차이는 의사소통의 다른 영역에서도 나타난다. 한 연구에 따르면 남성의 발언 중에는 진술이 높은 비율을 차지한다고 한다. 반면에 여성의 경우에는 질문이 높은 비율을 차지했다.[39] 연구자들의 해석에 따르면, 여성이 자신의 발언을 질문으로 시작하는 것은 발언을 위해서 허락을 구해야 하기 때문이라는 것이다. 어떤 여성이 남성과 여성이 한데 섞인 무리 속에서 발언을 할 때, 그녀는 공손한 자세를 취하고 질문으로 자신의 발언을 시작한다. 또 다른 연구에 따르면 여성은 남성에 비해 자신의 발언에 사족을 덧붙이는 경우가 많았는데, 예를 들어 "제 생각에는…", "개인적으로 생각하기에…", "제가 틀릴 수

를 들어 회계사를 위한 학회와 같이 전문적 역할이 강조되는 곳에서는 남성과 여성이 비슷하게 행동할 것이다.

젠더 차이에 대한 학술 문헌의 좀 더 자세한 평가를 위해서는 Elizabeth Aries, *Men and Women in Interaction: Reconsidering the Differences* (New York: Oxford University Press, 1996)을 보라.

37) Matlin, *Psychology of Women*, 216.

38) 같은 책.

39) Virginia Sapiro, *Women in American Society* (Palo Alto, Calif.: Mayfield Publishing, 1986), 278.

도 있겠지만…" 등의 표현이었다.[40] 이것을 여성이 남성에 비해 자신의 의견을 직접적으로 진술하는 것을 더 어려워한다는 표시로 보는 이들도 있다. 수많은 연구[41]가 전반적으로 여성의 언어 스타일이 남성에 비해 보다 더 자기 비하적이고 따라서 여성이 남성보다 더 주저하며 자신의 신뢰성에 대해 의구심을 갖는 것처럼 보인다고 이야기한다. 반면에 이런 여성적 스타일이 실제로는 자기 비하적이지 않으며, 보통은 여지가 없는 남성의 발언 방식보다 더욱 "열려" 있고 "관계적"이라고 주장하는 이들도 있다.[42] 의사소통 양식의 차이를 지나치게 강조하기란 너무 쉽다(A형 오류). 하지만 발언 양식에 이런 차이들이 있다는 점은 주목할 만하다.

젠더 차이로 여겨지는 무엇을 설명해보면 남성과 여성 간에 상호작용이 일어나는 사회적 상황이 결정적이라는 사실이 더욱 분명해진다. 남성과 여성 모두 친밀한 대화에서는 보다 표정 있는 언어를, 공식적인 자리에서는 보다 단호한 언어를 사용한다. 자리가 바뀌면 남성

---

40) J. Coates, "Epistemic Modality and Spoken Discourse," *Transactions of the Philological Society* (1987): 110-31, cited in Aries, *Men and Women*, 117.

41) 논쟁에 대한 다양한 인용을 위해서는 다음 본문 중 무엇을 참고해도 좋다. Janet Shibley Hyde, *Half the Human Experience: The Psychology of Women*, 4th ed. (Lexington, Mass.: D. C. Heath, 1991), 87-106; Sapiro, *Women in American Society*, 270-90, Basow, *Gender Stereotypes*, 57-62; Matlin, *Psychology of Women*, 212-55.

42) 여성은 자신의 발언에 문장을 늘리면서까지 다양한 종류의 사족을 덧붙이는 경향이 있다. 반면에 남성은 평서문으로 발언하는 경향이 있는데, "내가 틀릴 수도 있지만…" 과 같은 부인이나 "당신에게 설득력이 있었는지 모르겠습니다" 등의 마무리하는 말을 덧붙이지 않는다.

과 여성 모두 자신이 이야기하는 방식을 바꾼다.[43] 더욱이 남성과 여성 모두 이들의 젠더에 전형적인 것과는 다른 의사소통 양식을 배울 수 있다는 사실은, 의사소통 양식이 젠더에 의해 고정된 것이 아니라는 추가적인 증거가 된다. 간단히 말해 이 모든 이야기의 목적은 대중지를 통해 남성과 여성 간의 의사소통의 차이가 수도 없이 등장해왔지만, 대부분의 신뢰할 만한 연구들이 의사소통의 차이라는 일부 대중적 신화들을 지지하지 않는다는 사실이다.[44]

모든 (언어적·비언어적) 의사소통은 바쁜 도로 위에서의 교통정리와 유사하다. 신호등과 일단 정지 표시는 어떤 조건 아래서 어떤 사람에게 통행권이 있는지를 결정짓는다. 실제로 의사소통에서의 통행권은 언제나 더 높은 지위를 가진 사람에게 주어진다.[45] 남성과 여성이 서로 의사소통하는 방식에 대한 주목할 만한 많은 차이는 이들 사이의 권력 관계로부터 온다. 개인이 사용하는 의사소통의 제어는 주로 젠더가 아니라 거기에 관련된 사람들의 지위 순서에 의존한다. 의사소통을 위한 규칙을 정할 때 젠더는 어떤 역할을 수행하기는 하지만 대부분의 경우 간접적인 힘을 발휘할 뿐이다. 결정적인 것은 젠더와

---

43) Aries, *Men and Women*, 135-44.

44) 젠더 차이를 다룬 일부 대중적 문헌의 결함에 대한 학문적 논의가 궁금하다면 같은 책 3-23쪽을 참조하라. 애리즈(Aries)는 존 그레이의 『화성에서 온 남자, 금성에서 온 여자』가 관계 세미나에 참석한 이들의 보고에 지나치게 의존한다는 점과 데보라 태넌의 『남자를 토라지게 하는 말, 여자를 화나게 하는 말』이 에피소드 기술에 의존한다는 점을 지적했다. 둘 다 젠더와 의사소통에 대해 지난 25년간 등장한 거대한 학제적 연구를 조직적으로 다루지는 않는다.

45) 이 비유에 대해 나는 버지니아 사피로에게 빚을 졌다.

사회적 지위 간의 상호작용이다.

고정관념의 심리적 효과

지위에 대한 고정관념은 다양한 방식으로 나타난다. 한 연구는 대상자들에게 양쪽과 한쪽 끝에 각기 사람들이 앉아 있는 직사각형 모양의 탁자 사진들을 보여주었다.[46] 각각의 사진마다 질문은 "이 그룹의 리더는 누구일까?"로 동일했다. 탁자에 앉은 사람들이 모두 남성이거나 여성일 때, 대상자들은 탁자의 끝에 앉은 사람을 리더로 지목했다. 남성과 여성이 섞여 있고 탁자의 끝에 앉은 사람이 남성일 때도 마찬가지였다. 하지만 남성과 여성이 탁자의 양쪽에 앉아 있고 탁자의 끝에 앉은 사람이 여성일 때, 많은 대상자들은 탁자의 끝에 앉은 여성대신 한쪽에 앉은 남성을 그룹의 리더로 선택했다.

지위가 고정관념의 영향을 받는 유일한 요인은 아니다. 수십 년 전 잉게 브로버만(Inge Broverman)은 남성과 여성의 고정관념에 대한 대표적 연구를 출간했다. 그 연구에서 정신 건강 임상의들은 122개에 달하는 성격 특성들의 목록을 받았다. 그리고 이들 중 일부에게는 성숙하고 건강한 성인 남성을 가장 잘 묘사하는 특성을 고르도록 부탁했으며, 또 다른 일부에게는 성숙하고 건강한 성인 여성을 가장 잘 묘사하는

---

46) Natalie Porter and Florence Geis, "Women and Nonverbal Leadership Cues: When Seeing Is Not Believing," in *Gender and Nonverbal Behavior*, ed. Clara Mayo and Nancy Henley (New York: Springer-Verlag, 1981), 39-62.

특성을 고르도록 요청했다. 나머지 사람들에게는 성별을 명시하지 않고 건강하고 성숙한 성인의 특징을 고르도록 했다.

이 연구의 결과에 따르면 건강한 성인 남성과 건강한 성인의 목록 사이에는 높은 연관성이 있었다. 하지만 건강한 성인 여성과 건강한 성인 사이의 연관성은 보다 낮았다. 실험 대상이 된 정신 건강 전문의들의 생각에 여성은 건강한 여성인 동시에 건강한 성인일 수가 없었는데, 왜냐하면 건강한 성인의 평가 내용이 남성적 특징들과 부합했기 때문이다.

이 연구에서 정신 건강 전문의들이 여성을 정신적으로 건강하다고 선언한 것은 그 여성이 정형화된 여성의 모습으로 문화적으로 용인되는 이미지에 부합할 경우에만, 즉 수동적이고 의존적이고 아이 같고 생물학적으로 열등한 자신의 상태를 인정할 때뿐이었다. 최근에 많은 정신 건강 전문가들은 이런 편향성을 인지했으며 따라서 이를 바꾸기 위해 노력하고 있다. 그러나 교회 안팎에 존재하는 대중 문헌 대부분은 여전히 남성과 여성에 대한 이런 지나치게 이분화된 생각들을 반영한다. 따라서 많은 정신 요법 의사들이(그리스도인 상담가를 포함해서) 아무런 저항 없이 자신의 종속적인 위치를 수용하는 수동적이고 의존적인 여성을 만들고자 지속적으로 노력하고 있다. 이런 이분법에 상당한 영향력을 끼친 것이 바로 젠더에 대한 프로이트의 견해다.

다음에 나오는 표는 브로버만의 목록에서 가장 빈번히 선택된 남성과 여성의 특성들로, 서로 대조 배치되었다.

남성과 여성의 정형화된 특성

남성	여성
공격적인	비공격적인
감정을 드러내지 않는	감정적인
논리적인	비논리적인
거친	부드러운
직설적인	눈치 있는
직접적인	교활한
야망 있는	야망 없는
활동적인	수동적인
독립적인	의존적인
너저분한	단정한

Virginia Sapiro, *Women in American Society* (Palo Alto, Calif.: Mayfield Publishing, 1986), 260에서 인용.

이 표는 남성과 여성 간의 생물학에 근거한 차이로 인식되기도 하는 양극화된 고정관념을 보여준다. 하지만 이것을 본 많은 독자는 "남성(혹은 여성)에 대한 이런 묘사가 나와는 맞지 않아"라고 말할 것이다. 이처럼 편협한 목록은 인간을 특징짓는 놀랍고 광범위하며 재미있는(때로는 우리를 좌절하게도 하는) 행위의 범주를 감히 반영하지 못한다. 우리 모두는 단정한 남성과 너저분한 여성을 만난 적이 있다. 논리적인 여성과 비논리적인 남성도 만났다. 실제로 우리 모두에게는 양쪽 목록의 내용이 모두 들어 있다. 우리는 활동적일 때도 있고 수동적일 때도 있다. 어떤 상황에서는 직설적이고 또 다른 상황에서는 눈치를 살핀다. 위의 목록은 우리의 개성과 인생의 경험적 현실을 설명하지 못한다. 하지만 이 편협하고 지나치게 단순화된 이분법은 우리의 사고를 비뚤어지게 하고 설교의 임무를 복잡하게 만들어 많은 이들의 마음속에서 "우리(남성과 여성)가 존재하는 방식"을 지속적으로 정의해 간다. 남성과 여성이 이런 고정관념 아래서 살도록 강요될 때 이들에게는 어떤 일이 일어날까? 남성과 여성, 하나님까지 모두가 손해를 본다. 하나님이 주신 남성과 여성의 잠재력은 왜곡되고 제약되고 곡해되고 심지어 파괴된다. 남성과 여성이 자기의 삶을 하나님의 말씀에 대한 반응이 아니라 고정관념이 정하는 대로 산다면, 이들은 하나님이 자신들에게 의도하시는 모든 것이 될 수 없다. 이런 내용은 『진짜 남자아이: 우리 아들을 남자아이의 신화로부터 구조하라』(*Real Boys: Rescuing Our Sons from the Myths of Boyhood*)에서도 분명하게 나타난다. 이 책의 저자인 윌리엄 폴락(William Pollack)은 많은 남성이 비록 그것을 명명하거나 정의하지는 못하지만 고립감과 소외감, 절망, 슬픔, 단절을 경험한다고 말한다.[47] 남성으로부터 이들의 보다 온화하고 배려심 깊고 연약한 부분을 빼앗는 것은 여성으로부터 이들의 적극적인 능력을 빼앗는 것만큼이나 악한 일이다. 대중은 남성의 테스토스테론 정도와 이들의 공격적 행동 사이의 관계성을 이해하는 데 관심을 쏟아왔다. 하지만 테스토스테론 정도가 남자아이의 행동에 영향을 미치는 수준이, 이들이 부모와 사회로부터 받는 사랑과 돌봄, 형성의 수준보다 덜하다는 상당한 증거가 있는데, 이는 잘 알려져 있지

---

47) 예를 들어 같은 책에서 폴락은 남자아이의 남성화에 관련된 신화와 이것이 남성의 자기 이해에 미치는 영향을 탐구한다.

않다.[48]

브로버만의 연구가 정의한 특성들로 정형화된 행동은 여러 방면에서 문제가 될 수 있다. 예를 들어 "여성의 특성"으로 정의된 특질들은 스트레스에 대한 여성의 반응과 상담 서비스의 높은 이용률에 어떤 영향을 미칠까? 많은 여성의 경우, 이들은 자신이 능동적 변화를 시도할 수 없고 수동적으로만 반응할 수 있다고 배워왔다. 따라서 이들이 직접적으로 처한 상황을 바꿔 자신의 스트레스를 해결하는 것은 불가능하다. 많은 여성의 경우 자기 능력이 곤두박질치는 것은 자신이 논리적이기보다는 직관적이며 의존적이라고(따라서 독립적으로 행동할 수 없다고) 생각하도록 훈련될 때다. 정형화된 성교육이 상담가의 도움을 구하는 여성의 비율을 증가시키는 것에 영향을 미친다는 사실은 어렵지 않게 추측할 수 있다.

여성이 북미 상담 서비스의 주된 소비자인 것이 이들이 남성보다 더 기꺼이 도움을 요청하기 때문이라고 설명하는 이들도 있다. 우리 문화는 남성과는 달리 여성에게는 아파도 좋다는 일종의 승인을 허락한다. 남성에게는 강함과 통제력을 기대하는 반면에 여성에게는 자신에게 문제가 있음을 시인해도 좋다는 문화적 허용이 있다. 반면에 여성이 남성에 비해 상담을 더욱 많이 추구하는 것은 여성에게 다른 누군가, 이 경우에는 치료 전문가를 의존하는 것이 문화적으로 허용되기 때문이라고 설명하는 이들도 있다. 여성은 연약한 사람과 순종적

---

48) Mary Stewart Van Leeuwen, *Gender and Grace: Love, Work, and Parenting in a Changing World* (Downers Grove, Ill.: InterVarsity Press, 1990), 89-105.

여성을 위한 설교

인 환자의 역할, 곧 우리의 문화 안에서 남성에게는 보다 어렵게 여겨지는 역할을 담당하는 것이 가능하다.[49]

하지만 여성의 상담 서비스 이용을 좀 더 자세히 살펴보면, 이 서비스를 구하는 이들 중 대다수가 여성 전체라기보다는 특정한 무리임이 분명해진다. 정신과 도움을 구하는 남성과 여성의 비율을 살펴본 한 연구에서 집단 내 차이가 나타났다. 기혼 여성이 남성에 비해서는 정신과 치료를 받을 확률이 더 높았지만, 사별했거나 결혼한 적이 없거나 별거 중이거나 이혼한 여성의 경우는 남성에 비해 정신과 치료를 구하고 받을 확률이 더 낮았다.[50] (미혼자들을 비교했을 때에는 미혼 남성이 상담을 구하는 확률이 더 높았다.[51]) 이는 여성의 결혼 여부가 분명한 검토 요인임을 강조한다. 여성의 생물학적 요인만으로는 차이를 설명할 수 없다. 치료를 구하고 받는 기혼 여성의 수는 남성에 비해 훨씬 더 높았지만, 정신과 치료를 구하는 남성의 수는 사별했거나 결혼한 적이 없거나 별거 중이거나 이혼한 여성의 수를 앞질렀다.[52]

---

49) Hubbard, *Women*, 4.

50) W. R. Gove, "Mental Illness and Psychiatric Treatment among Women," in *Psychology of Women: Ongoing Debates, ed. Mary Roth Walsh* (New Haven: Yale University Press, 1987), 110.

51) Basow, *Gender Stereotypes*, 186. E. Walker, B. A. Bettes, E. K. Kain, and P. Harvey, "Relationship of Gender and Marital Status with Symptomatology in Psychotic Patients," *Journal of Abnormal Psychology* 94 (1985): 42–50도 보라.

52) 여성이 남성에 비해 상담과 임상의의 도움을 더 많이 구하는 반면에, DSM-III-R(정신 장애 진단 및 통계 편람—역자 주)의 보고에 따르면, 남성이 여성에 비해 유년기 동안 더욱 많은 어려움을 겪고 따라서 더욱 다양한 정신 장애를 앓는 경향이 있지만, 청소년기(14-15세)에 이르러 여성이 이것을 "따라잡고" 결국에는 심리 질환의 비율에서 남성을 앞서게 된다.

3장 심리적 온전함을 위한 설교

여기에 덧붙여 R. 헬슨(R. Helson)과 J. 피카노(J. Picano)는 전통적인 인생 설계(오직 전업 주부)를 따라온 중년의 여성이 보다 덜 전통적인 인생 설계(가정과 사회생활을 겸한 경우를 포함해)를 따라온 비슷한 연령대의 다른 여성에 비해 만성 질환 상태와 활력 부족을 보인다는 사실을 발견했다.[53] 프란시스 퓨리포이(Francis Purifoy)와 램버트 쿠프먼스(Lambert Koopmans)는 "일하는 기혼 여성은…(두통, 불면증, 우울증, 불안과 같은) 스트레스 증상을 덜 호소했다.…집 밖에서 일하는 여성 중에서는 (사무직, 판매, 서비스업과 같은) 전통적인 여성의 업무가 이들의 정신 건강과 심장 질환 측면에서 가장 큰 스트레스였다"[54]라고 보고한다. 이런 여성은 "신경쇠약을 경험하고 우울증, 신경과민, 불면증, 악몽으로 고통 받으며 정신 치료를 받을" 확률이 높았다.[55] 정신 질환 연구자인 G. L. 클러먼(G. L. Klerman)과 M. M. 와이스먼(M. M. Weissman)은 여성의 우울증에 대한 모든 문헌을 살피고

---

53) Basow, *Gender Stereotypes*, 199에 인용된 R. Helson and J. Picano, "Is the Traditional Role Bad for Women?" *Journal of Personality and Social Psychology* 59 (1990): 311-20.

54) Francis Purifoy and Lambert Koopmans, "Androstenedione, Testosterone, and Free Testos- terone Concentration in Women of Various Occupations," *Social Biology* 26 (1980): 179-80.

55) Basow, *Gender Stereotypes*, 185. 이를 지지하기 위해 바소우는 다음을 인용한다. W. Gove, "Sex Differences in the Epidemiology of Mental Disorder: Evidence and Explanations," in *Gender and Disordered Behavior: Sex Differences in Psychopathology*, ed. E. S. Gomberg and V. Franks (New York: Brunner/Mazel, 1979), 23-68; W. R. Gove, "Mental Illness and Psychiatric Treatment among Women," *Psychology of Women Quarterly* 4 (1980): 345-62; N. F. Russo, "Overview: Forging Research Priorities for Women's Mental Health," *American Psychologist* 45 (1990): 368-73.

유전학에서부터 생리 전 증후군, 피임약에 이르기까지 그 원인을 실험한 결과, 여성 우울증에 대한 두 가지 주요 원인은 사회적으로 낮은 지위 혹은 결혼이라고 지적했다.[56]

따라서 많은 여성이(그리스도인 여성을 포함해서) 이들의 심신을 쇠약하게 하는 낮은 자존감과 우울증의 문제와 더불어 살고 있다. 이 두 가지 문제는 잠재적으로는 고정관념으로 인해 악화되며 또 이들이 스트레스를 다루는 방식에도 영향을 미친다. 그리스도인 여성은 매주 이런 문제를 들고 교회로 나온다. 이런 사실은 목회자가 설교하는 방식에 영향을 미쳐야 할까? 아니면 여성과 남성 내 차이 역시 명백하므로 이런 연구는 무시해도 좋은 것일까? 스트레스를 효과적으로 다루지 못하게 하는 낮은 자존감이나 우울증, 소극성과 같은 문제가 한데 모여 여성으로 하여금 설교자가 강단에서 소통하고자 하는 내용을 듣거나 듣지 못하도록 하는 렌즈를 만들어낸다.

어떻게 설교에 적용할까?

해돈 로빈슨에 따르면 해석자가 성경의 어느 본문에 대해서든 가장

---

56) G. L. Klerman and M. M. Weissman, "Increasing Rates of Depression," *Journal of the American Medical Association* 261 (1989): 2229-35. G. L. Klerman, M. M. Weissman, B. J. Rounsaville, and E. S. Chevron, *Interpersonal Psychotherapy of Depression* (New York: Basic Books, 1984)와 Weissman and Klerman, "Sex Differences," 98-111도 보라.

3장 심리적 온전함을 위한 설교

먼저 물어야 할 질문은 이 본문에서 "하나님의 이상은 무엇인가?"다. 두 번째 질문은 "타락의 요인", 곧 죄의 문제는 무엇인가다.[57] 청중 속 여성에게 암시적이지만 강력한 방식으로 작동하는 젠더 고정관념의 영향력은 타락 요인의 일부다. 이번 장에서 이미 언급했듯이, 젠더 고정관념은 여성이 스스로 스트레스가 되는 상황을 바꾸기 위해 행동할 수 있다는 사실을 모를 경우 스트레스를 고조시킬 수 있다. 젠더 고정관념은 여성이 자신의 은사를 의심하고 심지어 하나님이 이들의 삶 속에 주신 소명의 일부를 부인하도록 하는데, 왜냐하면 그 고정관념이 자신이 되어야 할 모습이라고 믿기 때문이다. 성경 본문을 해석할 때 타락의 요인과 죄의 문제, 즉 사람들로 하여금 하나님을 자기 목숨을 다해 사랑하지 못하도록 하는 것이 무엇인지를 질문하라. 어떤 고정관념이 여성으로 하여금 하나님이 창조하신 모든 것이 되지 못하도록 하는가? 따라서 어떤 고정관념을 하나님의 말씀에서 오는 진리로 소멸해야 하는가?

설교할 때 사역자 자신에게 영향을 미치는 고정관념 역시 대면해야 한다. 당신은 남성과 여성이 된다는 것이 무엇이라고 생각하는가? 이것은 당신의 설교에서 어떻게 나타나는가? 로버트 하워드(Robert Howard)는 이렇게 질문했다. "설교자의 이야기에 등장하는 모든 사람이 힘세고 건강하고 쾌활한 백인 남성뿐이라면 이것은 이런 속성을 지니지 못한 사람들에게 어떤 의미일까? 인생의 관객석으로 쫓겨

---

57) Haddon Robinson, *Biblical Preaching*, 2d ed. (Grand Rapids: Baker, 2001), 94-96을 참조하라.

나 '진짜 그리스도인들'이 하나님의 일을 감당하는 것을 그저 지켜봐야 한다는 뜻일까?"[58] 설교의 요점을 전달하기 위해 당신이 사용하는 설명과 예시, 예화와 비유는 당신이 생각하는 것 이상으로 당신 자신에 대해 많은 것을 이야기한다. 「강단 다이제스트」(Pulpit Digest; 목회자들을 대상으로 한 잡지—역자 주)에 실린 첫 다섯 편의 설교를 인용하면서[59] 하워드는 설교 기고자들이 사용한 24개 이미지 중 2개만이 능동적 역할을 수행하는 여성을 포함했으며 남성과 여성 모두를 등장인물로 사용한 이미지도 2개였다고 말했다. 또한 24개의 이미지 중 20개가 남성만을 예로 든다는 것이다. 그는 다음과 같이 결론지었다. "신학적으로 설교에 사용되는 이미지에서 여성의 관점을 배제하는 것은 설교자가 선포하기를 추구하는 좋은 소식 자체를 왜곡하는 것이다."[60] 남성과 여성 모두 자신의 목숨을 다해 하나님을 사랑하고자 한다면, 이들은 심리적으로 온전한 남성과 여성에 대한 성경적인 예시와 설명, 예화, 은유로부터 그렇게 할 수 있는 강력한 도움을 받을 것이다. 나쁜 상황을 바꾸기 위해 자신이 어떤 행동을 취할 수 있다는 사실을 모르는 여성이 있다면, 예를 들어 아비가일의 이야기(삼상 25장)가 도움이 될 것이다. 아비가일은 자신에게 은혜를 베푼 사람을 향해 어리석은 행동을 한 불한당 나발의 아내였다. 나발의 행동에 격분한 다윗은 나발의 집을 향해 전면적 군사 행동을 준비하는데 이때 생각이 재

---

58) Robert R. Howard, "Gender and Point of View in the Imagery of Preaching," *Homiletic* 24, no. 1 (summer 1999): 1.

59) 같은 책 5쪽에서 인용된 *Pulpit Digest* (January/February 1991).

60) Howard, "Gender and Point of View," 5.

빠른 아비가일이 자신의 집에 거하는 모든 사람의 생명을 위협해온 이 문제를 해결한 것이다. 그녀는 남편의 뜻을 거스르면서까지 그의 목숨을 구했다. 그녀는 스트레스 상황을 개탄만 하지 않고 그것을 바꾸어버렸다. 자신을 사랑하지 않는 남자와 결혼한 레아의 이야기도 있다(창 29-30장). 남편의 사랑을 얻기 위해 그녀는 자신의 능력 안에서 모든 것을 행했다(성공적이지는 못했지만). 우리는 레아가 여섯 아들에게 붙인 이름을 통해 그녀의 정신과 마음에 나타난 변화를 엿볼 수 있다. 이 여성은 스트레스가 되는 자신의 상황을 바꿀 수 없었지만, 대신 자신에게 부족한 것(야곱의 사랑)이 아니라 하나님이 자신에게 주신 것(여섯 아들)에 집중함으로써 그것의 의미를 바꿀 수 있었다. 그녀는 남편의 사랑 없이도 심리적으로 온전해질 수 있었다. 오늘날 우리가 마주하는 문제 중 성경 이야기 속 여성이 마주하거나 극복하지 않았던 문제를 찾기란 어렵다.[61]

당신이 하나님과 인간의 타락, 하나님의 형상으로 창조된 경건하고 건강한 인간에 대한 분명한 이상을 가지고 강단으로 올라가지 않는다면, 당신의 설교는 젠더 고정관념을 암시적으로 강조할 수 있다. 하나님의 이상을 설교의 필수적인 일부로 삼지 않는다면 여성은 하나님을 목숨을 다해 사랑하는 법을 배울 수 없다. 경건하고 건강한 사람

---

61) 자신의 설교에 여성의 예를 더 많이 포함시키고 싶지만 자료가 부족한 설교자들은 기독교 서점을 통해 성경 속 여성에 대한 수많은 책을 찾아볼 수 있다. 내가 쓴 *A Woman God Can Lead: Lessons from Women of the Bible Help You Make Today's Choices* (Grand Rapids: Discovery House, 1998)도 참조할 수 있다 (Discovery House에서 출판된 *A Woman God Can Use*[1990]와 *A Woman Jesus Can Teach*[1991]를 한 권으로 묶은 책이다).

을 이루는 것이 무엇인지에 대한 설교자의 이상은 그가 선포하고 청중이 듣는 메시지를 강력하게 형성한다.

2장에서 우리는 도덕적 의사 결정에 나타난 남성과 여성의 차이를 살펴보았다. 많은 여성의 경우, 의사 결정을 지배하는 것은 분명히 개인적인 것이며 자신의 결정이 타인에게 미칠 영향이었다. 의사 결정의 주된 혹은 유일한 기준으로서 이것은 위험할 뿐 아니라 자칫 하나님을 높이지 못하는 결정으로 이어질 수 있다. 반대로 많은 남성의 의사 결정을 주도하는 것은 오로지 비인격적인 것, 율법적인 것이었다. 예수님은 그것이 적용되는 상황에 주의를 기울이지 않는다면 율법은 율법주의로 이어진다는 사실을 분명히 보여주셨다(마 5장). 성경은 도덕적 의사 결정이 이 두 가지, 곧 정의를 행하며 인자를 사랑하는 것(미 6:8) 모두를 포함할 것을 요구한다. 도덕적 질문에 대한 설교가 정의와 인자를 모두 포함해야 하는 것처럼, 남성과 여성에 대한 설교 역시 젠더 고정관념으로 오염되지 않은 경건하고 건강한 인류의 이상으로부터 흘러나와야 한다.

틀에 박힌 말이지만 설교자의 임무는 "편안해하는 자를 괴롭게 하고 괴로워하는 자를 편안하게 만드"는 것이다. 이것을 반대로 행할 때 우리는 사람들을 무너뜨릴 수 있다. 회중 속 남성과 여성 모두에게 영향을 미치는 젠더 고정관념에 유의하지 않을 때, 우리는 괴로워하는 자를 더욱 괴롭게 만들 수 있다. 왕 중의 왕 되신 분의 자녀들은 스스로를 하늘로 향한 여정 가운데 있는 왕자와 공주로 보아야 한다.

3장 심리적 온전함을 위한 설교

요약

- 남성과 여성이 스트레스를 다루는 방식에는 차이가 있는데 이는 많은 여성이 소극적인 태도를 여성의 적절한 자세로 배워왔기 때문이다.

- 설교의 기본적인 목표는 청중이 성경으로부터 들은 바를 이들의 일상의 도전들을 해결하는 데 사용하도록 능력을 부여하는 것이다.

- 성경적 자존감은 우리가 죄인이라는 사실, 따라서 우리가 하나님의 지속적인 은혜를 필요로 한다는 사실을 인정하는 동시에 하나님이 부르시고 은사를 주신 자들로서의 가치를 인정한다. 우리는 하나님이 주신 은사로 온전히 그분을 섬기도록 창조되었다.

- 성경 본문에 포함된 하나님의 이상과 타락의 요인을 찾아가는 동안, 회중석에 앉은 남성과 여성에게 영향을 미치는 젠더 고정관념에 대해 질문하라.

- 여성 청중에게는 심리학적으로 온전한 여성의 예시와 설명, 이야기, 비유가 필요하다.

- 당신이 하나님과 인간의 타락, 그리고 하나님의 형상으로 창조된 경건하고 건강한 남성과 여성에 대한 분명한 이상을 가지고 강단으로 올라가지 않는다면, 당신의 설교는 젠더 고정관념을 은근히 강조할 수 있다. 이런 이상이 없이 남성과 여성은 자신들의 목숨을 다해 하나님을 사랑하는 법을 배울 수 없다.

더 생각해볼 문제

- 남성과 여성 모두가 목숨을 다해 하나님을 사랑할 수 있도록 하기 위해 당신은 어떻게 설교할 수 있을까?
- 당신(설교자)은 심리적으로 온전한 남성 혹은 여성이 된다는 것이 무엇을 의미한다고 생각하는가?
- 당신의 요점을 설명하기 위해 설교에 남성은 물론 여성의 긍정적인 예시를 담는 것이 얼마나 중요한(혹은 사소한) 일이라고 생각하는가? 그것이 왜 중요하다고(혹은 사소하다고) 생각하는가?

4장

우리는
자신이 아는 것을
어떻게 아는가?

나는 성장기 동안, 특히 청소년 시절에 신앙과 의심의 문제로 씨름했다. 내 주변의 모든 사람은 그리스도인으로서의 확신과 보증을 가지고 있는 듯했지만 나는 하나님을 이해할 수 없어 며칠 밤을 설치곤 했다. 목사님이 설교 도중 신앙에 대한 어떤 언급을 하면, 나는 몸을 일으켜 하나님과 믿음에 대해 내가 이해할 수 있는 어떤 설명이라도 듣고자 주의를 기울였다. 하지만 우리 교회는 물론 성경 컨퍼런스에서조차도, 설교자들 중 내가 가진 문제를 다루어주는 사람은 없었다. 교회 안에서 이런 강력한 의심으로 고통 받는 사람은 나 혼자뿐인 것 같았다. 그러던 중 내가 열여섯 살이 되었을 때 한 친구가 G. 캠벨 모건(G. Campbell Morgan)이 쓴 『신앙의 승리』(*The Triumphs of Faith*)를 빌려주었다. 나는 하나님이 계신 것과 그분이 자기를 찾는 자들에게 상 주시는 이심(히 11:6)을 "믿을 만한" 합리적인 이유를 찾아 그 책을 집어삼킬 듯이 읽어 내려갔다. 이 책은 내가 가진 모든 질문에는 답하지 못했지만 적어도 내가 교회 밖으로 뛰쳐나가는 것은 막아주었다.

가장 큰 계명은 우리에게 자신의 마음과 목숨과 뜻을 다해 하나님을 사랑하라고 이야기한다(마 22:37). 우리는 어떻게 사람들이 이들의 뜻(mind)을 다해 하나님을 사랑하도록 도울 수 있을까? 기독교 신앙에 대한 이성적 설명을 집중적으로 설교해야 할까? 대학 시절 나는 하나님의 존재에 대한 이성적 증거들을 암기해보았지만, 이 증거들은 내가 하나님을 사랑하도록 하기보다는 도리어 두려워하도록 만들었다. 사람들로 하여금 뜻을 다해 하나님을 사랑하도록 돕는 설교는, 하나님을 믿는 것, 심지어 그분의 선하심과 사랑을 믿는 것이 왜 합리적인지를 논의하는 것보다 훨씬 더 복잡하다.

설교를 더욱 도전적으로 만드는 것은 회중석에 앉아 있는 사람들이 모두 똑같은 방식으로 생각하지 않는다는 점이다. 성장하는 동안 내가 품었던 의심은 나로 하여금 교회 안에서 외로움을 느끼도록 만들었다. 회중의 다양성에도 불구하고 매주 설교를 하면서 나와 같이 "만성적 의심"을 가진 사람을 대면하지 않을 수도 있겠지만, 당신은 강단에 설 때마다 의심하는 이들을 마주하느냐 아니냐와는 무관하게, 우리가 진리를 "아는" 데에는 여러 다른 방식이 있다는 사실을 인식할 필요가 있다. 이는 매주일 남성과 여성이 다양한 앎의 방식을 가지고 교회로 들어온다는 사실, 당신이 하나님의 진리를 설교하기 위해 강단에 설 때마다 이런 여러 앎의 방식을 마주한다는 사실을 상기시킨다.

인식론은 사람들이 자신이 아는 것을 어떻게 아는지에 관한 연구다. 이것은 거대한 주제이고 또한 설교의 임무를 수행하는 데 있어 매우 중요하기 때문에 우리는 4장, 5장, 6장에 걸쳐 여성을 대상으로 한 설교에 영향을 미치는 인식론의 영역에 집중할 것이다. 우리는 보통 사람들이 이런 질문, 즉 자신이 아는 것을 어떻게 아는지에 대한 질문에 심취해 있다고 생각하지 않는다. 실제로 우리가 스스로에게 이런 질문을 던지는 경우는 거의 없다. 하지만 이것은 다른 심오하고 어려운 질문들, 예를 들어 "진리란 무엇인가?", "권위는 무엇인가?", "우리는 누구의 말에 귀 기울여야 하는가?", "나는 무엇을 증거로 간주하는

가?" 등과 연결되어 있다.[1]

이런 질문은 설교가 무엇인지에 대한 가장 깊은 중심과 맞닿아 있다. 이 질문들이 의식적으로나 무의식적으로 강단에서 우리가 말하는 것을 형성하기 때문이다.[2] 이것들은 진리의 본질과 실재에 대한 우리의 기본적 추정들은 물론 지식의 근원과도 관련된다. 우리의 인식론은 우리가 세상을 보는 방식, 세상 속에 있는 우리 자신을 보는 방식을 형성한다. 우리의 인식론은 우리 자신에 대한 스스로의 정의와 타인과 우리가 관계 맺는 방식에 영향을 미친다. 또한 우리의 공적·사적인 모습과 인생의 사건들에 대한 통제력, 그리고 우리가 가르치고 배우는 것에도 영향을 미친다. 우리가 자신이 아는 것을 어떻게 아는지의 문제는 도덕에 대한 우리의 이해에도 영향을 미친다.

우리의 인식론이 우리가 세상을 바라보는 방식을 형성하는 반면에, 인식론 자체는 우리의 가족 배경과 지속적인 삶의 경험으로부터 형성된다. 우리가 진리를 아는 방식은 놀라울 만큼 고정적이지만 이런 사고의 양식들이 폐쇄계 안에서 우리의 소유인 것은 아니다. 우리는 평생에 걸쳐 한 가지 앎의 방식에만 갇혀 있지는 않다. 이런 이유

---

1) 이 질문과 정의의 출처는 Mary Field Belenky, Blythe McVicker Clinchy, Nancy Rule Goldberger, and Jill Mattuck Tarule, *Women's Ways of Knowing: The Development of Self, Voice, and Mind* (New York: Basic Books, 1986), 3이다. 4장, 5장, 6장에 등장하는 사회과학 분석은 벨렌키와 그녀의 동료들의 연구에 많은 빚을 졌다.
2) 설득을 위한 세 가지 실용적 질문 중 두 번째(이것은 사실인가?)는 인식론으로 요약될 수 있다. 이 세 가지 실용적 질문과 설교에서의 중요성에 대한 자세한 논의로는 Haddon Robinson, *Biblical Preaching*, 2d ed. (Grand Rapids: Baker, 2001), 115-24을 보라.

4장 우리는 자신이 아는 것을 어떻게 아는가?

로 연구자들은 사람들이 진리를 인식하는 방식이 어떻게 변하는지를 이해하고 묘사하기 위해 긴 시간에 걸쳐 관찰을 시도해왔다.

남성과 여성 사이의 인식론적 차이

근래에 이르기까지 여성은 심리 이론의 형성을 주도한 수많은 주요 연구로부터 제외되었다. 연구의 대상은 남성이었고, 여성이 고려될 경우는 이들이 남성의 양식과 어떻게 유사하고 다른지를 찾기 위한 정도에서였다(2장에서 소개한 콜버그의 연구가 좋은 예다).

　결과적으로 남성과 연관된 특징, 예를 들어 자율성과 독립성의 발달, 추상적이고 비평적인 사고, 권리와 정의에 바탕을 둔 도덕성의 발달은 중요하게 간주되고 연구되며 설명되었다. 반면 상호의존, 친밀함, 보살핌, 상황적 사고와 같은 보다 "여성적"인 특징의 발달에 대한 연구는 그만큼 집중적이지 못했다.[3] 이렇게 남성의 경험이 기준점이 되었고 그와 다른 부분은 무엇이든 열등한 것으로 간주되었다. 따라서 남성적 사고와 여성적 사고 간의 젠더에 기초한 차이로 보이는 것의 본질을 고려할 때 우리는 조심해야 한다. "사고"(to think)를 묘사하기 위해 사용되는 언어는 남성과 여성에 대한 우리의 정형화된 이

---

3) D. Bakan, *The Duality of Human Existence* (Boston: Beacon Press, 1966)를 보라. Nancy Chodorow, *The Reproduction of Mothering* (Berkeley: University of California Press, 1978)와 C. McMillan, *Women, Reason, and Nature* (Princeton, N.J.: Princeton University Press, 1982)도 보라.

해와 불가분 연결되어 있다. 앞에서 언급했던 브로버만의 연구의 특성들을 다시 한 번 살펴보라(3장). "생각하는"(think) 것은 남성적이고 "느끼는"(feel) 것은 여성적이다. 이런 고정관념을 믿는 여성이 있다면 그녀는 어떻게 이런 사고와 감정의 이분법 안에서 진리를 인식할 수 있을까?

브로버만의 연구가 발견한 이분법은 지적 발달 연구에서 오랜 시간 내재해온 관행을 분명하게 반영한다. 추상적이고 비인격적인 "활동"과 관련된 정신 과정은 "사고"로 분류되었다. 반면에 인격적이고 대인관계와 관련된 "활동"은 "감정"으로 분류되었다. 백 년 전까지만 해도 사람이 사고와 감정 모두에서 동일한 역량과 능력을 개발하는 것은 불가능하다고 생각했다. 이런 믿음 때문에 19세기까지도 여성은 권한을 가진 사람들에 의해 학문적 커뮤니티로부터 배제되어야 했다. 당시 의사들은 여성이 지적인 추구에 참여한다면 이들의 생식 기관이 축소되어 무용지물이 되리라는 "사실"을 확신했다.[4] 정신적·감정적 삶에 대한 이런 양자택일적 사고는 어떤 사람이 사고에 자신의 에너지를 쏟는다면 결국 감정의 용량이 고갈될 것이고, 그 반대의 경우 역시 동일하다는 잘못된 결론에 다다르도록 만들었다. 당시 학계와 거리 모두에서 통용되던 지혜에 따르면, 여성의 지적인 발달은 돌보고 사랑하는 그들의 감정적 역량을 방해하며, 반대로 남성의 감정적 발달은 이들의 지적인 기능을 악화시킨다는 것이었다. 어느 누구도 두 가지의 발달을

---

4) Carroll Smith-Rosenberg, *Disorderly Conduct: Visions of Gender in Victorian America* (New York: Oxford University Press, 1985), 23. 182-96도 보라.

모두 이룰 수는 없으며 따라서 그렇게 노력해서는 안 되었다.

1950년대와 60년대의 이런 만연한 믿음 속에서 윌리엄 페리(William Perry)는 우리가 자신이 아는 것을 어떻게 아는지에 대한 연구의 기준점이 될 종적 연구(longitudinal study)를 실시했다.[5] 당시의 믿음과 연구 관행을 감안할 때 그가 하버드 대학교의 남학생만을 연구 대상으로 삼은 사실은 놀랍지 않다. 이들과의 작업을 통해 페리는 시간을 두고 이루어진 이들의 인지적·인식적 발달을 추적했으며 이들이 자신이 믿는 것이 진리임을 알게 되는 네 가지 생각의 범주 혹은 양식을 발견했다. 이들을 연구하면서 페리는 그 발달과 성장이 이들의 경험을 특징지어주는 이 네 가지 범주를 통해 순차적으로 일어난다고 결론 내렸다.[6]

---

5) William Perry, *Forms of Intellectual and Ethical Development in the College Years* (New York: Holt, Rinehart, and Winston, 1968).

6) 1단계: 남성은 옳음과 그름, 자기와 타자, 선과 악의 양극을 통해 세상을 바라보는 근본적 이원론자로 시작한다. 이들은 수동적 학습자로서 자신에게 진리를 전달해주고 무엇을 믿어야 할지 가르쳐주는 외부의 권위에 의존한다.

   2단계: 남성은 점차적으로 타인들에게 있는 다양한 의견과 수많은 견해를 인지해간다. 이것은 절대적 권위와 진리에 대한 이들의 이원론적 믿음을 뒤흔든다. 결국 이원론은 다양성에 항복한다. 이 단계에서 남성은 올바른 답이 언제나 인간의 권위에 있는 것은 아니라는 사실을 이해하기 시작한다. 이들은 오직 외부의 권위에만 의존하고 그것을 신뢰하던 것에서 벗어나 개인의 정신적 자유라는 자기만의 영역을 개척해간다.

   3단계: 고등교육을 추구하는 동안 남학생은 자신의 의견에 대한 증거와 근거를 요구하는 교수에 의해 도전받는다. 이 시점에서 다양성은 세 번째 앎의 방식, 페리가 종속적 상대성(relativity subordinate)이라고 부른 것으로 대체된다. 이 단계에서 학생은 적극적이고 의식적으로 지식에 대한 분석적·평가적 접근을 개발해간다. 그는 논쟁들을 검토하고 자신이 사실이라고 믿는 바를 지지하는 요인들을 한데로 집결시키는 법을 배운다.

   4단계: 어느 순간에 이르러 마침내 남성은 진리가 상대적이라는 사실을 믿기에 이

하지만 페리의 척도를 가지고 여성을 평가할 경우, 이들은 페리가 설정한 표준과 잘 맞지 않는다. 따라서 여성의 인식에 대한 비슷한 연구가 필요하다는 사실이 자명해졌다. 1970년대 말과 1980년대 초, 네 명의 여성 심리학자가 여성의 자아와 정신, 그리고 내면의 소리의 발달을 검토했다.[7] 이들은 여성의 앎의 방식이 다소 다른 범주로 분석될 수 있다는 결론을 내렸다. 페리와 메리 벨렌키, 그녀의 동료들의 업적을 지나치게 단순화할 위험이 있음에도 불구하고 나는 아래의 표를 통해 이들의 연구 개요를 나란히 배치해보았다. 이런 배치는 비슷한 내용을 비교하는 것으로 정확하지 않을 수도 있다. 또한 각각의 연구에는 사용된 연구 방식에서도 중요한 차이들이 있었다. 페리의 연구는 보다 긴 시간을 들였고 하버드 대학교의 남자 학부생 중 일부를 선택해 이들에게 집중했다. 반면에 벨렌키의 연구는 5년 이하의 시간을 들였고 여대생뿐 아니라 공적 부조를 받는 여성과 상담을 받는 여성 등 좀 더 넓은 규모의 여성을 대상으로 진행했다. 겹치는 범주들이 있기는 하지만 이들은 동일하지 않으며 또 그렇게 여겨져서도 안 된다.

른다. 이때 이들은 온전한 상대주의로 들어선다. 이들은 어떤 사건의 의미가 그 사건이 일어난 상황과 그것을 이해하기 위해 사용된 틀을 의존한다는 사실을 수용한다. 또한 남성은 지식이 주어지는 것이 아니라 형성되어가는 것임을 믿기 시작한다. 인간의 지식은 절대적이지 않고 상황적이며, 고정되어 있지 않고 쉽게 변화한다. 페리는 우리가 온전한 상대주의에 이를 때에만 우리 개인의 정체성을 확언하고 이것에 전념할 수 있다고 믿었다.

7) Belenky et al., *Women's Ways of Knowing*. 일부 사회과학자들은 벨렌키 연구 프로젝트의 여러 부분에 대해 의문을 제기해왔지만, 여성의 인식론(과 이것이 남성의 인식론과 어떤 점에서 다를 수 있는지)에 대한 폭넓은 이해는 내가 여성 사역에 대한 수많은 문제를 정리하는 데 도움을 주었다.

하버드 대학교 남자 학부생을 대상으로 한 윌리엄 페리의 연구	다양한 여성 그룹을 대상으로 한 메리 벨렌키와 동료들의 연구
이 범주에 해당하는 남성은 없었다.	침묵: 이 여성은 자신을 아무 생각도, 목소리도 없는 존재로 경험한다.
근본적 이원론: 이 남성은 수동적 학습자로서 이 세상의 모든 것이 옳거나 그르다고, 혹은 선하거나 악하다고 믿는다.	수용적 인식자: 이 여성 역시 이원론자로서, 자신이 스스로 지식을 창조할 수 있다고 믿지 않는다.
다양성: 이 남성은 많은 문제가 취향이나 개인적 선호도의 문제며, 옳고 그름의 문제가 아니라고 믿는다.	주관적 인식자: 이 여성은 외부의 권위를 거절하고, 지식을 개인적이고 사적이며 주관적으로 알 수 있는 무엇으로 생각한다.
종속적 상대주의: 이 남성은 증거를 찾아 지식에 대한 분석적 접근을 개발해간다.	과정적 인식자: 이 여성은 배움과 그 배움을 위한 객관적 과정을 적용하는 일에 투자한다.
온전한 상대주의: 이 남성에게 진리는 삶의 모든 영역에서 상대적이며 의미는 사건의 상황에 의존한다.	구성적 인식자: 이 여성은 앎에 대한 주관적이고 객관적인 전략 모두에 가치를 둔다.

우리가 아는 것을 어떻게 아는지에 대한 남녀 간의 양식 차이는 얼마나 중요할까?

위의 표에서처럼 두 가지 체계를 나란히 배치할 때 첫 번째 범주의 여성은 스스로 아무것도 알 수 없다고 생각하는 존재로 묘사된다. (페리의 연구에서 이 범주에 속하는 남성은 없었다.[8]) 이런 여성은 자신을 아

---

8) 페리는 그의 연구 대상을 하버드 대학생으로만 제한했고 따라서 좀 더 넓은 문화에 속

무 생각도 목소리도 없는, 자기 외에 더욱 강력한 사람들의 기분에 좌지우지되는 존재로 경험한다.[9] 침묵 속에 사는 여성은 자신이 아무것도 알 수 없으며, 자신이 할 수 있는 가장 중요한 일은 자신이 알아야할 것을 알며 자신에게 그것을 이야기해주는 사람에게 자신을 맡기는 것이라고 믿는다. 이 여성은 남성만이 무엇이든지 정말로 알 수 있다고 생각한다. 이들은 자기의 삶 속의 권위자에게 복종하며 침묵 속에서 산다. 이들은 자신이 어리석으며 따라서 자신이 말하는 것은 무엇이든 중요하지 않다고 생각하기 때문에 목소리를 내지 않는다. 이것은 극단적인 자기부인이며, 삶의 모든 영역에서 외부 권위가 방향을 정해주기를 원하는 극단적인 의존이다. 당신은 당신의 회중 안에 이런 여성이 있음을 알고 있을 것이다.

벨렌키의 연구에서 이 범주에 속한 여성은 자신이 듣는 말을, 자신을 상대로 사용되는 무기로 간주했다. 사람이 말을 사용하는 것은 서로를 연결하고 힘을 주기 위해서가 아니라 서로를 분리하고 약화시키기 위해서였다. 침묵하는 여성은 단순히 말을 사용함으로써(그것이 어떤 말이든) 처벌받을 것을 우려한다. 이들에게는 할 말이 있었고 그것을 면담자와 나눌 수도 있었지만, 이들은 말이 자신의 생각을 표현하고 개발하는 데 유익한 것임을 이해하지 못했다. 이 여성은 수동적이

한 비슷한 그룹의 남성을 간과했을 수 있다. 우리는 아무 생각도 목소리도 없는 남성이 존재하지 않는다고 말할 수 없다. 다만 페리의 연구 대상 속에는 이런 범주가 존재하지 않았다고 말해야 한다.

9) 이런 논쟁의 일부는 Belenky et al., *Women's Ways of Knowing*, 15-34에서 왔다. 과학의 인식론을 좀 더 자세히 알고 싶다면 이 책을 볼 것을 권한다.

고 반응적이며 의존적이었다. 이들은 권위를 전능한 것으로 보았는데, 이것은 권위가 갖는 전문적인 지식 때문이 아니라 권위의 육체적인 힘이나 위치 권력 때문이었다. 이들은 권위에 대한 맹목적 순종이 문제를 피하고 자신의 생존을 보장하기 위해서 필수적이라고 확신했다.

여성 연구의 두 번째 범주는 남성 연구의 첫 번째 범주와 상응한다.[10] 이 범주에서 남성과 여성 모두는 수동적 인식자로서 모든 것을 중간 지점이 없이 선하거나 악한 것, 옳거나 그른 것으로 보는 경향이 있다. 벨렌키의 연구에 따르면 이런 앎의 방식을 가진 이들은 다음과 같은 특징을 가진다.

1. 생각(idea)과 이상(ideal)은 구체적이고 이원론적이다. 모든 것은 옳거나 그르고, 참되거나 거짓되며, 선하거나 악하다. 모든 질문에는 단 한 가지 정답만 있을 뿐인데 이는 회색 지대 혹은 단계적 차이가 없기 때문이다.

2. 모든 진리는 절대적이고, 무엇이 진리인지를 아는 유일한 방법은 적절한 권위자를 찾아 그의 말을 듣는 것이다. 이런 인식자는 자신의 머릿속에 스스로 지식을 지어가는 것이 불가능하다고 믿고 따라서 외부의 권위자에게 전적으로 의존한다.

3. 이런 수동적 인식자에게 역설은 상상할 수도 없다. 서로 모순되

---

10) 페리는 이런 남성의 양자택일적인 사고방식을 강조하면서 이들을 근본적 이원론자로 불렀고, 벨렌키와 그녀의 동료들은 이런 여성의 지식의 근원이 언제나 이들 바깥에 존재한다는 사실을 강조하면서 이들을 수용적 인식자로 불렀다. 이런 인식적 견해에 대한 논쟁 전체를 확인하고 싶다면 같은 책, 35-51쪽을 보라.

여성을 위한 설교

는 생각들이 동시에 사실들과 일치할 수는 없기 때문이다.

4. 이들은 애매모호함을 견디지 못하며 직설적이다. 사실을 수집할 수는 있지만 자신만의 의견을 개발하지는 못한다.

5. 이들은 예측성(언제 무엇이 일어날지)과 명확성(이들에게 무엇이 요구되는지)을 원한다.

6. 이들의 도덕적 판단은 특정한 사회 관습과 일치하고 이들은 자신의 바람과 행동보다 타인의 목소리를 중시하고자 노력한다.

7. 이들은 자신만의 힘을 기르는 것이 언제나 타인의 희생을 요구한다고 인식한다. 어떤 여성이 탁월해지고자 선택한다면 그녀가 사랑하는 사람들은 어떤 면에서 벌을 받게 될 것이다. 따라서 그녀는 자신의 행복보다 타인의 행복을 선택해야만 한다.

8. 이런 여성은 보통 타인을 사심 없이 돌보고 이들에게 힘을 주는 것이 자기 생의 소명과 개인적 생존에서 가장 중요한 일이라 생각하며 성인기로 들어선다.

9. 심지어 이들의 자기 이해도 타인들로부터 온다. 이런 여성은 타인을 위한 사회적·직업적 역할을 구체적으로 규정하는 외부의 사회적 기대들을 중심으로 자기 정의를 시도한다.[11]

위의 요점 중 몇몇을 자세히 살펴보라. 페리와 벨렌키의 연구에 따르면 첫 다섯 가지 요점은 남성과 여성 모두의 특징이지만 여섯 번째 요점 이후로는 남성과 여성이 서로 차이를 보인다. "이타적 자

---

11) Belenky et al., *Women's Ways of Knowing*, 35-51.

아"(selfless self)의 발달로 특징지어지는 것은 여성뿐이다. 수용적 인식자의 범주는 이원론(모든 것에는 오직 두 가지의 선택만이 존재한다)을 강조하기 때문에 이런 여성은 자아와 타인의 요구 사이에서 어떤 갈등이 있을 경우 둘 중 하나를 선택해야만 한다고 생각한다. 둘 모두를 선택할 수는 없다. 이런 앎의 범주에 포함되어 있는 여성은 자기만의 은사나 능력이나 힘을 개발하려 한다면 그렇게 함으로써 결국에는 타인이 희생해야 할 것을 염려한다. 이들은 세상이 위계적으로 조직되어 있고 이원론적이라는 사실을 받아들인다. 즉 누구든지 이끄는 자 아니면 따르는 자이고, 목자 아니면 양 떼이며, 말하는 자 아니면 듣는 자이다. 우리의 문화적 기준들 중 일부는 여성이 듣는 자, 따르는 자, 종속된 자, 내성적인 자가 되어야 한다고 명령한다. 이런 여성은 자신이 스스로를 위해 행동함으로써 타인을 폄하할 것을 두려워한다. 이들의 가장 깊은 정체성이 타인에게 친절하고 그들을 돌보며 어느 누구에게도 상처주지 않는 것에 달려 있기 때문이다.

위 목록의 마지막 독특한 특징(정체성의 형성)은 벨렌키의 연구 속의 여성에게는 사실이지만 페리의 연구 속의 남성에게는 사실이 아니다. 이런 여성은 오로지 타인의 눈에 비친 모습을 통해서만 자신을 바라본다. 결과적으로 이들은 타인이 자신에 대해 어두운 견해를 갖지 않기를 바라며 타인의 기대에 부응하고자 하는 거대한 욕구를 경험한다. 이 여성은 타인이 자신에게 요구하는 이미지에 부응하고자 주의 깊게 듣고 간절히 노력한다. 이들은 특히 자신이 틀렸다거나 악하다거나 제 정신이 아니라고 이야기하는 권위 앞에서는 속수무책이다. 많은 여성이 자신이 멍청하다거나 무능하다거나 어떤 선을 넘어서는 안 된다는 이야기를 들을 때 자신의 지적인 능력을 거의 전적으로 정지시킨다.

반면에 이 범주 안에 있는 여성에게 자신의 지성을 찾아내고 그것을 칭찬해주는 권위가 있다면 이들이 자신을 바라보는 방식은 변화될 수 있다. 권위자에게는 상당한 영향력과, 특히 이런 여성이 자신의 정신 안에 잠재해 있는 사고하는 능력을 찾을 수 있도록 도울 수 있는 전략적 위치가 있다.

자신은 아무것도 알 수 없다고 생각하는 첫 번째 그룹의 여성과는 반대로, 수용적·수동적 인식자의 범주에 속한 여성은 자신이 꽤 많은 것을 알고 있다고 믿는다. 하지만 이들이 사실로 받아들인 모든 것은 외부의 권위자로부터 온다. 이들은 자신의 모습이 훌륭하다는 사실을 아는데, 이는 자신에게 딱 맞는 헤어스타일을 고르기 위해서는 최고의 미용사와, 어떤 색을 입어야 할지는 컬러 애널리스트와, 어떤 옷을 입어야 할지는 쇼핑 상담자와 상의했기 때문이다. 또한 자신의 집이 잘 꾸며져 있다는 사실도 아는데, 이는 실내 장식가가 이들에게 무엇을 구입하여 어디에 두어야 할지를 말해주었기 때문이다. 이 범주에 속한 그리스도인 여성은 성경에 대해 꽤 많은 것을 알고 있는데, 이는 성경이 무엇을 말하고 의미하는지를 말해줄 권위 아래로 자신을 데려갔기 때문이다. 그리스도인 중 많은 수의 수용적 인식자들은 교회와 성경공부에 성실히 출석을 하는데 특히 존경받는 권위자가 가르치는 모임이라면 더욱더 그렇다. 하지만 이들은 자신이 스스로의 경험에 비추어 어떤 사실과 생각을 만들어낼 수 있다고는 생각하지 않는다. 결과적으로 사실이며 믿을 수 있는 유일한 지식의 출처는 자신이 받아들인 외부의 권위라고 이들은 확신한다.

어떤 교회의 리더들은 성도가 자신이 배운 것을 질문하고 타인과 토의하도록 그들을 격려한다. 반면에 성도가 자신이 배운 것을 의심 없이 받아들이도록 강요하는 교회도 있다. 어떤 교회의 입장은 권위에 대한 리더의 견해에 의존하곤 한다. 예를 들어 권위는 교사에게 있는가? 가르침 자체에 있는가? 아니면 그 가르침이 기초하고 있는 말씀에 있는가? 만일 권위가 교사에게 있다면 청중은 교사가 말하는 바를 의심 없이 받아들이도록 요구받을 것이다. 만일 권위가 말씀에 있다면 청중은 스스로 말씀과 상호작용을 하도록 권면받을 것이다. 하지만 어떤 리더들은 이런 상호작용이 수용할 수 없는 대체적 해석으로 통하는 문을 열 수도 있다고 생각한다. 따라서 이들은 교사의 권위를 강조한다. 결과적으로 교회에 소속된 많은 수의 평신도 남성과 여성은 수용적·수동적 인식자로 남는다. 이들은 성실히 성경을 읽지만 목회자가 설명해주기 전까지는 자신이 그것을 제대로 이해했는지를 확신하지 못한다.[12] 이런 청중이 설명을 이해하지 못할 경우 이들이 탓하는 것은 목회자가 아니라 자신이다. 결과적으로 설교자는 자신이 이들과 소통하고 있는지를 알 길이 없다.

자신의 신뢰를 어떤 권위자에게 두었던 여성이 나중에 그런 신뢰가 잘못된 대상을 향해 있었음을 알게 된다면 어떤 일이 일어날까?[13]

---

12) 이런 태도는 많은 교계에서 함양된다. 교회들은 성경의 명료성 교리를 가르치는 반면에 평신도들에게는 주석이 달린 스터디 바이블과 권위적 교사가 필요하다는 생각을 지지한다.

13) 이런 신뢰의 위기는 많은 사건이나 환경으로 촉발될 수 있다. 예를 들어 어떤 여성이

여성의 앎의 방식에 대한 벨렌키의 연구는 일부 여성이 경험하는 신뢰의 위기가 또 다른 (세 번째) 앎의 방식으로 이들을 몰고 간다고 말한다. 이들은 타인이 자신에게 준 지식을 믿는 것(즉 수용적 인식자로서 타인으로부터 받음)으로부터 외부의 권위를 통해 오는 모든 지식을 거부하고 자신의 정신 속에서 알 수 있는 것만을 믿는 것(주관적 인식자로서)으로 옮겨간다.[14] 이들은 외부적인 권위가 말하는 것을 신뢰할 수 없다고 믿는 지경에까지 이른다. 이들은 자신이 배운 것 중 어느 것도 신뢰할 수 없다고 결론짓는다.

5년간의 연구 프로젝트를 통해 발견한 바에 따르면, 세 번째 앎의 방식(주관적으로 인식하기)으로 옮겨온 여성 중 절반 이상이 최근에 남편이나 연인과의 관계를 끝냈으며 가족 구성원에 대한 더 이상의 의무를 거절하고 자기 길을 찾아 떠나버렸다. 벨렌키와 그녀의 동료들은 다음과 같이 결론 내렸다.

이 그룹에서 자신과 타인 사이의 선택에 적극적이고 집요하게 몰두해 있지 않은 여성은 거의 없었다. 이들은 자신을 부인하고 타인을 위해, 타인을 통해 사는 것과는 대조적으로 자신을 위해 행동했다.[15]

권위자가 자신에게 거짓말을 해왔고 진리를 잘못 전해왔다는 사실을 인지한다면 이것은 인식적 변화를 이끌어내기에 충분할 것이다. 권위자의 도덕적 실패나 폭력 혹은 범죄 행위(예를 들어 강간, 성추행 등) 역시 그럴 수 있다.

14) 주관적 앎을 살펴보고 싶다면 이 부분의 정보를 가져온 Belenky et al., *Women's Ways of Knowing*, 52-86을 보라.

15) 같은 책, 77.

이런 여성에게 인식적 변화는 완벽한 반전, 곧 180도의 전환을 이루어냈다. 페리의 실험 속 남성에게 두 번째 범주(다양성)는 이미 있던 것에 다른 무엇이 추가되었을 뿐이다. 하지만 벨렌키의 연구 속 여성들이 느낀 격분과 기만은 너무 컸으며, 그에 대한 반응으로 이들은 자신의 삶에서 모든 외부적 권위를 거절해버렸다.

게이 허버드는 이런 변화를 이해하도록 우리를 도와줄 한 가지 결정적 순간을 회고한다. 다음은 대학의 한 일반심리 수업 시간에 있었던 일로, 학생들은 종이 위에 그려진 두 개의 구불구불한 수직선을 관찰하고 있었다.

내 기억으로 교수님은 매우 지시적인 수업 스타일로 이렇게 말씀하셨다. "자, 지금은 화병이 보이죠. 이제는 얼굴을 보세요." 나는 착하고 순종적인 2학년생이었고 들은 대로 했다. 도서관으로 돌아가는 중에서야 나는 내가 그날 아주 중요한 두 가지 사실을 배웠음을 깨닫게 되었다. 그러나 교수님이 언급하신 것은 이 두 가지 중 하나뿐이었다. 먼저 나는 내가 무엇을 볼지 결정할 수 있다는 사실을 배웠다. 둘째는 교수님이 간과해서 논의하지 않은 사실인데, 타인이 내게 무엇을 볼지 말해줄 수도 있다는 것이었다. 이 두 번째 발견을 생각하면서 다음과 같은 사실이 떠올랐다. 즉 무엇을 보라는 말을 들었을 때 내게는 추가적인 중요한 선택이 있었다는 것, 곧 내가 들은 대로 볼 것인지 아니면 나 자신의 견해대로 할 것인지를 선택할 수 있었다는 점이다.[16]

---

16) M. Gay Hubbard, *Women: The Misunderstood Majority* (Dallas: Word, 1992),

30년이 넘게 여성 사역을 해오는 동안 나는, 자신이 들은 대로만 보았던 수년의 시간을 뒤로 하고 자신만의 견해를 선택할 수도 있음을 깨달은 여성의 이야기를 헤아릴 수도 없이 많이 들어왔다. 그 과정 속에서 이들은 25년이나 또는 그 이상 지속된 결혼 생활을 등지기도 했으며 그중에는 기독교 리더의 아내도 있었다. 이 여성 중 일부는 인식적 변화의 전형적이고 교과서적인 사례로서 이들은 갑자기 이전에 믿었던 모든 것을 내팽개쳤다. 이들은 분노와 좌절 속에서 내게 이렇게 말했다. "저들[교회, 목회자 혹은 교사]은 제게 거짓말을 했어요. 성경대로만 하면 행복해질 거라고 했는데 저들은 틀렸어요. 다 거짓말이에요."

상당수의 여성이 포함된 그룹을 대상으로 당신이 사역을 하고 있다면 그중 몇몇은 바로 지금 이런 인식적 변화를 겪고 있을 수 있다. 문제는 이 변화가 완료되기 전까지는 이것이 일어나고 있는지를 알기가 어렵다는 점이다. 자신이 신뢰하도록 배워온 권위가 자기에게 거짓말을 했다고 느끼는 여성은 어디에서 진리를 찾을까? 모든 관계를 절연하겠다고 선택한 여성은 대부분의 경우 진리를 자신의 경험 안에서만 찾을 수 있다고 결론 내린다.

어떤 여성이 자신의 결혼 생활과 가정을 버리고 심지어 창녀가 되겠다며 샌프란시스코 행 버스에 올라탄다면, 우리는 이것이 결코 평범한 일이 아니라는 데 동의할 것이다. 하지만 이런 사건에는 도화선이 있다. 어쩌면 긴 시간을 두고 여러 도화선이 있었을 수도 있다. 이

105.

런 변화를 아무런 이유 없이 시도하는 여성은 없다. (때로는 오랫동안 그리스도를 향한 헌신과 봉사를 보여온) 그리스도인 여성의 삶 속에서 이런 변화가 일어날 때 우리는 이들의 과감한 행동을 촉발한 도화선이 무엇인지 좀 더 가까이 살펴볼 필요가 있다.

여성이 스스로 연구하고 사고하도록 격려받지 못하거나 혹은 남성만이 사고할 수 있다고 믿도록 호도될 경우, 이들은 스스로의 정신과 비판력을 개발할 기회를 박탈당하고 만다. 그리고 자신이 선택한 권위자가 어떤 방식으로든 이들을 실망시켰다면 이들에게는 그런 상황에 대처할 만한 어떤 지략이 있을 것인가? 우리가 교회 안에서 누구에게든지 정신적·지성적 수동성을 격려하는 것은 위험한 일이다. 스스로 연구하고 배우도록 격려받지 못한 이들은 언젠가 자신이 들은 대로 볼 것인지, 아니면 자신만의 시각을 선택할 것인지 결정하게 된다. 그 과정 속에서 이들은 자신의 가정과 교회, 하나님을 떠나기로 선택할 수 있다. 이런 일이 일어날 때 우리는 스스로에게 왜 그리고 어떻게 교회나 가정에서 이런 일이 일어나는 것을 방지할 수 있을지를 물어야 한다.

어떻게 설교에 적용할까?

설교학을 전공하는 학생들이 잘 아는 대로 설교자는 어떤 생각에 대해 다만 세 가지 일, 즉 그 생각을 설명하고 증명하고 적용하는 일만을 할 수 있다. 다시 말해 초보 설교자는 설교를 준비할 때 다음 세 가지 실용적 질문, 즉 "본문의 의미는 무엇인가?", "이것은 사실인가?", "그래서 어떻다는 것인가?"를 질문하도록 배운다.[17] 굉장히 많은 수의 설교자들이 매주 설교에서 첫 번째 실용적 질문, 곧 본문의 의미는 무엇인가만을 다루는 것으로 충분하다고 생각한다. 이런 설교의 자세는 본문의 내용을 설명하는 권위적인 교사의 자세다. 이런 자세는 남성과 여성으로 하여금 수동적 학습자로서 자리에 가만히 앉아 있을 것을 권면한다.

최근에는 세 번째 실용적 질문인 "그래서 어떻다는 것인가?"에 주의를 기울인 설교자들도 있었다. 이는 적용에 관한 질문으로 본문이 우리의 삶에 어떻게 적용되는지를 묻는다.[18] 설교자들이 가장 빈번히 무시하는 실용적 질문은 두 번째로서 곧 "이것은 사실인가?"다(이것은 십 대 시절 내게 가장 중요한 질문이었다). 하지만 설교를 듣는 청중이 보다 적극적으로 자신의 정신(mind)을 사용하는 것은 이런 질문이 설교에 등장할 때다. C. S. 루이스(C. S. Lewis)는 이 두 번째 실용적 질문을 탁월하게 활용하는 데 명수였다. 어떤 주장에 대해 그가 제기하는 여러 이견들은 독자로 하여금 마치 훌륭한 탐정소설을 읽듯 편안히

---

17) Robinson, *Biblical Preaching*, 115-24을 보라.

18) 애석하게도, 오늘날 많은 기독교계의 "성경공부"가 적용이라는 세 번째의 실용적 질문에만 집중한다. 본문이 동의할 수도 동의하지 않을 수도 있는 적용으로 넘어가기 전에, 본문 자체가 의미하는 것을 질문하도록 배우지 못한 순진한 그리스도인에게 이것은 늪과 같다. 그 사례는 셀 수 없이 많은데, 어떤 구절이 상황과 상관없이 본문이 그것을 보증하지도 않는데 하나님이 주시는 약속인 것처럼 사용되는 경우다(마 18:19-20을 기도 모임과 관련된 약속으로 사용하는 경우가 있는데 이 구절의 상황은 우리에게 죄를 범한 형제를 대하는 권징이다).

앉아 다음과 같이 감탄하도록 만들었다. "음, 맞아! 그런데 저자는 이 문제를 어쩌면 이렇게 잘 풀어낼 수 있었을까?"[19] 설교를 듣는 사람들이 보다 적극적으로 자신의 정신을 사용하도록 하는 것은 이런 실용적 질문이다.

하지만 설교자들은 첫 번째 실용적 질문에 머무르고 따라서 청중에게 수동적 인식자의 자세에 머무르도록 만들기 쉽다. 주일 아침 이런 청중은 설교자에게 집중하고 심지어 설교의 내용을 받아 적을 수도 있다. 이것이 설교자에게는 칭찬일 수도 있지만 그리스도인에게 이런 자세를 격려하는 데에는 중요한 문제들이 따른다. 한 가지 위험을 설명해보자.

정치학자이자 역사학자인 새뮤얼 헌팅턴(Samuel Huntington)은 사람들이 자신이 받아들인 이상과 삶의 현실이 극명하게 대조될 경우 경험하게 되는 압력에 어떻게 반응하는지에 대해 네 가지 방법을 묘사했다.[20] 헌팅턴이 기술한 것은 서로 다른 시대의 특정한 나라의 정치적 장면에 대해서였지만 그의 통찰은 이상과 현실이 서로 다투는 모든 상황에 동등하게 적용될 수 있다. 헌팅턴은 사람들이 이상과 현실 간의 이런 간극을 다루는 방식에 대한 우리의 이해를 돕기 위해 다음과 같은 표를 만들었다.

---

19) C. S. 루이스의 『순전한 기독교』(*Mere Christianity*, 홍성사 역간) 속 이런 접근은, 내가 설득에 있어 두 번째 실용적 질문이 중요하다는 사실을 발견하는 데 큰 도움을 주었다. 청중은 설교자 역시 이런 질문들과 진지하게 씨름해보았으며 확실한 대답을 찾아냈음을 알 필요가 있다.

20) Samuel P. Huntington, *American Politics: The Promise of Disharmony* (Cambridge: Harvard University Press, 1981), 65. 『미국 정치론』(오름 역간).

간극에 대한 지각

이상을 믿는 정도	분명	불분명
높음	도덕주의 (간극을 제거)	위선 (간극을 부인)
낮음	냉소 (간극을 용인)	안주 (간극을 무시)

출처: Samuel P. Huntington, *American Politics: The Promise of Disharmony* (Cambridge: Harvard University Press, 1981), 64.

헌팅턴의 표를 오늘날 교회 안에 있는 여성 수동적 인식자, 즉 다음 주에 예배당에 앉아 당신의 설교를 듣게 될 여성으로 간주하여 적용해보자. 이 그리스도인 여성이 이전부터 당신의 설교를 들어왔고 당신에게서 들은 바를 믿어왔으며 당신의 말을 기억하기 위해 그것을 성경에 적어오기까지 했다고 하자. 한 걸음 더 나아가 그 과정에서 당신이 그녀의 마음에 삶의 이상을 심어준 것은 물론 그 이상대로 산다면 좋은 보상을 받을 수 있으리라는 성경의 약속을 덧붙였다고 해보자. 예를 들어 당신이 언젠가 빌립보서 4:6-7을 설교했다고 하자.

> 아무것도 염려하지 말고 다만 모든 일에 기도와 간구로 너희 구할 것을 감사함으로 하나님께 아뢰라. 그리하면 모든 지각에 뛰어난 하나님의 평강이 그리스도 예수 안에서 너희 마음과 생각을 지키시리라.

분명히 당신은 자신의 이해를 이 본문으로 가지고 들어올 것이다. 하지만 이 본문을 읽은 청중은 이렇게 추측할 수 있다. "나의 필요를

아뢰는 기도만으로도 나는 평안, 그러니까 모든 지각을 뛰어넘는 평
강의 삶을 살 수 있어." 여기서의 이상은 평강이고 그 수단은 기도다.

　만일 세 번째 줄에 앉아 있는 어떤 여성이 매일 열렬한 기도를 올
렸음에도 여전히 염려로 인해 고통 받는다면 어떨까? 이런 현실에 대
해 그녀는 다음 네 가지 중 한 가지 반응을 보일 수 있다.

1. 그녀는 기도를 대가로 주어지는 평강이라는 이상을 강력하게
　믿으면서도, 이 이상이 자신의 경험과 어떻게 관련되는지에 대
　해서는 불분명하다(사분면의 우측 상단). 이상을 강하게 믿으면
　서도 자신의 경험과 이상 사이의 간극에 대한 지각은 불분명하
　며 그런 간극으로 인한 불편 역시 희미하다. 여기에 대한 그녀
　의 반응은 다음 둘 중 하나일 가능성이 크다. 그녀는 타인을 향
　해 위선적으로 이런 간극을 부인하거나 아니면 자신을 향해 그
　렇게 할 수 있다. 자신은 지금 매일 기도하고 있고 따라서 걱정
　하는 경험을 부인하며 지속적인 염려에도 불구하고 자신에게는
　평강이 있다고 이야기하는 것이다.

2. 이 여성이 평강의 이상에 대해서는 연약한 믿음을, 그 이상과 자
　신의 개인적 경험 간 간극에 대해서는 불분명한 인식을 가지고
　있다고 해보자(사분면의 우측 하단). 이런 경우 그녀는 안주할 확
　률이 높다. 그녀는 그리스도인에게 기도란 당연하다고 생각하
　기 때문에 기도할 것이다. 하지만 스스로에게 다음과 같이 말
　할 것이다. "21세기에 그런 평강은 절대로 불가능해. 바울의 시
　대에는 가능했겠지만 바울은 현 시대를 살아보지 않았고 따라

서 오늘날 미국인의 삶이 얼마나 정신이 없는지 알 수가 없어. 게다가 거리에는 폭력이, 학교에는 약물이 넘쳐나는데 평강이 라니, 불가능한 목표지. 기도한다고 나빠질 건 없겠지만 평강을 너무 기대하지는 마. 일어날 수 없는 일이야." 개인들이 이상을 건성으로 받아들이고 자신의 경험과 그 이상 사이의 간극을 분명하게 인식하지 못할 경우 이들은 현실에 안주함으로써 그 간극을 무시할 확률이 높다. 이상에는 큰 의미나 매력이 없다.

3. 하지만 이 간극에 대한 여성의 지각이 분명하다고 가정해보자. 그런 경우 이 본문에 대한 그녀의 반응은 매우 달라질 것이다. 빌립보서 4:6-7에 등장하는 평강에 대한 당신의 설교를 들은 이 여성은 이런 평강이 있으면 좋겠다는 결론에 다다른다. 자신의 삶을 보았을 때 그런 평강이 없다는 것 역시 분명하게 인식한다(간극을 분명하게 지각한다). 하지만 동시에 평강의 이상이 가능하다는 당신의 이야기를 믿지 않을 수 있다. 그런 경우 그녀는 일종의 냉소를 보이며 당신의 메시지를 흘려들을 것이다(사분면의 좌측 하단). 간극에 대한 인식은 분명하지만 실제로 그 이상을 믿지는 않는다(그것을 가지면 좋겠지만). 이런 냉소에는 몇 가지 도화선이 있을 수 있다. 그녀가 강단으로부터 다른 약속들을 받았고 이것들을 마음에 새겼다고 해보자. 과거 그것들을 좇아가 보았지만 노력에 대한 보상을 얻지는 못했다. 당신이 말한 대로 행했지만 결과는 실패였다. 그녀는 당신이 스스로 알지 못하는 것을 설교한다고 결론 내렸을 수 있다. 아니면 엉망진창인 당신의 삶을 보고 "이게 평강이라면 나는 필요 없어"라

고 말했을 수도 있다. 냉소에는 다양한 뿌리가 있을 수 있지만 그것의 출처가 무엇이든 결과는 동일하다. 그녀는 당신과 당신의 말을 더 이상 믿지 않는다.

4. 이 여성이 빌립보서 4:6-7에 대한 당신의 설교를 듣고 기도를 대가로 주어지는 평강에 대한 당신의 이야기를 대단히 좋아했다고 해보자. 당신은 이런 평강을 소유하는 것이 정말로 가능하다고 그녀를 설득했고 따라서 그녀는 모든 것을 하나님께 맡기며 매일같이 기도하기 시작한다. 그녀는 이상과 개인적 현실 사이의 긴장과 간극을 간절히 줄이고자 한다(사분면의 좌측 상단). 그 과정에서 그녀는 헌팅턴이 "도덕적 열정"이라고 부른 것을 개발해간다. 그녀는 이상의 존재를 믿게 되었고 자신에게 그것이 없음을 알게 되었으며 따라서 그 이상을 쟁취하고 싶어한다. 이런 확신은 적어도 다음의 행동 중 하나를 실천하도록 한다.

• 당신이 말한 모든 것을 행하면 그것이 자신의 소유가 될 거라고 확신하면서 마음을 다해 평강을 좇는다. 이런 목표에 도달하게 될 경우 당신과 당신의 말, 하나님과 하나님의 말씀에 대한 그녀의 신뢰는 강화되고 그녀의 삶은 풍요로워진다.
• 하지만 평강이 찾아오지 않는다고 가정해보자. 그녀는 당신이 옳은지를 어떻게 확신할 수 있을지 궁금해하며 당신의 권위를 의심하기 시작할 것이다.
• 평강을 소유하고자 하는 절박함은 더욱 강력해진다. 그녀는 스스로에게 질문한다. "나는 왜 직접 이런 평강을 경험할 수 없지?

뭘 바꿔야 하지?"

- 여전히 당신이 약속한 평강을 얻지 못했다면 당신의 개인적 권위에 대한 의심은 더욱 확대된다. 그녀는 교회가 거짓말을 했고 틀리다고 생각하면서 당신이 대표하는 교회를 공격하기 시작할 것이다.

- 여기까지 다다를 경우 그녀는 모든 사회적 관습을 의심하기 시작하고 다른 대안을 시도할 수 있다.[21]

이 지점에서 신실한 신자는 인식의 변화를 맞는다. 당신의 회중과 어쩌면 그리스도의 나라는 그녀를 잃어버릴 수도 있다.

당신의 설교에 대한 이 네 가지 반응 중 무엇이 가장 편안하게 느껴지는가? 이상적으로 목회자들은 회중이 도덕적 열정을 갖기 원하지만 실제적으로 편안하게 느끼는 것은 어느 정도의 안주일 것이다. 안주에는 위험 요소가 훨씬 덜하기 때문이다. 분명하게든 불분명하게든, 회중 속에는 목회자가 내뱉은 약속들을 매우 진지하게 받아들이는 사람들이 존재한다. 따라서 지킬 수 있는 것 이상을 약속하지 말라.

청중 앞에 섰을 때에는 진실을 말하라. 그리스도인의 삶에 대한 거짓 이야기를 꾸며내지 말라. 사람들은 귀를 기울이고 있고 당신의 말을 진지하게 받아들일 수 있다. 복음이 약속하는 것 이상을 약속하지 말라. 그리스도의 복음은 영적인 사망과 지옥으로부터의 구원을 약속한다. 복음은 영원하신 하나님과의 영원한 삶을 약속한다. 복음은 우

---

21) 같은 책, 64.

리 삶 속에서 능력 주시는 하나님의 임재를 약속한다. 하지만 복음은 우리가 어떤 방식으로 산다면 어떤 결과가 100퍼센트 보장된다고 약속하지 않는다. 안수집사 혹은 장로인 남편으로부터 매를 맞는 여성에게 그녀가 복종한다면 놀랍고 만족스러운 결혼 생활을 누리게 될 거라고 말해서는 안 된다. 그녀의 결혼 생활은 고통이며, 남편의 폭력이 더 악화될 경우 그녀는 아마 관 속으로 들어가게 될 것이다.[22]

설교할 때 여성이 좋지 못한 결혼 생활에서 마주하는 문제들을 얼버무리고 대충 넘어가지 말라. 미혼모들의 씨름과 직업 세계의 스트레스와 번거로움, 나이 드신 부모님으로 인한 괴로운 의무를 묵살하지 말라. 여성의 현실을 무시하거나 경시하지 말라. 그렇게 할 때 당신은 이들을 교회와 복음에 대한 환멸로 몰아넣을 수 있다.

지난 수년 동안 나는 너무 많은 여성이 교회와 하나님을 떠나는 것을 목도했다. 이들은 한때 기독교적 이상에 깊이 헌신되어 있었고, 이들의 개인적 경험과 교회 안에서 선포되는 약속 사이의 간극을 분명히 인식해온 여성들이었다. 이들에게는 도덕적 열정이 생겨났고 이 열정은 그들로 하여금 그 이상을 삶에서 실현시키기 위해 이들의 능력 안에서 모든 것을 행하도록 했다. 그리고 마침내 이 이상이 실현되지 않자, 그들은 교회와 신앙을 떠났다.

종교사회학의 아버지로 여겨지는 막스 베버(Max Weber)는 "성스

---

22) 여성 학대의 문제는 많은 교회에서 경시된다. 로마 가톨릭 일부 교구에서 신부들이 남자아이를 성적으로 학대한 일이 폭로된 것은, 곳곳의 다른 기독교 리더들 역시 육체적으로 보다 더 연약하고 낮은 지위의 여성과 어린이를 학대하고 있을 수도 있음을 인식하는 데 도움을 준다.

러움은 특히 불변적이다"라고 썼다.[23] 강단에서 당신이 당신의 말을 통해 성스럽다고 인 치는 것이 무엇이든, 많은 청중이 볼 때 여기에는 불변함이라는 인이 동반된다. 따라서 "만군의 여호와께서 이르시되"라고 말할 때 그 말이 하나님이 말씀하신 바를 정확히 반영하는지 확인하라. 하나님의 이름으로 그분이 말씀하시지 않은 것을 말하는 것은 위험천만한 일이다. 여성이 당신의 말을 하나님의 말씀 자체로 진지하게 받아들이고 그 후 당신의 처방이 자신의 질병을 치료하지 않는다는 사실을 발견한다면, 이들은 당신은 물론 당신이 사용한 이름의 주인까지 의심할 것이다.

물론 모든 수동적 인식자가 자기 삶에서 위기를 경험하고 따라서 모든 외부적 권위를 거절하는 데 이르는 것은 아니다. 많은 사람이 끝까지 수동적 인식자로 남는다. 위기를 통한 우여곡절과 외부의 권위가 제시하는 진리를 거절하지 않고도 앎의 다른 방식으로 움직여가는 이들도 있다. 계속해서 5장에서 우리는 사람들이 자신이 아는 것을 어떻게 아는지를 살피고 좀 더 유연하고 상호적인 인식론을 통해 여성에게 설교하는 것과 관련된 문제들을 살필 것이다. 당신이 두 번째 실용적 질문(이것은 사실인가?)을 사용하고, 따라서 여성을 격려하여 이들이 자신의 정신을 사용하고 당신과 함께 성경 본문을 가지고 씨름하도록 할 때, 당신은 이들의 마음을 열어 그들이 자신의 뜻을 다해 하나님을 사랑하도록 할 수 있다. 또한 이들이 자신의 존재를 다해 하

23) Max Weber, *The Sociology of Religion*, trans. Ephraim Fischoff (1922; reprint, Boston: Beacon Press, 1963). 『종교사회학 선집』(나남 역간).

나님을 사랑할 수 있도록 그들의 역량을 확대시켜줄 앎의 다른 방식으로 옮겨가도록 할 수도 있다.

요약

- 여성 수용적 인식자들은 자신이 자기만의 은사나 능력이나 힘을 개발하려고 한다면 그렇게 함으로써 결국 타인을 희생시켜야 할 것이라고 염려한다. 이들은 스스로를 위해 행동함으로써 타인을 폄하할 것을 두려워하는데, 이들의 가장 깊은 정체성이 타인에게 친절하고 그들을 돌보며 어느 누구에게도 상처 주지 않는 것에 의존하기 때문이다.
- 많은 여성이 자신이 명청하다거나 무능하다거나 어떤 선을 넘어서는 안 된다는 이야기를 들을 때 자신의 지적인 능력을 거의 전적으로 정지시킨다.
- 여성이 스스로 연구하고 사고하도록 격려받지 못하거나 남성만이 사고할 수 있다고 믿도록 호도될 경우 이들은 스스로의 정신과 비판력을 개발할 기회를 박탈당한다. 우리가 교회 안에서 누구(남성 혹은 여성 모두)에게 정신적·지성적 수동성을 격려하는 것은 위험한 일이다.
- 권위는 상당한 영향력과 전략적 위치를 가지는데, 이를 통해 수동적 인식자와 이원론적 청중이 그들의 정신 안에 존재하는 능력을 찾도록 도울 수 있다.

- 두 번째 실용적 질문(이것은 사실인가?)은 청중이 설교를 듣는 동안 좀 더 적극적으로 이들의 정신을 사용하도록 한다.
- 이상적으로 목회자들은 회중이 도덕적 열정을 갖기 원하지만 실제적으로 편안하게 느끼는 것은 어느 정도의 안주일 것이다. 위험 요소가 훨씬 덜하기 때문이다.
- 청중 앞에 설 때 그리스도인의 삶에 대한 거짓 이야기를 꾸며내지 말라. 복음이 약속하는 것 이상을 약속하지 말라.
- 강단에서 당신이 당신의 말을 통해 성스럽다고 인 치는 것이 무엇이든 많은 청중이 볼 때 여기에는 불변함이라는 인이 동반된다. 따라서 "만군의 여호와께서 이르시되"라고 이야기할 때 그 말이 하나님이 말씀하신 바를 정확히 반영하는지 확인하라. 하나님의 이름으로 그분이 말씀하시지 않은 것을 말하는 것은 위험한 일이다.

더 생각해볼 문제

- 일부 여성의 앎의 방식에서 나타나는 수동적 인식 혹은 외부적 권위에 대한 거절의 차이를 설명할 수 있는, 남성과 여성의 삶의 경험의 차이로는 무엇이 있다고 생각하는가?
- 교회를 바라볼 때 회중석에 수동적 인식자들이 앉아 있는 것의 이점은 무엇이라고 생각하는가? 또 부정적 측면은 무엇일까?
- 당신의 회중을 이루고 있는 서로 다른 성도들이 서로 다른 앎의

방식을 가지고 교회로 들어온다는 사실은 당신이 이들을 향해 호소하는 방식에 다양성을 제안하는가? 한 가지 방식의 효과적 설교가 가능할까?

- 당신의 회중의 앎의 방식을 평가하는 데 도움이 될 만한 단서가 있는가? 당신은 회중의 인식적 필요를 어떻게 평가할 계획인가?
- 이번 장의 내용을 감안하여, 당신은 회중 특히 여성이 이들의 뜻을 다해 하나님을 사랑하는 것을 배울 수 있도록 어떻게 설교할 수 있을까?

5장

근대의 청중과 포스트모던 시대의 청중

찰스 디킨스의 말을 인용하자면 우리는 "최고의 시절인 동시에 최악의 시절"을 살고 있다.[1] 우리는 이 시절의 안락과 효율을 즐거워하지만, 동시에 우리의 문화는 하나님으로부터 우리를 분리시키려는 많은 압력을 가지고 교회로 들어온다. 변화와 우리를 유혹하여 영원으로부터 떼어놓으려는 것들 가운데서 우리는 어떻게 진리로 닻을 내릴 수 있을까? 바로 이것이 하나님의 말씀이 강단에서 선포될 때마다 모든 설교자가 마주하는 도전이다. 하지만 우리 자신이 우리의 문화와 너무나도 심하게 동화된 나머지 우리는 무엇이 영원하고 무엇이 사라질 것인지 분별하지 못하며 따라서 이 메시지는 많은 경우 불분명하다. 우리는 문화에 현혹되어 다만 속세의 것에 지나치게 높은 가치를 부여할 수도 있다. 그리고 문화적인 것을 성경의 명령으로 착각해 속세의 것과 영원한 것을 동일시하는 유혹에 빠질 수도 있다.

계속해서 인식론(우리가 자신이 아는 것을 어떻게 아는지)과 이

---

1) Charles Dickens, *A Tale of Two Cities* (1859). 『두 도시 이야기』(펭귄클래식코리아 역간). 이 책을 여는 말 전체의 인용은 이번 장과도 잘 어울린다. "최고의 시절이자 최악의 시절, 지혜의 시대이자 어리석음의 시대였다. 믿음의 세기이자 의심의 세기였으며, 빛의 계절이자 어둠의 계절이었다. 희망의 봄이자 절망의 겨울이었다. 우리 앞에는 모든 것이 있었지만 한편으로는 아무것도 없었다. 모두들 천국으로 향해 가고자 했지만 엉뚱한 방향으로 걸어가고 있었다. 말하자면 현재와 너무나 비슷하게도, 그 시절 목청 큰 권위자들 역시 좋든 나쁘든 간에 극단적인 비교로만 그 시대를 규정하려고 했다."

5장 근대의 청중과 포스트모던 시대의 청중

것이 우리가 뜻을 다해 하나님을 사랑하는 것과 어떤 관련이 있는지를 살피는 동안, 우리는 "근대"(modern)의 인식론과 "포스트모던"(postmodern) 인식론으로 간주되는 것에 도달하게 된다. 하나님의 이름을 말하는 사람들은 이런 인식론들과 이것들이 청중, 특히 여성 청중에게 미치는 영향력에 대해 분명한 이해를 가져야 한다. 우리 복음주의자들은 포스트모더니즘을 맹렬히 비판하는 것을 좋아하므로[2] 나는 여기서부터 시작해서 모더니즘으로 되돌아오려고 한다.

포스트모더니즘이라는 용어는 우리 중 대다수가 생각할 때 우리가 좋아하지 않거나 마주하고 싶지 않은 것들을 담는 쓰레기통이 되어버렸다. 우리 세대에게 모든 것, 그러니까 텔레비전 광고와 잡지의 배열에서부터 의상과 뒤죽박죽 실내 장식에 이르기까지, 단정한 것으로부터 어수선한 것으로의 변화는 우리의 신경을 날카롭게 한다. 현란한 텔레비전 광고들은 여러 이미지가 겹겹이 뛰노는 만화경처럼 우리에게 쏟아져 들어오고 이것들을 분류하거나 그 관계를 이해할 틈을 주지 않는다. 포스트모던 디자인에서는 (거의) 무엇이든 서로 혼합될 수 있다는 사실을 이미 알고 있지만, 파격적일 만큼 헐렁한 의상과 일관성과 아름다움을 거부하는 양식은 여전히 충격적이다. 어쩌다 현대 미술관이라도 들어갈 경우 우리는 어떻게 폐차장에서 공수되어 해독할 수 없는 "조각품"으로 용접된 폐품들이 예술로 불릴 수 있는지 의문을 품는다. 피카소의 "게르니카"에 담긴 분열과 병치는 이해한다고

---

2) 개인적으로 나는 우리가 오늘날 문화에서 비난하는 것들의 책임이 포스트모더니즘에만 있다고는 생각하지 않는다. 이는 이번 장의 논의를 통해 더욱 분명해질 것이다.

해도 브릴로 박스나 캠벨 수프 깡통 그림을 "예술"로 생각할 사람이 과연 어디 있을까?

그리스도인으로서 포스트모더니즘을 생각할 때 우리는 이를 오늘날 미국 사회의 가치와 진리의 부재와 연결하곤 한다. 우리는 "그것이 당신에게는 진리일 수 있지만 제게는 아닙니다" 같은 말을 자주 듣는다. 이런 말들은 우리가 소중히 여기는 성경적 교리나 우리가 당연하게 받아들이는 정직이나 충실 같은 윤리적 가치를 가리킬 수 있다. 최근 몇 년 동안 나는 여성 사역의 리더들과 대화를 나누어왔다. 이들은 자신이 근대(modern)의 여성을 어떻게 가르쳐야 할지에 대해서는 잘 알고 있지만, 포스트모던(postmodern) 시대의 여성을 가르치는 것에 대해서는 잘 모르겠다고 내게 이야기한다. 포스트모던 시대의 세상에서 설교에 대한 전망은 꽤나 우울하다. 누가 우리의 복음을 믿을 것인가? 누가 하나님과의 깊은 관계로 향하는 훈련의 길을 좇을 것인가? 다른 모든 진리는 용인하면서 불변하는 영원한 진리의 가능성은 부인하는 이때, 우리는 어떻게 예수 그리스도를 길과 진리와 생명이라 설교하고 그것을 해명할 기회를 얻을 것인가?

포스트모던 시대의 여성에게 설교하는 것에 대해 우리 중 일부가 불편을 느끼는 것은 아마도 우리 자신이 포스트모던한 세상을 특징짓는 많은 가치와 생각들에 대해 전혀 문외한이라고 생각하기 때문일 것이다. 우리가 사는 세상에서의 사역에 대해 좀 더 다른 시각을 얻기 위해 잠시 역사 속으로 들어가 추적해보자.

우리는 어떻게 이곳에 이르게 되었는가?

종교 사회학자들은 어떻게 한때는 종교적인 세상이었던 서구 유럽과 북아메리카가 오늘날과 같이 완벽하게 세속화되었는지를 탐구 중이다. 초기 기독교의 신조들은[3] 교회를 "하나의 거룩하고 보편적이고 사도적인" 교회로 묘사하며 실제로 콘스탄티누스 황제와 종교개혁 사이의 기간 동안 서구 기독교에는 단 하나의 "얼굴"만이 존재하는 것처럼 보였다. 피터 버거(Peter Berger)는 중세 시대의 보편적 우주를 형성한 성도와 성례, 신비와 기적, 그리고 마술의 거대한 네트워크를 묘사한 바 있다. 그는 이 네트워크를 여러 기둥이 떠받치고 있는 천막에 비유했다. 그 이후에는 오직 성경, 오직 은총을 중심으로 한 종교개혁이 세상에 미친 영향을 살폈다. 종교개혁은 기독교의 "얼굴"을 한 가지 이상으로 만들어 평신도들을 혼란케 하고 수백 년간의 종교 전쟁을 발화했을 뿐 아니라 땅과 하늘을 "중재"해왔던 여러 신비와 기적, 마술을 제거했다.

개신교 신자는 더 이상 신성한 존재와 힘이 지속적으로 관통하는 세상에 살고 있지 않다. 실재는 근본적으로 초월적인 신성과 근본적으로 "타락한", 즉 신성한 특징들이 결여된 인간으로 양극화된다. 이들 사이에는 완벽히 "자연적"인 우주가 자리하고, 하나님의 창조는 확실하지만

---

3) 사도신경과 니케아 신경 모두는 교회를 "보편적"인 것으로 묘사하는데 콘스탄티누스 시대로부터 종교개혁 시대에 이르기까지 교회는 보편적으로 나타났다.

그 자체로 그분의 존재를 느끼게 하는 신비가 상실된 것이다.…가톨릭 교도는 다양한 경로를 통해 신성한 것이 중재되는 세상에서 살고 있다. 예를 들어 교회의 성례와 성도의 중보, 기적을 통해 반복적으로 나타나는 "초자연적인" 것, 곧 보이는 것과 보이지 않는 것 사이에 존재하는 거대한 연속성이다. 개신교는 이런 중재들 중 대부분을 폐기했다.…인간이 신성한 것과 맺는 관계를 극도로 협소한 한 가지, 곧 하나님의 말씀이라 불리는 것으로 제한한 것이다.[4]

버거에 따르면 신비와 기적, 마술이라는 천막 기둥들은 쓰러졌다. 오로지 하나님의 말씀이라는 기둥만이 서구 세계를 덮는 "거룩한" 덮개를 떠받들고 있다.

개신교 전통 안에 있는 우리에게 이것은 불가피한 정정, 즉 성경적 기독교로의 회귀였다. 하지만 이는 기독교회에서 하나 이상의 "형태"를 만들어냈고 종교적 전통은 의심을 샀다. 그렇지만 하나님의 말씀이라는 기둥이 건재하는 한 천막은 무너지지 않았다.

그 후 1700년대에 계몽주의가 등장했다.[5] 계몽주의는 한편으로는 종교개혁의 세속적 계승자였다.[6] 이 사상은 세상을 과학과 인문학으

---

4) Peter Berger, *The Sacred Canopy* (New York: Anchor Books/Doubleday, 1967), 111-12.
5) 계몽주의에 기여한 최초의 사상가들은 17세기 초반의 인물이었지만(Francis Bacon[1561-1626], René Descartes[1596-1650], John Locke[1632-1704]) 이런 사상을 꽃피운 이들은 임마누엘 칸트(1724-1804)와 그 이후의 인물들이다.
6) 이 단락에 포함된 생각에 대해 나는 콜린 건튼에게 신세를 졌다. Gunton, *Enlightenment and Alienation: An Essay towards a Trinitarian Theology*

로, 곧 사실적이거나 과학적이어서 반론의 여지가 없는 일종의 객관적 지식과 이와 반대로 반론의 여지가 있는 우리 개인의 믿음과 견해, 가치, 생활양식으로 양분했다.[7] 계몽주의는 우리가 자신의 믿음과 가치를 불변하는 영원한 진리가 아니라 다만 "너의 진리"와 "나의 진리"로 말할 수 있다는 생각을 소개했다.

아우구스티누스는 "믿지 않는다면 이해하지 못할 것이다"라고 가르쳤지만, 계몽주의는 이것을 뒤집어 "믿는다면 이해하지 못할 것이다"라고 말했다.[8] 계몽주의는 가능하지 않은 객관성(objectivity that is not possible)을 주장한다. 계몽주의 초기 사상가 중 한 사람인 존 로크(John Locke)는 이렇게 말했다. "믿음은 더 이상 관찰과 이성의 범주 너머에 존재하는 지식을 우리에게 보여주는 더 높은 힘이 아니라, 다만 실증적이고 합리적인 논증 가능성에 미치지 못하는 개인적인 용납일 뿐이다."[9] 믿음은 더 이상 지식의 하녀가 아니라 지식이 정복해야 할 원수였다.

지식으로부터 믿음을 떼어낸다면 어떤 일이 일어나는가? 하나님이 우리에게 지식을 계시하신다는 사실을 더 이상 믿을 필요가 없다면, 우리는 우리의 지식을 세워갈 때 자신의 정신이 행하는 역할을 확대하기 시작한다. 로크의 발자취를 따라간 임마누엘 칸트(Immanuel

---

(Grand Rapids: Eerdmans, 1985)을 참조하라.

7) Gunton, *Enlightenment and Alienation*, vi에 기록된 레슬리 뉴비긴(Lesslie Newbigin)의 서문.

8) Gunton, *Enlightenment and Alienation*, 3-4.

9) Michael Polanyi, *Personal Knowledge: A Post-Critical Philosophy* (London: Routledge and Kegan Paul, 1962), 139.

Kant)는 지식이 지식이기 위해서는 이것이 확실해야 한다고, 즉 믿음이라는 불확실성이 없어야 한다고 말했다. 여기에는 신앙과 신비를 위한 여지가 없다. 정신은 스스로가 주인인 것을 확신해야 한다. 콜린 건튼(Colin Gunton)은 지나치게 많은 빛이 우리 눈을 멀게 하고 계몽주의의 "빛"이 많은 이들을 눈멀게 해 이들의 신앙에 대한 편견을 보지 못하도록 했다고 말했다.[10]

이후 19세기의 산업혁명에 이어 과학적 탐구는 가속화되었다. 19세기 중반 북미에서는 스코틀랜드의 상식적 현실주의(Scottish Common Sense Realism)가 지배적인 철학으로 자리매김했다.[11] 미국인들에게 이것은 과학적으로 현실에 접근할 확고한 기초를 제공했다. 엄격한 칼뱅주의자들은 인류의 타락으로 인간의 정신이 눈멀게 되었다는 주장을 유지했다. 하지만 상식[적 현실주의]의 설명에 따르면 이성은 고작해야 경미한 난시를 앓게 된 것뿐이었다.[12] 대부분의 19세기 복음주의 그리스도인은 이런 상식적 접근이 성경과 기독교 신앙의 진리를 이성적·과학적으로 증명하기 위한 분명한 기초를 제공한다고 믿었다. "과학을 숭배하는 시대에 성경에 대한 확신이 맹목적 신앙에

---

10) Gunton, *Enlightenment and Alienation*, 2에 언급된 Hans-Georg Gadamer, *Truth and Method* (New York: Seabury Press, 1975), 266.

11) 이 부분은 주로 조지 마스던(George Marsden)의 저술, 특히 *Fundamentalism and American Culture: The Shaping of Twentieth Century Evangelicalism 1870-1925* (New York: Oxford University Press, 1980) 1장("Evangelical America at the Brink of Crisis")에 의존한다. 스코틀랜드의 상식적 현실주의와 이것이 과학으로 성경을 증명하는 것에 대해 19세기 복음주의 개신교도의 믿음에 미친 영향을 자세히 알고 싶다면 위의 장을 보라.

12) 같은 책, 16.

만 기초하지 않는 것은 필수다. 하나님의 진리에는 통일성이 있고 따라서 과학이 성경을 증명할 것은 필연적이다."[13]

1869년 올리버 웬델 홈스(Oliver Wendell Holmes)는 성경이 과학적 탐구에 맞서지 못할 것이라는 예측을 내놓았다. 자석 산이 신밧드의 배로부터 모든 못과 볼트를 빨아들이듯이 과학이 성경으로부터 모든 신뢰성을 제거하리라는 주장이었다. 당시의 복음주의자들은 이런 예측에 콧방귀를 뀌었다. 1873년 복음주의 연맹 대회가 열렸을 때 유럽의 대표들은 미국의 그리스도인에게 회의주의와 합리주의의 위험을 경고했지만 미국의 목회자들은 이를 대수롭지 않게 받아들였다. 이미 하나님의 말씀이라는 천막의 기둥을 위협하며 다윈주의의 공격이 시작된 상태였다. 하지만 미국의 신학자들은 과학의 기본 가정, 곧 자연이 제시하는 사실들에 대한 객관적 검토를 통해 우리가 진리를 확실히 발견할 수 있다는 가정에는 도전하지 않았다. 하지만 19세기 말, 신학은 더 이상 "과학의 여왕"으로 불리지 않았다. 종교는 머리가 아닌 마음과 연관된 "영적인" 것으로 분리되었다. 과학은 자신만의 독립성을 가질 수 있었으며, 종교는 과학의 범주 밖으로 밀려났다. 계몽사상은 지난 삼백 년 동안 영향력을 발휘해왔으며 심지어 기독교회 중에서도 하나님을 바라보고 초자연적인 것을 믿는 역량을 잃어버린 교회마저 있다. 계몽주의는 서구 세계에서 기독교 믿음의 거룩한 천막을 떠받치던 마지막 기둥을 약화시켰다.

그렇다고 복음주의의 목소리가 사라진 것은 아니다. 많은 기독교

---

13) 같은 책.

리더가 일어나 광야에서 소리쳤다. 하지만 말씀은 더 넓은 의미의 사회에 대한 장악력을 잃어버렸다. 과학은 종교의 제약에도 불구하고 전진할 수 있었다. 서구 사회는 세속화되었다. 중요한 것은 그중 어느 것도 포스트모던 시대에 일어나지 않았다는 점이다. 이것들은 근대, 곧 지금 60세 이상의 사람들이 자라온 시대에 일어났다.

1980년 중반 남편과 나는 플로리다 주 올랜도에 위치한 에프코트센터(디즈니월드를 구성하는 테마파크 중 하나—역자 주)에서 하루를 보낸 적이 있다. 한 전시관에 걸려 있던 큰 글자들은 내게 "꿈은 이루어진다"라는 문구를 상기시켰다. 과학기술은 지난 백 년에 걸쳐 우리에게 정확히 이것을 보여줬다. 우리 모두는 과학기술이 제공하는 것으로부터 유익을 얻는다. 지금 나는 이 글을 컴퓨터로 쓰고 있다(이 기계에 내장된 CD 플레이어에서 흘러나오는 시벨리우스의 교향곡을 들으며). 이 컴퓨터에는 내가 다 사용할 수도 없을 만큼의 무수히 많은 기능이 들어 있다. 나는 글쓰기를 마치면 부엌으로 가서 저녁을 지을 것이다. 당근을 잘라 푸드 프로세서에 넣고 그다음에는 전자렌지로 돌릴 것이다. 연어 스테이크는 연기가 나지 않는 전기 그릴에, 쌀은 밥솥에 넣을 것이다. 내 사무실과 부엌에 있는 이런 도구들이 나를 행복하게 만드는가? 물론이다! 나는 백 년, 심지어 50년 전이라도 그 시절에 책을 쓰고 요리를 하던 방식으로 되돌아가고 싶지 않다.

(근대를 촉발한) 계몽주의를 벗어나면서 근대적인 것은 언제나 그것에 앞선 모든 것에 비해 본질적으로 우월하다고 이해되었다. 오늘날의 자동차는 10년 전 혹은 30년 전 만들어진 자동차보다 더 우수하다. 우리에게는 더 좋은 집 그러니까 더 큰 화장실과 더 나은 가전 기

기, 더 넉넉한 공간의 베란다 혹은 뒤뜰이 있는 집이 있다. 우리에게 근대성의 반대는 되돌아가는 것이고 과연 그것을 원할 사람이 있을까? 우리는 근대성(modernity)의 열매들을 좋아한다.

하지만 우리는 근대성이 상대주의와 다원주의를 우리의 일상으로 가지고 들어왔으며 이것이 기독교의 가설과 충돌 노선에 있다는 사실을 간과하는 것 같다. 물론 종교적 신념과 실천은 사라지지 않았다. 하지만 근대성은 많은 사람에게 현실에 대한 기독교적 인식의 타당성을 약화시켰는데 이는 대부분 세속적 세계관이 대중매체와 학교의 제도 속으로 스며들었기 때문이다. 근대성은 사회적·지성적 문화로, 지난 삼백 년 동안 서구 문명을 형성해왔다. 이는 우리의 생활 세계이며, 우리가 인생에 대해 당연하게 받아들이는 추정들을 제공해왔다.

피터 버거는 근대성에 대한 지각 비평을 통해, 근대성이 우리가 갈망하는 깊은 인간관계로부터의 소외감, 끝없는 분투와 악화되어가는 휴식의 불능을 동반한 불안감, 우리를 실질적인 공동체에 매이지 못하게 하는 유동성, 때때로 우리를 압도하는 선택의 범위, 고통과 악 가운데서 소망을 앗아가는 세속화도 함께 가져왔다는 사실을 상기시켰다.[14]

---

14) Peter Berger, "Toward a Critique of Modernity," in *Religion and the Sociology of Knowledge: Modernization and Pluralism in Christian Thought and Structure*, ed. Barbara Hargrove (New York: Edward Mellon Press, 1984). 이 논문에서 버거는 다음과 같은 다섯 가지 딜레마로 특징지어지는 근대성을 논의한다.
　우리가 마주하는 첫 번째 딜레마는 소외감이다. 유동성은 사람들이 대부분의 역사를 통해 지지와 연대, 의미를 찾아온 비교적 응집된 공동체로부터 이들을 분리시켰다. 산업혁명은 한계 생존을 대체해줄 기본임금을 약속하며 아버지들을 비롯해 다른

가족 구성원을 시골 마을과 농장으로부터 유혹해냈다. 이 과정은 다른 무엇보다 가족의 경제 단위를 약화시키는 데 큰 몫을 했다. 공장의 생산 체제는 작업을 작고 반복적인 업무로 나누고, 이것은 노동자로부터 최종 생산품에 대한 성취감을 앗아갔다. 중요한 것은 대량 생산, 곧 어떻게 가장 효과적으로 시간 당 생산량을 극대화할 수 있을까의 문제였다. 우리가 갈망하는 깊은 인간관계의 상실은 근대를 살기 위해 우리가 지불한 가격의 일부였다.

근대성이 가져온 두 번째 딜레마는 우리가 시간에 대해 생각하는 방식의 변화다. 수세기 동안 사람들은 과거와 현재에 집중했지만, 지금 우리가 집중하는 것은 미래다. 이는 우리 삶의 리듬을 바꾸어놓았다. 현대 이전의 중국인들에게 시계는 장난감이었다. 보들레르는 시계를 "un Dieu sinistre, effrayant, impossible", 곧 무섭고 냉정하고 불길한 신이라고 칭했다. 하지만 우리는 이 시간의 기계를 축소해 매일 손목에 차고 다니며 이것이 우리 삶을 다스리도록 한다. 이것은 인류가 근대가 도래하기 전에 시간을 경험한 것과는 극명한 대조를 이룬다. 근대성은 과거에 대한 집중에서 미래에 대한 집중으로 강력한 변화를 이루어냈다. 따라서 우리는 (연간, 5년간, 10년간) 계획으로 진행되는 프로젝트를 살듯 인생을 "직업"적으로 산다. 심리학자들은 이런 현대의 생활 속도가 우리의 정신적·육체적 안녕을 위해한다고 말한다. 그럼에도 끝없는 분투와 불안, 증가하는 휴식 불능의 상태를 벗어날 길이 보이지 않는다. 시간은 우리의 편이 아니다. 시간은 우리가 원하고 필요로 하는 관계를 쌓지 못하도록 방해하며 우리의 원수가 되었다. 현재의 상황에 감사하게 하는 대신 계속해서 앞서 나가기 위해 노력하도록 한다.

근대성이 제기하는 세 번째 딜레마는 개인이 그룹으로부터 점진적으로 분리되는 현상이다. 근대 이전의 사회에서 모든 것을 포용하고 포함하던 공동체는 개인을 놓아주지 않았다. 하지만 지금 대부분의 경우 이런 공동체는 존재하지 않는다. 우리는 우리가 원하는 대로 들락날락할 수 있으며 여기에 관심을 두는 사람도 거의 없다. 실질적 공동체가 현대 사회의 추상적인 거대 고층 건물들로 대체된 지금, 우리는 자신을 분리된 존재로 여기는 동시에, 어느 때보다 개인적인 소속감을 절실히 필요로 하고 있다. 우리는 쌍둥이 같은 우리의 욕구, 즉 개인적인 자유를 원하는 동시에 공동체를 원하는 욕구를 정확히 인지하지 못한다. 이런 사실은 개인을 개인으로 생각하는 현대의 사상이 인류 성장의 이야기에서 위대한 전진의 한 걸음인지 아니면 비인간화의 일탈인지를 자문하도록 만든다.

근대성이 우리에게 가져온 네 번째 딜레마는 엄청난 증폭을 이루어온 선택의 범위, 오늘날의 세상에서 우리에게 가능한 선택의 범위다. 선택은 선물이자 문제다. 수년 전 사람들에게 인생은 운명에 의해 좌지우지되었다. 반면에 오늘날 우리가 바라보

우리가 포스트모더니즘에 책임을 돌리는 것 중 상당 부분은 실제로, 포스트모던이 아니라 "근대"적 사고의 직접적인 결과물이다. 포스트모더니즘의 잘못이라면 이 사상이 근대성의 가장 도드라지는 악의 일부를 바로잡고자 노력했다는 것이다. 1960-70년대의 히피들이 미국의 주류 사회를 떠날 때 그중 다수는 응집된 공동체를 되찾고 싶어했는데 이것이 연대와 의미를 주리라는 소망 때문이었다. "꽃의 혁

는 것은 거의 무제한적인 선택이다. 현재 우리에게 가장 큰 유혹이 되는 격언이라면 모든 것이 이전과는 달라질 수 있다는 것이다. 우리는 현대인으로서 이것을 열렬히 받아들인다. 우리는 혁신을 향한 끝없는 갈망을 동반한 근대성의 격동적인 역동성으로 끌려들어 간다. 이런 사고방식에서 오늘의 것은 언제나 어제의 것 혹은 작년의 것보다 낫다. 전통은 더 이상 우리를 구속할 수 없는데 우리가 바꾸고 싶은 것은 무엇이든 바꿀 수 있기 때문이다. 미래는 열린 지평선이다. 사회의 가장 오래된 역할은 개인으로부터 선택의 짐을 덜어주는 것이었지만 현대화와 더불어 사회의 이런 "짐 덜어주기" 기능은 약화되었다. 그 과정에서 개인과 집단의 삶은 모두 더욱더 불확실해졌다. 이런 "해방"은 짜릿한 동시에 무서운 것이다. 이런 "자유"에 한계가 있다면 그것은 무엇일까 하고 우리는 궁금해한다. 이렇게 역동적인 불확실의 시대에 우리는 어떻게 안정감을 공급할 수 있을까? 선택을 제한하는 모든 경계로부터의 해방은 근대성의 가장 강력한 영감 중 하나이다. 그 대가는 실존주의자들이 잘 묘사한 대로 "선택의 괴로움"이다. 우리는 결국 에리히 프롬(Erich Fromm)이 말한 "자유로부터의 도피" 곧 선택의 의무로부터의 도피라는 기이한 현대의 역설을 마주하게 된다. 따라서 우리는 자유에 대한 두 가지의 이상, 곧 선택을 통한 해방과 선택으로부터의 해방, 선택할 수 있는 자유와 선택의 의무로부터의 자유를 직면하게 된다. 두 가지 이상 모두가 현대적 가치, 이념들과 교차한다.

우리와 함께 거하는 다섯 번째 딜레마는 세속화다. 현대의 과학 연구는 종교적 신념과 경험의 타당성에 거대한 위협을 가해왔다. 19세기 후반 종교와 과학의 분리는 더 이상 "지식"이 과학적으로 입증될 수 없는 것을 포함하지 않게 되면서 완전해졌다. 인간 경험에서 초월적인 모든 것은 "객관적 지식"에서 제외되었다. 하지만 모든 사람은(그리스도인과 다른 이들을 포함해) 의미와 궁극적으로는 소망이 있는 우주에서 존재하고 싶어한다. 우리에게는 인간의 삶 속에 존재하는 고통과 악을 설명하고 여기에 대처하기 위한 만족스런 방법이 필요하다.

명"(flower-power)을 통해 이들은 보다 덜 혼란스러운 생활 방식을 추구했다. 인도의 아시람(힌두교도들이 수행하며 거주하는 곳—역자 주)이나 캘리포니아의 초월 명상(TM; Transcendental Meditation의 약자—역자 주)의 정신 전문가들을 찾으며 이들은 초월적인 것과의 만남을 기대했다. 예수 운동(Jesus movement)을 통해 자신이 추구해온 의미를 발견한 히피도 많았다.

하지만 실제로 우리는 많은 사람이 "당신의 진리가 나의 진리는 아니다"라거나 "불변하는 영원한 진리 같은 것은 존재하지 않는다"라고 믿고 있는 세상에서 일하고 살아간다. 근대성은 실험실에서 시험될 수 없는 것은 입증될 수 없다고 주장함으로써 신학으로부터 진리의 기초를 빼앗았다. 포스트모더니즘은 현대 과학의 추정 중 객관성의 개념을 뒤집었을 뿐이다. 객관성 개념에 기초하고 있는 확신이 연구를 진행하는 과학자의 무의식적 편견에 의해 오염되었다고 본 것이다.

우리는 남성과 여성 모두에 의해 일어나는 인식론적 변화를 계속해서 살펴보아야 한다. 이 변화를 통해 우리는 근대와 포스트모던 사고의 중심에 다가갈 수 있기 때문이다. 윌리엄 페리와 메리 벨렌키의 개요 모두에서 마지막 두 가지 인식론적 입장은 서로 동일하지는 않지만 병치를 이룬다. 4장에서 우리는 삶의 경험에 의해 촉발된 일부 여성의 인식론적 변화를 살펴본 바 있다. 많은 여성은 앎의 수동적 방식에서 전혀 변화하지 않는데, 이는 삶의 경험이 그들을 앞과 같은 방향으로 밀어붙이지 않았기 때문이다. 반면에 자신의 삶의 경험을 통해 주관적 인식자의 유형으로 떠밀려 들어간 경우도 있었다. 이런 유형 안에서 이들은 자신의 직관에 의해 확증되지 않는 한 외부로부터 오는 권위적인 그 어떤 것도 받아들이기를 거부했다.

앎의 근대적 방식으로의 변화

또 다른 종류의 삶의 경험은 여성으로 하여금, 벨렌키의 표현에 따르면 과정적 지식으로 옮겨가도록 만든다. 분명히 이것은 앎의 근대적 방식이다. 실제로 이런 변화가 가장 빈번히 일어나는 것은 여성이 학교에 들어가고 무언가를 분석하기 위한 과정과 절차를 배울 때다. 여성은 대수학과 기하학 공식을 배우고 이것을 통해 정답을 향한 과정을 통과해간다. 문학 시간에는 시나 극본을 분석하는 절차를 배운다. 교수들은 우리가 무엇을 생각하는 데 적절한 방법이나 방식이 있으며 남성과 여성 모두가 이를 배워야 한다고 주장한다. 신학교에서 이들은 성경 본문의 중심 생각을 파악하기 위한 주해 과정을 익히며 본문 해석을 위해서는 해석학 과정을 배운다. 목회자는 회중에게도 성경을 공부하는 과정을 가르치는데 그 이유는 이들이 말씀을 읽으면서 이단으로 빠지지 않도록 하기 위해서다.

여성이 (수용적 인식자로서) 기계적으로 외운 것을 그대로 반복하는 것은 더 이상 충분하지 않다. (주관적 인식자로서) 자신의 직관적인 감정을 재잘거리는 것 역시 적절치 못하다. 학문의 세계에서 여성은 체계적인 분석을 위한 과정을 배운다. 여성은 진리를 찾아내기 위한 절차들을 배우면서 다른 인식론, 즉 자신이 진리로 인도되는 과정을 좇았기 때문에 가능해진 앎으로 움직여간다.

페리와 벨렌키에게, 남성과 여성 모두에게 해당하는 인식론의 다음 단계는 "근대인처럼 생각"하는 법을 배우는 것이다.[15] 우리는 배운 것을 분석하고 평가하는 법을 배워야 한다. 물론 모든 대학 교수가 이런 비평적 사고를 주장하는 것은 아니다. 하지만 대학 졸업생 중에는 이런 분석적 인식론, 곧 자신이 아는 것을 분석하고 평가하는 능력을 기초로 하는 인식론으로 이동하지 않고도 그렇게 하는 학생들이 있다. 하지만 이런 변화를 이루어낸 사람에게 설교의 두 번째 실용적 질문(이것은 사실인가?)은 소통의 중요한 요소가 된다. 회중 가운데 과정적 인식자를 둔 설교자라면 첫 번째 실용적 질문인 "본문의 의미는 무엇인가?"만을 탐구하는 설교에 안주할 수 없다. 비평적으로 생각하도록 배운 이들에게는, 교회가 전혀 다루지 않고 대답하지 않는 진지한 신앙의 질문이 있다. 오직 수동적 인식자로만 구성된 회중이라면 두 번째 실용적 질문을 탐구할 필요가 없겠지만, 과정적 인식자에게는 이것이 필요하다.

이런 분석적 지식에 쉽게 도달하는 여성도 있고 자신이 생각을 처리하는 방식과 맞지 않아 이것과 맞서 싸우는 여성도 있다. 대단히 많은 수의 여성이 평생 동안 수동적 인식자로 남아 오직 외부의 권위만

---

15) 다양한 인식론들이 한곳에서 다른 곳으로의 이동을 포함하기 때문에 단계들로 보이기도 한다. 하지만 중요한 것은 이것이 궤도형 모델은 아니라는 점이다. 페리와 벨렌키의 연구 둘 다는 약간 첨가적으로, 즉 기존의 것에 새로운 앎이 더해지는 것처럼 보인다. 수용적 인식자에서 주관적 인식자로의 이동은 예외일 것이다. 하지만 우리 대부분은 지속적으로 우리가 전문가로 여기는 사람들로부터 듣고 무엇을 알게 되는 동시에 분석이나 통합을 통해 또 다른 것을 알게 되기도 한다. 또한 사고의 어떤 부분에서는 이원론적인 동시에 또 다른 영역에서는 더 복잡한 형태의 앎을 수용하기도 한다.

을 의지한 채 이들이 정답을 말해주기만 기다린다. 하지만 인식론적 변화를 이루어내는 여성이 인력 시장과 인간관계에서 얻는 보상은 대단하다. 분석적 인식자가 된 여성에게 세상은 더 감당할 만한 것이 되고 이들의 자기 통제 감각은 확대된다.[16] 이런 지식의 종류는 "객관적" 인 것으로 앎의 현대적 방식이다. 이런 인식론을 가진 여성은 자신이 들은 것을 넘어 탐구할 수 있는 사고와 앎의 방식을 갖게 된다.[17]

벨렌키에 따르면 여성은 종종 "연결된"(connected) 분석적 인식자로 성장한다. 어떤 책이나 시, 수필을 공격하는 대신 "이 작가는 내게 어떤 말을 하려는 걸까?"와 같은 질문을 던지는 것이다. 이런 질문은

---

16) Mary Field Belenky, Blythe McVicker Clinchy, Nancy Rule Goldberger, and Jill Mattuck Tarule, *Women's Ways of Knowing: The Development of Self, Voice, and Mind* (New York: Basic Books, 1986), 26.

17) 남성과 여성 간 차이점의 일부가 수면 위로 떠오르기 시작하는 것은 바로 이 지점이다. 페리가 설명한 지적 발달에 따르면 남학생은 비평적 추론을 학문적 게임에서 승리하기 위한 수단으로 보았다. 이들은 이런 새로운 방식의 사고와 앎이 어떤 생각을 찬성하거나 반대하는 강력한 논쟁을 구성하는 데 사용되어야 한다고 보았다. 과정적 앎의 기초는 어떤 개인이 논쟁에서 이길 수 있도록 여러 주장을 결집시키는 능력이다. 그 중심에는 비평적 사고 혹은 피터 엘보우(Peter Elbow)가 "의심의 게임"이라고 부른 것이 자리한다(Peter Elbow, *Writing without Teachers* [London: Oxford University Press, 1973], 173). 과정적 인식자는 어떤 명제를 마주할 때 즉시 그것의 문제, 예를 들어 빠져나갈 구멍이나 사실적 오류, 논리적 모순, 반증의 누락 등을 찾는다. 반면에 벨렌키에 따르면 과정적·분석적 인식자인 여성은 의심을 "게임"으로만 바라보지는 않는다. 이들은 논쟁을 생각들 사이가 아니라 사람들 사이의 것으로 보려는 경향이 있으며 누군가 상처 받을 것을 두려워한다. 하지만 우리는 모든 남성이 의심의 게임을 하고 여성은 전혀 그렇지 않다고 결론 내릴 수 없다. 벨렌키의 표현에 따르면 과정적 인식자의 정신은 강인하다. 이들은 모든 사람이 틀릴 수 있다고 생각한다. 논쟁을 분석하고 평가하는 기술을 개발해감에 따라 이들은 공격에 더욱 무뎌져간다. 같은 책, 104.

그와 본문 사이에 일종의 연결점을 형성한다. 어떤 생각과의 친밀함이 개발되는 것이다. 한 여성은 "책을 단순히 인쇄된 무엇, 당신과 거리가 있는 무엇으로 읽기보다 어떤 상황을 지나온 다른 누군가의 실제적 경험으로 읽어야 한다"[18]라고 지적한다. 연결된 과정적 인식자가 "당신은 왜 그렇게 생각하시죠?"라고 묻는 것은 "당신은 어떤 단계를 거쳐 이런 추론을 하셨나요?"라는 의미가 아니다. 오히려 "당신 삶의 어떤 상황이 당신을 이런 지각으로 인도했나요?"라고 묻는 것이다. 벨렌키에 따르면 연결된 분석적 인식자는 타인의 삶의 사실들에 대한 관심으로 시작하지만 이들의 초점은 점차적으로 타인이 사고하는 방식으로 옮겨간다.

분석적 인식자는 분석과 이해의 대상이 되는 것에 집중한다는 의미에서 객관적이다. 이런 앎의 방식에 의존하는 여성은 체계적 사상가지만 이들의 생각은 자신이 지금까지 배워온 체계나 분석의 과정으로 제한된다. 벨렌키는 과정적 인식자가 자유주의자나 보수주의자는 될 수 있지만 급진주의자는 될 수 없다고 했는데, 무엇을 알 수 있고 없는지를 통제하는 것이 바로 체계이기 때문이다.[19] 하지만 일부 과정적 인식자는 자신이 배워온 체계와 자신이 경험해온 관계와 제도를 넘어서는 사적인 앎의 방식을 갈망한다. 이들은 과정적 앎을 벗어나기 시작한다.

---

18) 같은 책, 113.
19) 같은 책, 127.

더욱 포스트모던한 앎의 방식으로의 또 다른 전환

일부 여성은 다섯 번째 인식론의 입장으로 이동하면서[20] 객관적인 앎과 주관적인 앎을 통합하고 이성적 사고와 감정적 사고라는 두 가닥의 선을 함께 엮어내는 일에 관심을 두는 것 같다. 이런 인식론(벨렌키는 이를 구성적 지식이라고 부름)을 가진 여성은 타인의 기준과 사유로부터 자유로워지고 싶은 갈망을 가지지만, 주관적 인식자와는 다른 방식으로 그렇게 한다. 주관적 인식자가 자아를 아는 것에 대해 열정을 가진 반면에, 분석적 인식자는 이성의 힘에 대해 흥미를 보이고, 구성적 지식의 인식론을 가진 여성은 앎의 다른 방식들을 빌려 새로운 종류의 앎의 방식을 엮어나간다.

이런 인식자는 어떤 질문을 대할 때 더 이상 의무적으로 대답을 생각해내지 않는다. 대신 누가 왜 그 질문을 던지는지, 또 어떻게 답에 도달할 수 있는지를 묻는다. 이들은 질문이 잘못되었다거나 그 질문의 상황이 적절하지 않다는 결론에 다다르기도 한다. 이런 사실은 그들이 자신이 듣는 설교를 어떻게 평가하는지에 대해 많은 것을 시사한다.

---

20) 페리는 미성년과 성년 남성들을 연구하면서, 일부 남성이 그가 온전한 상대주의라고 부른 단계로 옮겨간다는 사실을 발견했다. 이는 그들이 진리는 상대적이고 어떤 사건의 의미는 그 사건이 일어난 상황과 그것을 이해하기 위해 인식자가 사용하는 틀에 의존한다고 믿게 된다는 뜻이다. 이런 상대주의는 학문 세계뿐 아니라 인생의 모든 영역에 편만해 있다. 이 범주에 속한 사람들에게 지식은 주어지는 것이 아니라 구성되는 것이며 절대적이지 않고 상황적이며 고정되어 있지 않고 쉽게 변화하기 때문이다.

여성이 지식에 대한 자신의 추측들을 평가하는 책임을 지게 될 때, 이런 행동은 한때 자신이 전문가로 간주했던 이들에게 두었던 존중을 변화시킨다. 이들은 전문적 지식은 환영하지만 누군가를 전문가로 부르는 데에는 주저한다. 이들이 볼 때 참된 전문가는 복잡성에 대해서는 인정하고 자신의 지식에 대해서는 겸손해야 한다. 전문가의 이론과 추천은 실제적인 삶과 일상의 정보에 뿌리내리고 있어야 한다. 전문가는 자신이 사람들의 말을 "듣고" 있다는 사실, 경험과 추상적인 것 모두에 동일한 무게를 두고 있다는 사실을 드러내 주어야 한다. 사람들은 목회자를 하나님에 대한 "전문가"로 바라본다. 따라서 앞과 같은 앎의 방식을 가진 여성은 동일한 기대치를 가지고 교회로 들어온다.

문제의 제기는 이들의 앎의 방식에서 가장 중요한 부분이다. 이런 여성은 도덕적 갈등을 해결할 때 추상적 원리의 논리적 서열을 이용하기보다 각 사람의 견해와 필요, 목표라는 상황 안에서 그 갈등을 이해하기 위해 노력한 후 연관된 각각의 사람에게 가장 유익한 것을 행함으로써 갈등을 해결한다.

다른 어떤 그룹보다도 여기에 속한 여성은 자기 삶의 도덕적·영적 차원에 진지하게 몰두해 있다.[21] 이들은 모든 선택이 타인에게 미칠

---

21) 여기서 이 여성들은 페리가 연구한 남성과 현저한 차이를 보였다. 남성에게 명확하고 이들을 규정하는 단 하나의 행위는 직업의 선택이었기 때문이다. 페리의 연구에서 남성은 도덕적 가치와 관계에 대해 훨씬 더 적게 이야기했다. 이는 성인 남성의 생애 주기를 종단적으로 연구한 조지 베일런트(George Vaillant)를 통해서도 입증된다. 베일런트가 발견한 바에 따르면, 남성은 중년이 될 때까지 이상주의와 친밀함을 직업의 탐색 뒷전으로 미룬다. "몇몇 동갑내기와 친밀감을 형성한 후 [남성은] 더 빨리 달리기 위해, 다른 모든 동급생과는 조금 다른 방향으로 달리기 위해 노력한다"(같

영향력을 고려해 이루어져야 한다고 주장한다. 이들의 이상은 단 한 가지 책무라기보다 온전하고 복합적인 삶이다. 이들은 이상주의와 현실주의를 한데 섞는다. 이들은 이 세상에서 변화를 일구어내고 싶어 하는 동시에 자신의 한계를 인정하다.

어떻게 설교에 적용할까?

이런 앎의 마지막 방식은 포스트모더니즘의 문제 제기와 불확실함의 수용과 많은 부분에서 공통점을 갖는다. 하지만 이것은 완벽한 포스트모더니즘은 아니다. 이 그룹에 속한 여성은 여전히 선형적(linear) 사고방식을 유지하면서도 분석을 하되 공동체의 삶에 뿌리박힌 상태에서 할 것을 주장한다. 분석적 인식자를 위한 설교가 두 번째 실용적 질문, 곧 증거와 논쟁을 요구하는 질문을 다루어야 한다면, 마지막 그룹의 여성에게 중요한 질문은 세 번째 실용적 질문인 "그래서 어떻다는 것인가?"다. 이 질문에 대한 대답은 가공될 수도, 정확히 들어맞을 수도 없다. 이들이 살고 있는 자리에서 성경 본문이 이들에게 가지는 의미를 다루어야 한다.

　이 여성들은 우리의 문화가 무언가 대단히 잘못되었다는 사실을 알고 있으며 그중 다수는 이 모든 것을 이해하는 데 도움이 될 만한

은 책, 150쪽에 인용된 George Vaillant, *Adaptation to Life* [Boston: Little Brown, 1977], 217. 『성공적 삶의 심리학』[나남 역간]).

영성을 찾고 있다(6장에서 우리는 이들을 위한 믿음과 영성의 문제를 살펴 것이다). 우리 자신이 이 세상의 괴로움 및 고통과 씨름해보지 않았다면 우리는 이들을 효과적으로 섬길 수 없다. 이들은 짧고 간결한 대답이나 단순한 설명을 찾고 있지 않다. 이들은 모든 인간의 상황이 복잡한 것을 이해하며 인간의 실제적인 고통의 상황 안에서 질문을 던지고 있다.

페리와 벨렌키의 연구는 집단 내 차이가 집단 간 차이보다 훨씬 더 클 수 있다는 사실을 다시 한 번 상기시킨다. 연구자들은 남성 인식자와 여성 인식자 사이의 일부 차이점을 발표하고 있지만 실제로는 남성과 여성 간의 간극은 여성 내 간극, 즉 자신이 무엇을 알 수 있다는 사실을 모르는 여성, 외부의 권위로부터 받은 것만을 아는 여성, 외부의 모든 권위를 거절하는 여성, 분석을 통해 지식을 습득하는 법을 배운 여성, 외부적·내부적 자료를 모두 사용해 앎의 방식을 구성하는 여성 사이의 간극보다 크지 않다. 바로 이것이 설교자가 매주 강단에서 마주하는 다양성이다.

매번 모든 사람에게 들리는 설교를 할 수는 없을 것이다. 설교자가 첫 번째 실용적 질문인 "본문의 의미는 무엇인가?"를 다루는 것만으로 충분한 청중이 있다. 하지만 이것으로 불충분한 사람도 있다. 이들에게는 본문이 말하는 것이 사실이라는 증거가 필요하다(두 번째 실용적 질문). 반면에 인간의 삶과 관련된 설교, 곧 세 번째 실용적인 질문인 "그래서 어떻다는 것인가?"에 대한 답을 원하는 청중도 있다. 이 성경 본문은 내 이웃이나 가족 중 상처 입은 사람들의 삶에 어떤 차이를 만들어내는가?

주로 수동적 인식자로 이루어진 회중도 있는 반면에 보다 넓은 범주의 인식자들에게 호소해야 하는 교회도 있다.[22] 청중의 분석에는 어떤 종류의 인식자가 당신의 회중석을 메우고 있는지에 대한 이해도 포함된다. 당신은 이것을 어떻게 파악할 수 있을까? 예배를 마치고 나서 사람들이 당신의 설교에 대해 어떤 이야기를 하는지 들음으로써 이들이 무엇을 듣고 이를 어떻게 소화하고 있는지에 대해 어느 정도 단서를 얻을 수 있다. 이 일을 충분히 지속적으로 시도한다면, 당신은 자신이 매주 설교하는 청중이 가진 인식론의 범주를 꽤 정확히 평가하게 될 것이다.

회중석에 앉은 사람들이 자신이 아는 것을 어떻게 아는지를 이해하는 일은 유용하지만, 그렇다고 이것이 전부는 아니다. 하나님의 말씀에는 어떤 앎의 종류라도 충분히 뚫고 들어갈 능력이 있으며 청중으로 하여금 삶을 변화시키는 말씀을 듣도록 하는 것은 하나님의 영이다. 그렇지만 설교자가 기간을 두고 그의 설교에서 세 가지 실용적 질문 모두에 주의를 기울인다면, 모든 청중은 하나님의 음성을 보다

---

22) 특정한 종류의 교회, 특정한 종류의 설교가 특정한 종류의 청중에게 호소력을 지닌다는 사실은 자명해 보인다. 한 그룹의 인식자들을 끌어당기는 무엇이 또 다른 그룹을 밀어낼 수도 있다. 일부 교회는 카리스마적 경험이나 예배에 큰 강조점을 두는 반면에, 또 다른 교회에서는 설교나 성찬이 중심이 된다. 교인들은 음악이나 예배, 설교에 기초해서 교회를 판단하곤 한다. 이런 차이를 좀 더 연구해보고 싶은 목회자에게 나는 리처드 포스터(Richard Foster)의 *Streams of Living Water: Celebrating the Great Traditions of Christian Faith* (San Francisco: HarperSan Francisco, 1998. 『생수의 강』[두란노 역간])를 강력하게 추천하고 싶다. 448쪽에 달하는 충실한 내용의 이 책을 통해 포스터는 기독교의 주된 강조점(예배, 말씀, 성령, 거룩, 사회적 관심사 등) 각각을, 이것들이 다양한 교단과 개교회의 발달에 미친 영향력을 따라 신학적·역사적·사회적으로 점검한다.

분명하게 듣게 될 것이다. 그 과정에서 당신은 하나님의 진리를 근대의 청중과 포스트모던 시대의 청중 모두가 들을 수 있는 방식으로 전달하게 될 것이다.

최근에 내게 매우 분명해진 사실이 한 가지 있다. 많은 여성이 자신의 상황에 대해 이야기하는 방식으로 주어지는 하나님의 말씀을 갈구한다는 점이다. 여성 컨퍼런스나 수양회에서 설교할 때마다 나는 이들이 성경적 진리에 뿌리내린 도움을 강하게 갈구하고 있음을 느낀다. 많은 여성 사역이 극심한 피상성으로 고통 받고 있는 가운데 이들은 강단으로부터 전해지는 말씀 역시 피상적이라며 불평을 토로한다. 자신의 부르심에 충실하다면 우리는 단순히 성경 구절을 인용해 세속적 통찰을 지지하는 것에 그쳐서는 안 된다. 우리는 강력한 성경적 기초를 형성해서 여성(과 남성)이 일상의 삶과 씨름할 도구를 얻도록 해야 한다. 이는 우리가 어떤 청중 앞에서든 하나님의 말씀을 열 때 본문으로부터 시작해야 한다는 뜻이다. 견고한 주해를 통해 우리는 모든 인식자의 필요를 만나야지, 성경 한 구절을 건성으로 언급하는 것으로, 심지어 성경 곳곳에서 대여섯 구절을 찾아 나열하는 것으로 그쳐서는 안 된다. 주로 분석적 인식론을 가진 청중을 염두에 두고 우리는 "이것이 사실인가"를 다루며 상황 안에서 본문의 의미와 씨름해야 한다. 그리고 본문을 인간의 삶에 조심스럽게 적용해야 하는데 모든 이의 삶의 상황이 독특함을 인정하고 획일적인 방식으로 적용해서는 안 된다. 그럴 때에만 우리는 참된 본질을 향한 여성의 갈구를 만족시키기 시작할 수 있다.

근래에 나는 서부 해안에서 열린 한 여성 수양회에서 설교를 했다.

청중은 대부분 40세부터 45세 이하의 여성으로서 이들은 즐거운 주말을 기대하고 있었다. 그들 다수가 복음주의 교회 출신이었지만 성경책을 가지고 온 사람은 거의 없었다. 설교를 듣기 위해서가 아니라 긴장을 풀고 일상으로부터의 휴식을 누리기 위해 수양회에 참석했기 때문이었다. (수양회 홍보의 상당 부분이 여성에게 편안한 주말을 약속하는 것에 집중되었다.) 나는 차를 타고 장을 보러 가는 사람들의 삶과 연관된 가설적 상황으로 첫 저녁 집회를 시작했다. 이 이야기는 여성들을 웃게 만들었고 내가 주말 동안 네 번의 성경공부를 통해 다루고자 했던 주제, 곧 인생에서 최선의 선택을 하는 것에 대한 무대를 마련해주었다. 이후 나는 바로 성경 본문으로 들어가 거기에 머무르며 그 이야기를 거닐었고(첫 번째 실용적 질문) 등장인물들의 행동에 관해 적절한 질문을 던졌으며(두 번째 실용적 질문), 본문의 중심 사상을 적용하는 일로 이동했다(세 번째 실용적 질문). 두 번째와 세 번째 집회에서 나는 "재미있는" 현대적 도입을 위해 시간을 사용하지 않고 곧바로 청중을 그날의 본문 안으로 데리고 들어가 다시 한 번 위의 세 가지 질문과 씨름했다. 주일 아침에는 다시 오늘날 세상의 삶으로부터 시작하여 그다음 성경 본문 안으로 들어갔다. 그 주말의 전체 주제는 "최선의 선택을 하는 것"이었고 각각의 집회는 심도 있는 성경공부로서, 이들이 오늘날 세상에서 자신의 삶에 하나님의 진리의 계시를 적용하기 전에 먼저 그것에 집중하도록 했다. 처음에는 꽤 많은 여성이 주말 동안 네 번이나 성경 교사의 설교를 들어야 한다는 데 무관심했지만, 나중에는 여러 여성이 내게로 다가와 자신의 필요를 충족시키는 방식으로 말씀을 가르쳐준 것에 대해 감사를 표했다. 그중 다수는 하나님의 말씀으로 배부르고자 하는 의도는 없었지만 막상 그렇게 되었을 때 하나님이 자신을 만나주셨고 자신의 삶이 변화된 것을 알았다.

우리의 땅에서 주님의 말씀은 기근을 맞았다. 청중은 복합적이다. 하지만 우리가 세 가지 실용적 질문 모두에 주의하면서 근대의 청중과 포스트모던 시대의 청중에게 하나님의 말씀을 선포할 때, 하나님은 우리가 알 수 없는 방식으로 다양한 그룹의 사람들에게 삶을 변화시키는 진리를 가지고 다가가신다.

요약

- 우리 자신이 우리의 문화와 너무나도 심하게 동화된 나머지 우리는 무엇이 영원하고 무엇이 사라질 것인지 분별하지 못하고, 따라서 우리의 메시지도 많은 경우 불분명하다.
- 포스트모더니즘은 많은 그리스도인을 불안하게 하는데 이것은 우리가 포스트모더니즘을 오늘날 미국 사회 내 가치와 진리의 부재와 연결하기 때문이다.
- 상대주의와 다원주의를 우리의 일상으로 가지고 들어온 것은 (포스트모더니즘이 아니라) 근대성이다. 근대성은 실험실에서 시험될 수 없는 것은 진리로 입증될 수 없다고 주장하면서 기독교의 가설과 충돌을 일으켰다.
- 근대성은 우리가 갈망하는 깊은 인간관계로부터의 소외감, 끝없는 분투와 악화되어가는 휴식의 불능을 동반한 불안감, 우리를

실질적인 공동체에 매이지 못하게 하는 유동성, 때때로 우리를 압도하는 선택의 범위, 고통과 악 가운데서 소망을 앗아가는 세속화를 함께 가져왔다.

- 분석적 인식자는 분석과 이해의 대상에 집중하는 객관적이고 체계적인 사상가다.
- 구성적 인식자는 타인의 질문에 단순히 대답하는 것에 그치지 않고 더 깊이 파고든다. 누가 질문을 던지는가? 왜 질문을 던지는가? 그 질문이 타당하지 않다는 결론에 다다를 수도 있다. 이는 그들이 자신이 듣는 설교를 어떻게 평가하는지에 대해 시사하는 바가 많다.
- 청중의 분석에는 어떤 종류의 인식자가 당신의 회중석을 메우고 있는지에 대한 발견이 포함된다. 예배를 마치고 듣는 사람들의 언급, 곧 이들이 무엇을 듣고 그것을 어떻게 소화했는지를 통해 당신은 당신의 회중 속 인식론의 범주를 짐작할 수 있다.
- 청중으로 하여금 삶을 변화시키는 말씀을 듣도록 하시는 분은 성령이시지만, 당신의 설교는 모든 청중이 하나님의 음성을 더욱 분명하게 듣도록 할 수 있다.

더 생각해볼 문제

- 당신 자신의 문화화를 고려할 때 당신은 근대와 포스트모던 시대의 철학과 인생의 질문들에 비추어 스스로를 어떻게 바라보

는가? 이것은 당신의 설교에 어떤 영향을 미치는가?

• 당신은 어떤 종류의 청중에게 가장 편안함을 느끼는가? 수동적인 청중을 향해 설교하는 것을 선호하는가, 아니면 종종 당혹스런 질문을 던지기도 하는 청중을 선호하는가?

• 당신은 두 번째 실용적 질문(이것은 사실인가?)에 기초해서 혹은 이것을 포함해 설교하는 것이 얼마나 편안한가?

• 당신은 세 번째 실용적 질문(그래서 어떻다는 것인가?)에 기초해서 혹은 이것을 포함해 설교하는 것이 얼마나 편안한가?

• 점점 더 관계에 집중해가는 세상에서, 분석적 접근의 관련성은 무엇인가?

6장

여성과
영성,
믿음의 문제

나는 수년 동안 다음과 같은 에이미 카마이클(Amy Carmichael)의 기도가 그 마음속에서 메아리치고 있는 수많은 여성을 만나왔다.

주님께, 불어 닥치는 세찬 바람을
내게는 막아달라는 기도에서,
열망 대신 싹트는 두려움에서,
더 높이 오르지 않는 주춤거림에서,
오 주여! 호사스런 자아에서
벗어나 군사로 주 따르게 하소서.

편안하고 소소한 사랑에서,
쉬운 선택과 연약함에서…
갈보리를 흐리게 하는 모든 것에서,
하나님의 어린 양이여! 건져주소서.

이 기도를 올려드린 여성 중에는 하나님이 다음과 같은 내용을 허락해주시기만을 갈망하며 세상의 외딴 곳으로 자신의 발길을 돌린 이도 있었다.

제 길을 이끌어줄 사랑을,

무엇에도 놀라지 않는 믿음을,

실망에 지치지 않는 소망을,

불처럼 타오르는 열정을 주소서.

납덩이처럼 가라앉지 않게 하소서.

불꽃이신 주여! 저를 주의 연료 삼으소서.[1]

　하지만 가정이든 먼 선교지든 자신의 삶과 일터에서 이런 기도의 결과를 경험하는 여성도 있지만, 더 많은 경우 이들은 일상의 삶과 활동을 통해 이런 수준의 헌신을 도전하는 그 어떤 것도 경험하지 못한다. 교회나 선교사 파견 단체들은 왕왕 이들의 유용성을 과소평가하고 이들의 헌신을 사소한 취미로 국한시킨다. 그리하여 이들의 발을 예수 그리스도를 위한 지칠 줄 모르는 사랑의 봉사로 이끌었던 것이 무엇이었든, 결국 그 이상은 흐릿해지고 소멸되고 만다.[2] 나는 이런 여성들을 만나보았고 이들을 위해 울어왔다.

　한때 카마이클의 기도를 올렸던 여성 중에는 우리 문화에 존재하는 "편안하고 소소한 사랑", 교회 안에서 예수님을 따르기 위해 "모든

---

1) Elisabeth Elliot, *A Chance to Die: The Life and Legacy of Amy Carmichael* (Old Tappan, N.J.: Revell, 1987), 221에 인용됨. 『에이미 카마이클』(복있는사람 역간).

2) 하나님의 영광을 위해 하는 모든 일이 중요하다. 하지만 나는 신학대학원 훈련을 받고 선교 기관에서 일하는 여성의 사역이 "사환" 업무로 제한되는 것을 보아왔다. 수년이 지나도 이들에게는 심부름을 하고 교회 주보를 만드는 것 이상의 일이 맡겨지지 않고 결국 이 여성은 자신의 은사와 훈련에 보다 적절한 사역을 위해 선교 사역을 그만두었다. 최근에는 신학대학원을 졸업하고 교회에서 전임 사역자로 섬기는 한 여성이 내게 이렇게 말했다. "다른 교회 직원과 비교해본다면 저는 비서만큼 돈을 받고 또 비서처럼 대우받아요."

것을 뒤로 하는" 별남보다 더 높게 평가되기도 하는 소소함에 굴복하는 이들도 있다. 이런 경우 하나님에 대한 섬김은 늘 사소한 취미로 전락해버리고, 이는 그리스도를 향한 이전의 헌신을 비현실적일 뿐 아니라 터무니없는 것으로 만들어버린다.[3]

하나님을 사랑하는 자로 시작했지만 기독교회에는 자신을 위한 자리가 없다고 느끼고 결국에는 성경적 신앙의 불꽃마저 사그라든 이들도 있다. 구약학자이자 한때는 독실한 그리스도인이었던 캐롤 크리스트(Carol Christ)는 다음과 같은 잊기 어려운 말을 기록했다.

일부 여성이 침묵하기 위해 스스로를 죽이고 있다는 사실을 인식하지도 못한 채 멍하니 앉아 있는 동안, 성경적 하나님과의 관계를 끊고 교회와 회당을 떠나는 여성도 있다. 두 경우 모두, 이들은 한때는 성경적 전통의 하나님에 대한 강력한 감정을 가지고 있었지만, 지금은 자신의 일부를 부인하고 있을 것이다. 아마도 "한밤중에 증오와 후회, 하지만 가장 중요하게는 무한한 갈망을 지니고"[4] 자신을 찾아오는 하나님을 향한 강력하고 모순되는 감정을 억압하며 자신의 종교적 감수성을 실컷 짓밟고 있을 것이다. 하나님에 대한 자신의 분노와 비통을 집어삼

---

3) 그리스도인 여성이 받는 문화적 유혹은 많은 장소에서 눈에 띈다. 교회가 후원하는 한 여성 행사에서 강의를 한 적이 있었는데 여기서도 비공식적 대화는(상당 부분 예정된 프로그램도 그랬다) 의상과 테니스 클럽, 다음 주 파티에 집중되어 있었고 영적 필요에 대한 부분은 철저히 배제되어 있었다. 이런 이벤트를 계획한 사람들 자체가 영원한 가치에 대해서는 분명한 인식이 없이 패션과 즐거움에 몰두해 있었다.

4) 크리스트는 Elie Wiesel, *The Town beyond the Wall*, trans. Steven Becker (New York: Avon Books, 1970), 190로부터 인용했다.

킨 여성은 이런 분노를 야기한 그분을 향한 갈망 역시 잘라내고 있을 것이다.[5]

『아프로디테의 웃음: 여신으로 가는 여정에 대한 회고』(*Laughter of Aphrodite: Reflections on a Journey to the Goddess*)에서 크리스트는 왜 자신이 역사적 기독교를 떠나 "아프로디테의 여제"가 되기로 결정했는지를 자세히 설명한다.[6] 이 책의 표지에는 신학자 엘리자베스 쉬슬러-피오렌자(Elizabeth Schüssler-Fiorenza)의 글이 인용되어 있다. "온갖 신조의 그리스도인은 우리가 어떻게 하나님을 이해하고 이야기해야 하는지에 대한 그녀의 열정적 도전에 귀 기울일 필요가 있다."

당신은 하나님을 어떻게 "이해하고 이야기하는가?" 그리고 이것은 교회 안의 여성에게 어떤 영향을 끼치는가? 목회자는 어떻게 여성을 격려함으로써 이들이 말씀 안에 닻을 내리고 이들의 마음과 목숨과 뜻의 영구적 습관을 이루도록 하는 영성 형성을 성취하도록 할 수 있을까? 설교의 임무는 영성 형성에 어떻게 필수적일까?

여성의 영성에 대한 질문(이들이 어떻게 하나님을 알고 관계 맺느냐?)은 인식론(우리가 아는 것을 어떻게 아느냐?)과 분리될 수 없다. 영성은 가장 간단히 말해 하나님을 아는 것과 관련된다. (어떤 작가는 영성을 우리가 삶 속에서 하나님의 부르심을 듣고 그것에 반응하는 법을 배

---

5) Carol Christ, *Laughter of Aphrodite: Reflections on a Journey to the Goddess* (San Francisco: Harper & Row, 1987), 30.
6) 같은 책, 191.

우는 것으로 묘사했다.[7] 조앤 월스키 콘[Joann Wolski Conn]은 그리스도인의 영성을 성령의 은사로 말미암아 그리스도를 통해 우리의 자아를 초월해 하나님을 경험하는 것이라고 말했다. "그리스도인의 영성은 인간 생명의 모든 차원을 포함한다."[8]) 하지만 이런 "앎"은 하나님에 대한 교리를 추상적으로 아는 것이 아니라 인격적인 하나님과의 개인적인 관계다. 이는 사실을 아는 것을 의미하는 프랑스어 동사 "savoir"와 사람을 아는 것을 의미하는 "connaître" 사이의 차이다. 영성은 인식 이하의 것이 아니라 인식 이상이다. 영성은 살아 계신 하나님과의 관계 속에서 성장하는 것이다.

다양한 인식론이 어떻게 여성을 방해해서 이들로 하여금 하나님의 부르심에 반응하고 이런 관계로 들어서지 못하도록 하는지는 쉽게 찾아볼 수 있다. 이어지는 단락에서 나는 서로 다른 인식론을 가진 여성들이 자신의 뜻을 다해 하나님을 사랑하고자 노력할 때 마주할 수 있는 어려움 중 일부를 살필 것이다. 많은 여성이 삶의 도덕적·영적 차원에 진지하게 몰두한다. 이런 측면에서 그들은 하나님을 향해 충분히 열려 있다. 하지만 이들이 던지는 질문들은 강단으로부터 답을 얻지 못한다. 얻는다고 해도 이런 답은 그들의 경험이나 성경에 대한 이들의 이해와 공감되지 않는 방식으로 온다. 이런 여성은 대답과 소

---

7) 베네딕트 J. 그로셸(Benedict J. Groeschel)은 *Spiritual Passages: The Psychology of Spiritual Development* (New York: Crossroad, 1996)에서 영적 생명을 "하나님의 내면적 부르심으로 여겨지는 것에 대해 보이는 총체적 반응"이라고 묘사했다(4쪽).

8) Joann Wolski Conn, *Women's Spirituality: Resources for Christian Development* (New York: Paulist Press, 1986), 3.

망을 다른 곳에서 찾을 것이다.

여성을 위한 영성을 이야기하는 것은 복합적인 과제다. 4장과 5장에서 논의했던 다섯 가지 인식론 각각이 영성에 대해 서로 다른 의미를 갖기 때문이다. 당신이 설교자라면 지금 당신은 매주 당신의 설교를 듣는 여성들을 떠올리며, 주일 아침 당신이 마주하는 회중을 잠시나마 생각해보기를 원할 것이다. 당신은 이들이 자신이 아는 것을 어떻게 아는지와 관련해서 그들의 위치를 분별할 수 있는가? 그럴 때 당신은 이 여성들에게 다가가기 위해 하나님에 대해 어떤 방식으로 말해야 할지를 생각해볼 수 있다.

여성의 영성 및 이것과 설교가 어떻게 연결되는지의 문제를 분석하기 위해 우리는 먼저 4장과 5장에서 살펴본 다섯 가지 인식론을 다시 한 번 논의할 것인데, 이번에는 특히 각각의 인식론에 존재하는 장애물, 즉 우리의 뜻(mind)을 다해 하나님을 사랑하지 못하도록 하는 장애물에 집중할 것이다. 그런 후에는 설교의 임무를 살필 것인데, 그 목적은 각 범주에 속한 여성이 하나님의 음성을 깨닫고 자신의 삶 속에서 그분의 부르심에 성경적으로 반응할 수 있도록 하기 위함이다.

침묵 속에서 사는 여성을 위한 영성

당신은 당신의 회중 가운데 침묵 속에서 살고 있는 여성을 알고 있는가? 이들은 자신을 생각도 발언권도 없는 존재로 경험하는, 자신이 무엇을 알고 있다는 사실을 알지 못하는 여성이다. 앤이라는 이름의 한 여성은 침묵 속에서 살았던 지난날을 이렇게 회고했다.

저는 사람들이 하는 말을 전혀 이해할 수 없었어요. 제가 받은 교육은 매우 제한적이었죠. 아무것도 배우지 못했어요. 거기에 가만히 않아 도저히 이해할 수 없는 것에 대해 사람들이 장황하게 늘어놓는 이야기를 들으며 그저 "네, 네"라고 대답만 했어요. "그러니까 그게 무슨 말이죠?"라고 묻기는 너무 창피했어요.[9]

침묵 속에서 사는 여성에게 혹시 지성의 은사와 오감이 있다고 해도, 이들은 자신에게 이런 은사가 있는 줄을 알지 못한다.

그렇다고 이런 여성이 세상에서 생존할 수 없다는 의미는 아니다. 앤은 자기 가족을 재정적으로 지원했으며 자녀를 양육했다. 그녀의 남편은 음주와 폭력은 물론 가족의 빠듯한 재정에까지 손을 댔고, 따라서 그녀는 아이들과 자신의 생존을 위해 바삐 노력해야 했다. 하지만 그녀의 말대로 "여성은 지극히 여성적이어야 하고 가만히 있어야 하며 남자가 모든 것을 할 수 있도록 배려해야 한다고 생각하며 자랐"[10]기 때문에, 그녀는 남편만이 모든 것을 이해할 수 있다고 생각하며 그를 자신의 안전의 근원으로 여겼다.

메리 벨렌키와 그녀의 동료들은 보통 이런 여성이 고립 속에서 친

---

9) Mary Field Belenky, Blythe McVicker Clinchy, Nancy Rule Goldberger, and Jill Mattuck Tarule, *Women's Ways of Knowing: The Development of Self, Voice, and Mind* (New York: Basic Books, 1986), 23.
10) 같은 책, 29.

구나 놀이, 그리고 대화가 없이 자랐다는 사실을 발견했다. 이들의 가족은 보다 넓은 공동체의 일원이 아니었다.[11] 레프 비고츠키(Lev Vygotsky)는 타인과 소리 내어 대화하지 않는 사람은 자신의 내면에서도 깊은 생각을 할 수 없다고 말했다. 침묵 가운데 사는 여성은 자신과도 "지속적으로 대화"하지 않는다. 타인과의 놀이나 대화 없이 사람들은 자신이 충분히 생각할 수 있다는 의식을 개발하지 못한다.[12]

침묵 속에서 사는 여성에게 하나님을 아는 것은, 그분을 아는 다른 여성의 오래 참는 사랑과 모범을 통해서만 찾아올 가능성이 크다. 침묵하는 여성은 자신의 사고 역량을 발견하지 못했으며 따라서 이들에게 설교는 효력이 거의 없다. 이들은 설교를 통해 듣게 되는 모든 명령에 순종하고자 노력하지만(그렇게 하지 못하는 것은 이들에게 재앙을 가져올 수 있다), 이들의 순종은 이들이 관계 맺는 하나님에 대한 사랑의 반응이 아닐 가능성이 높다. 이런 인식론을 가진 여성은 자신과 가깝고 자신이 신뢰하는 다른 여성이 살아내는 복음을 목격하는 것 말고는 복음을 이해할 수 있는 자산이 거의 없다.

---

11) 같은 책, 32.

12) Belenky et al., *Women's Ways of Knowing*, 32-33에 인용된 Lev Vygotsky, *Mind in Society: The Development of Higher Psychological Processes* (Cambridge: Harvard University Press, 1978).

수용적 인식자를 위한 영성

주일 아침 교회에 앉아 있는 모든 남성과 여성을 통틀어 가장 "바람직한" 청중을 꼽자면 아마도 수동적 인식자일 것이다. 듣기는 이들의 앎의 방식이다. 침묵 속에서 사는 여성과는 반대로 이 청중은 자신의 앎에 가장 중심적인 것으로 말에 의존한다. 이들은 타인, 특히 권위를 가진 사람이 전하는 내용을 순순히 받아들인다. 하지만 어떤 전문가로부터 받은 내용을 그대로 반복하지 않는 한, 말하는 자기 능력에 대해서는 자신감이 없다. 4장에서 언급된 대로 수용적 인식자는 자신이 자기 경험을 반추해 지식을 생성해낼 수 있다고 믿지 않는다. 이들은 사실을 수집할 뿐 자신의 의견을 개진하는 경우는 거의 없다.

수동적 인식자는 모든 질문에 단 한 개의 답이 존재한다고 생각하며 따라서 역설을 소화할 수 없다. 모순되는 여러 생각이 어떤 사건의 사실들과 동시에 부합될 수는 없다고 믿는다. "당신의 전문가들이 서로 의견을 달리한다면요?"라는 질문에 한 여성은 다음과 같이 말함으로써 이 상상하기 어려운 딜레마를 해결했다. "가장 많은 수의 사람들이 믿는 쪽으로 가야 할 것 같아요."[13]

벨렌키와 그녀의 동료들의 언급에 따르면 수동적 인식자는 왜 시인이 당당히 나와 자신이 정말로 의미하는 바를 말하지 않는지 질문하며 시를 어려워한다. 이들은 모든 시에는 단 한 가지 해석만이 존재

---

13) Belenky et al., *Women's Ways of Knowing*, 41.

한다고 생각한다.[14] 수동적 인식자는 문자적이다. 이들은 글을 읽고 줄거리를 따라가지만 행간에 무엇이 존재한다고 믿지 않기 때문에 이를 읽어내지는 못한다. 이들이 생각할 때 행간을 읽는 사람은 무엇을 지어내고 있는 것이다. 이들은 명확성을 원한다.[15]

수동적 인식자는 들으면서 필기를 많이 하는데 먼저는 노트에 하고 나중에는 자신의 머릿속에 그 설교를 복사해서 저장한다. 이들은 두 번째나 세 번째의 실용적 질문을 던지지 않고 다만 정보로서 "있는 그대로" 보관한다. 이런 인식자는 타인으로부터 받은 진리를 흡수하고 저장하는 자신의 능력에 자신감을 갖는다. 심지어 스스로를 정보의 풍성한 저장소로 볼 수도 있다. 개인의 생각이 반영될 필요가 없는 경우라면 이들은 보통 훌륭한 학생이다. 많은 경우 수용된 정보를 이야기하거나 가르치라는 요구에 대해 이들은 그것을 재생할 수는 있지만, 이것을 적용하거나 자신만의 연구로 만들어내라는 요구에는 위협을 느낄 수도 있다.

수용적 인식자가 도덕적 문제를 풀려고 할 때 이들의 언어에는 "~해야 한다"를 의미하는 단어(should, ought, must)가 빈번히 등장한다. 4장에서 언급했듯이 이들은 타인이 좋거나 옳다고 말하는 것을 행하려고 열심히 노력한다. 이런 여성에게 "~해야 한다"는 표현은 이들

---

14) 같은 책, 42.

15) 신학대학원 교수로 재직하면서 내가 발견한 바로는, 이런 인식론을 가진 학생은 어떤 과목을 수강할지를 결정할 때 몇 번의 시험이 있을지, 몇 개의 보고서를 써야 할지, 보고서의 길이는 얼마가 되어야 할지를 정확히 알고 싶어한다. 이들은 읽어야 할 책의 권수와 쪽수, 그리고 점수의 산정법을 알고 싶어한다. 또한 이들은 학점이 시간당 임금의 형태를 가져야 한다고, 즉 더 많은 공부는 더 높은 점수가 되어야 한다고 생각한다.

이 의사 결정을 내릴 때 편안한 장을 마련해주는 동시에 잘못된 죄의식을 일으키기도 한다. 또한 이런 여성은 애매모호함을 견디지 못한다. 따라서 한 여성에게 옳은(그렇게 해야만 하는) 것이 모든 다른 여성에게는 옳지 못할 수도 있는 상황은 절대로 불가능하다. 이들에게 모든 것은 양자택일이다. 이런 여성의 영성은 외부적으로 규제되고 타인을 은근히 판단하는 자세를 동반하기도 한다.[16]

수동적 인식자에게 성경의 일부 가르침은 혼란스러울 수 있는데, 동일한 행동이 어떤 경우에는 허용되고 어떤 경우에는 허용되지 않기 때문이다. 예를 들어 1세기 헬라 그리스도인들이 이방 우상에게 바쳐진 고기를 시장에서 구입해도 좋을지 여부를 논의했을 때(고전 8장), 사도 바울은 "우상은 아무것도 아니며" 그리스도인이 이런 고기를 먹어도 무방하지만 그런 행동이 보다 연약한 그리스도인을 신앙으로부터 떨어지도록 한다면 그렇게 해서는 안 된다고 말했다. 많은 수동적 인식자는 도덕적 의사 결정에 대한 이런 사례별 접근을 당혹스럽게 생각한다.

수동적 인식자는 자신이 그리스도인의 삶에 닻을 내리도록 도와줄 정확한 교리, 분명하고 모호하지 않은 신앙 선언문을 찾는다. 그녀는 매주 예배당에 앉아 자신으로 하여금 더 확실한 "신앙"을 갖게 해줄 진

---

16) 수용적 인식자는 진리에 대해 외부의 목소리에만 귀를 기울일 뿐 그것을 자기 것으로 만들기 위해 내면적 처리를 하는 경우는 없다. 여기에는 두 가지의 부정적 결과가 뒤따른다. 첫째 결과는 이들이 다양한 해석이나 의견을 허용하지 않고 자신이 외부로부터 받은 진리에 따라 타인을 쉽게 판단한다는 것이다. 두 번째로는 이들의 영성이 외부의 버팀목에 의존하여 얄팍하다는 것인데 이는 그들에게 내면화할 역량이 없기 때문이다.

리, 그리스도인의 삶의 신학적·교리적 기초를 고대한다. 이런 여성은 주해에 있어 "깊이 들어가는" 성경공부를 좋아한다. 이들은 구멍이나 애매모호함이 없이 사실들을 깔끔하게 결집시키는 설교를 선호한다.

캐롤 길리건에 따르면 수동적 인식자(여성이 종속적이고 내성적인 청중이 되어야만 한다고 믿는)는 만일 자신이 탁월해진다면 자신이 사랑하는 사람들이 고통 받을 거라고 생각한다.[17] 수동성이 그리스도인 여성을 위한 적절하고 경건한 역할이라고 배워온 여성은 자신 안에 있는 하나님의 은사를 사역을 통해 사용하는 것을 도외시할 것이다. 그렇게 함으로써 타인들을 위험에 빠뜨릴 수 있다고 믿기 때문이다.

수용적 인식자의 영성의 역량은 이들이 받아들이는 진리를 스스로 소화하지 못하는 무능으로 제한된다. 이들에게는 많은 사실을 흡수할 능력은 있지만 이를 평가할 능력은 없다. 따라서 이들의 영성은 자신의 삶의 영적 권위가 이들에게 건네는 믿을 만한 인도의 범주를 벗어날 수 없다. 깊은 영성을 지닌 인도자의 설교 아래 거하는 수용적 인식자라면 하나님과의 깊은 관계를 개발할 수도 있겠지만, 자신이 배운 것을 소화화지 못하는 이들의 무능은 뜻을 다해 하나님을 사랑하는 데 방해가 될 수 있다.

---

17) Belenky et al., *Women's Ways of Knowing*, 46에 인용된 Carol Gilligan, *In a Different Voice* (Cambridge: Harvard University Press, 1982). M. S. Horner, "Toward an Understanding of Achievement-Related Conflicts in Women," *Journal of Social Issues* 28 (1972): 157-76; J. B. Miller, *Towards a New Psychology of Women* (Boston: Beacon Press, 1976); G. Sassen, "Success Anxiety in Women: A Constructivist Interpretation of Its Source and Its Significance," *Harvard Education Review* 50 (1980): 13-24도 보라.

주관적 인식자를 위한 영성

주관적 인식으로의 변화는 이것의 시기와 여부에 있어 여성에게 매우 중요하다. 이제까지 수동적 인식자였던 여성은 자신의 머릿속에 있는 작은 음성에 관심을 기울이기 시작하고 그것을 평가하기에 이른다. 이들은 자기 내면의 생각하는 힘을 점점 더 인지하게 되고, 이는 그들이 인식하는 방식 자체를 변화시킨다.

(전부는 아니지만) 많은 수의 주관적 인식자에게는 이들을 업신여기거나 이들의 호기심을 억압하거나 질문을 한다는 이유로 꾸짖는 부모나 배우자가 있다. 결과적으로 이들은 자신을 맡길 수 있는 신실한 권위를 찾아 평생을 보낸다. 하지만 연구자들이 일관되게 발견한 사실은 이들의 삶에 실패한 권위자가 존재한다는 것이다. 이런 인식자는 자신의 신뢰를 존경받는 교사나 종교적 대변인 혹은 훌륭한 전문가에게 두는데, 이들이 인식자를 어떤 방식으로든 실망시킨다는 것이다. 주관적 인식자로 옮겨간 많은 여성에게는 이런 사건에 대한 실망감과 격분이 만연해 있다.[18]

4장에서는 수동적 인식에서 주관적 인식으로의 변화를 자세히 기술한 바 있다. 여성이 이런 변화를 시작할 때 이들은 공적 권위(예를 들어 목회자, 교사, 정치인)에는 귀를 덜 기울이고 자신의 경험에 보다 가까운 사람, 즉 여자 친구, 엄마, 자매, 할머니를 의지하려는 경향을 보인다. 이런 과도기적 여성에게 진리는 자신과 가장 비슷한 사람들

---

18) Belenky et al., *Women's Ways of Knowing*, 58.

의 직접적인 경험 안에서 발견된다. 직접적인 경험이 지식의 소중한 자원이 된다는 발견은 이들의 일상에 새로운 의미를 부여한다. 자기 자녀를 지원하기 위해 꼭 필요한 기술을 개발하고자 학교로 돌아간 48세의 한 여성은 자신이 변화의 필요를 깨닫게 된 순간을 다음과 같이 묘사했다.

> 저는 언제나 규칙이 존재하고 우리가 그 규칙을 따를 때 행복해진다고 생각했어요. 저는 제가 왜 행복하지 못한지를 전혀 이해하지 못했죠. 나는 착한데, 나는 규칙을 잘 따르는데 하는 생각이 들었어요. 저는 그들이 제게 말하는 모든 것을 따라 행했지만 아무것도 잘 되는 것이 없었어요. 제 삶은 엉망진창이었죠. 제가 매우 좋아하는 신부님께 편지를 써서 "이를 바로잡으려면 제가 무엇을 해야 할까요?"라고 물었어요. 신부님은 답이 없었어요. 이때 저는 제가 누구로부터도 답을 얻을 수 없다는 사실을 깨달았어요. 제가 스스로 답을 찾아야만 한다는 사실을요.[19]

주관적 인식은 여러 다른 형태를 취할 수 있다. 일부 주관적 인식자는 정중한 청중, 또는 보고 들을 뿐 행동은 하지 않는 사이드라인의 관중이 된다. 말없이 숨어 있는 이런 여성의 외로움은 사회에서 자신감 넘치는 수동적 인식자와 극명한 대조를 이루며 더욱 도드라진다. 이들은 수동적 인식자의 외면적 순응이 거짓이고 이런 순응은 자신이 근래에 자기 안에서 가치 있는 것으로 여기기 시작한 내면의 진

---

19) 같은 책 61쪽에 인용.

리나 잠재력을 드러낼 수 없다고 믿게 되었을 수도 있다. 때로 이들은 모든 외부적 권위를 압도하는 개인의 무한한 힘을 느끼며 자신의 주관적 진리에 대한 강한 신뢰를 길러가기도 한다. 이들은 근심 걱정이나 거리낌이 없는 삶을 살고 싶어한다. 자신을 다음과 같이 묘사한 여성이 있었다. "저는 한 번도 인격을 가진 적이 없었어요. 저는 언제나 누군가의 딸, 누군가의 아내, 누군가의 어머니였죠. 바로 지금 저는 다시 태어나 제가 누구인지를 발견하느라 너무 분주해서 제가 누구인지를 잘 모르겠어요. 그리고 어디로 가고 있는지도 잘 모르겠어요. 하지만 다 괜찮을 거예요."[20] 모든 주관적 인식자는 전문가의 지식과 충고를 무시하는 지경에 이른다. 권위는 더 이상 자신의 바깥으로부터가 아니라 자신의 뜻으로부터 나온다.

주관적 인식자에게 진리는 외부의 교사로부터(혹은 보다 복합적인 인식론으로부터) 오지 않고 개인의 직관으로부터 온다. 이 새로운 진리는 학습되지 않고 직관되기 때문에 그녀는 자신을 진리의 처리기가 아닌 진리의 신비한 전달자로 본다. 진리는 더 이상 외부로부터 받는 그 무엇이 아니다. 진리는 그녀 안에서 성장한다. 그렇다면 주관적 인식자는 어떻게 진리를 아는가? 그녀는 "진리"가 그 모습을 드러냈을 때 만족과 편안함을 느낀다. 만일 그녀에게 신앙이 있다면 신앙은 하나님에 대한 그녀의 직관이고 이 직관을 신뢰하고 그것이 어디로 인도하든 따라가겠다는 기꺼운 의지다. 이런 직관 혹은 감정을 통해 그

---

20) 같은 책, 82. 벨렌키는 주관적 인식자의 자아의 탄생이 사실상 나이를 불문하고 30세나 40세, 심지어 50세와 같은 늦은 나이에도 일어날 수 있다는 사실을 지적했다.

녀는 하나님의 음성을 "듣는다." 이런 여성이 자신의 뜻을 다해 하나
님을 사랑하도록 돕는 설교는, 그녀가 자신의 목숨을 다해 하나님을
사랑하는 것에 이르기 전에는 효과적일 수 없다.

일부 사회과학자의 추측에 따르면 여성이 이곳까지 도달하는 것은
다음과 같은 뿌리 깊은 믿음 때문이다. 즉 남성은 사고하고 여성은 느
낀다는 믿음, 따라서 사고는 여성의 느끼는 능력을 방해하기 때문에 그
렇게 해서는 안 된다는 믿음 말이다.[21] 생각(idea)은 남성으로부터 나
오고 이것은 여성의 삶에 관련될 수도, 관련되지 않을 수도 있다.[22]

"진리"를 갈망하는 수동적 인식자와는 대조적으로, 주관적 인식자
는 자신과 가까운 여성의 통찰에만 주의를 기울일 뿐 남성의 설교나
가르침은 듣지 않으려고 하는 경향이 있다. 자신의 경험과 내면의 음
성에 반하는 외부 전문가의 충고를 맞닥뜨릴 때 주관적 인식자는 때
로 실용주의적인 반응을 보인다. "내게 가장 효과적인 것을 선택해야
지." 주관적 인식자는 모든 사람의 경험이 독특하다고 생각하고 따라
서 누구에게도 타인을 대변하거나 타인이 말하는 것을 판단할 권리가
없다고 주장한다. 한 주관적 인식자가 표현한 대로 "무엇이 옳고 그른
지를 알기 위해서는 그 상황에 처해봐야 한다. 멀찍이 떨어져 누군가
를 바라보며 '에이 이렇게 해야지 혹은 저렇게 해야지'라고 훈계해서

---

21) (4장에서 살펴보았듯이) 이런 믿음은 19세기 전반에 걸쳐 유명 여성 잡지들과 분리
된 영역인 교리의 일부로 설교를 통해 광범위하게 선언되었다. 의사들은 감정적 표현
이 사고하는 남성의 역량을 파괴하는 것과 마찬가지로 사고하는 것은 여성의 느끼는
역량을 파괴한다고 말하면서 이런 믿음을 지지했다.
22) Belenky et al., *Women's Ways of Knowing*, 69.

는 안 된다. 그것이 모든 사람에게 효과적이지 않을 수도 있기 때문이다."[23] 이렇게 표현한 사람도 있다. "이렇게 바라볼 때 모든 사람의 해석은 타당해진다.…내 말은 어느 누구도 당신에게 당신의 의견이 틀렸다고 말할 수 없다는 뜻이다."[24] 이런 입장은 설교 안에 포함된 많은 가르침을 효과적으로 물리친다.

주관적 인식자는 논리와 분석, 관념, 심지어 언어 자체도 불신하는 것처럼 보인다. 종종 이런 여성이 입을 여는 것은 사회 속에서 진리를 여는 열쇠를 쥔 사람들, 예를 들어 의사, 교사, 과학자 등에 반대하는 논쟁을 하기 위해서다. 마치 세상의 권위에 속한다고 간주되는 앎을 위한 전략들을 통째로 부인해야만 하는 것처럼 말이다. 이것은 때로 직접적인 경험을 통해 배우는 것을 선호하여 책을 불신하는 결과를 낳기도 한다. 이런 여성에게 중요한 것은 진리가 개인적이고 사적이라는 사실이다.

주관적 인식자를 위한 영성의 위험은 다음과 같이 명백하다. 자신이 직관할 수 있는 것만을 사실로 받아들이고 권위로부터 오는 모든 가르침을 거절한다면 그녀는 자신의 영적 생명을 자라게 하는 대부분의 것으로부터 스스로를 잘라내고 말 것이다. 자신만의 진리를 고집하여 자신을 다양한 종류의 이설에 취약하게 할 뿐 아니라 뜻을 다해 하나님을 사랑하는 것을 배울 가능성 역시 좌절된다. 이는 자신의 경험을 제외한 다른 어떤 출처로부터의 진리에도 열려 있지 않기 때문이다.

---

23) 같은 책, 70.
24) 같은 책, 85.

과정적 인식자를 위한 영성

과정적 지식으로의 인식론적 변화는 이성의 소리로의 변화다. 5장에서 자세히 기술했듯이, 이는 학교에 재학 중인 여성이 분석을 통해 무언가를 알아가는 과정을 배울 때 가장 빈번하게 일어난다. 교수가 강의 중 이야기한 내용을 그대로 반복하는 것에 멈추도록 허용하는(심지어 격려하는) 학교도 있지만, 학생이 체계적 분석이나 비평적 분석을 하기 위한 과정을 배워야 한다고 주장하는 학교도 있다. 진리를 발견하는 과정이 존재하며 학생은 인식의 기초를 자신을 진리로 인도하는 과정의 올바른 사용에 두어야 한다.

과정적 지식은 앎의 근대적인 "객관적" 방식이다. 이는 논리와 분석, 평가에 의존하는데 진리가 저절로 알게 되는 그 무엇이 아니기 때문이다. 우리가 지식에 언제나 즉각적으로 접근할 수 있는 것은 아니지만, 절차나 과정을 통해 우리는 전문가가 말한 내용을 넘어 그것을 탐구할 수 있다. 실제로 이 절차들은 그 사용법을 기꺼이 배우고자 하는 사람에게 선형적 사고라는 도구를 제공한다. 여기서 강조점은 언제나 절차와 기량, 기술에 있다.[25]

---

25) 하지만 5장에서 지적한 대로 남성과 여성의 삶에서 과정적 지식은 서로 다른 형태를 띤다. 그것은 "분리된" 과정적 지식일 수도 있고, "연결된" 과정적 지식일 수도 있다. 두 가지 경우 모두 인식자는 논리와 분석의 도구를 사용해 체계적으로 사고한다. 하지만 분리된 과정적 인식자는 "의심의 게임"을 하는 반면에(이들은 타인의 논쟁에서 빠져나갈 구멍이나 결함을 찾는다) 연결된 과정적 인식자는 저자의 견해와 결론을 이해하려고 노력하며 "믿음의 게임"을 한다. 여성 중에도 분리된 과정적 인식자가 있지만 이는 대개 남성이 취하는 견해다. 분리된 과정적 인식자와는 반대로 연결된 과정

과정적 인식을 하는 여성 중 다수는 비인격적인 기준으로 타인을 판단하기를 거절하며 대신 타인의 이유나 행동을 이해하기 위해 노력한다. 이는 자연스럽게 판단하지 않는 입장을 취하는 것처럼 비친다. 심지어 어떤 의견에 강력하게 반대할 때에도 이들은 그 이면의 추론을 이해하기 위해 노력하지 않고는 이를 틀린 것으로 판단하기를 주저한다. 이런 이유로 추상적인 원리에 기초해서 누군가의 행동이나 태도를 판단하는 것처럼 보이는 성경적 설교는, 설교자가 죄인의 정신과 마음속으로 들어가기 위해 노력한 과정을 묘사하지 않을 경우 거절될 수도 있다.

이런 거절을 죄에 대한 관대함으로 정죄하기는 쉽다. 하지만 과정적 인식자의 정신 속에서는 그렇지 않다. 이들은 죄와 죄인을 분리한다. 우리 모두는 어떤 사람이 부당한 판단을 받고 혐의를 벗은 후에도 오랜 시간이 지나도록 여전히 그 판단으로부터 벗어나지 못한 경우를 알고 있다. 과정적 인식자는 어떤 판단을 내리기 전에 신중한 조사와 분석을 주장한다.

과정적 인식자에게 신앙은 직접 자신을 돌보시고 자신에게 진리를 드러내시는 하나님을 확신하는 것이다. 신앙은 하나님에 대한 이들의 이상이나 이미지와 직접적으로 연결되어 있다. 이들은 신학적

적 인식자는 타인의 생각을 이해하고 이런 생각을 하도록 그를 이끈 경험 안으로 들어가기 위해 공감(논쟁이 아니다)을 사용한다. 이런 여성(또는 연결된 과정적 인식자 남성)이 분석 과정의 일부로 의심의 게임을 벌인다고 해도 이들에게 더욱 실제적으로 느껴지는 것은 의심이 아니라 믿음이다. 이런 인식자에게 깊은 관계는 이런 지식이 흘러나오는 토양이다.

관념이 아닌 하나님과의 개인적 관계를 맺고 싶어한다.

하나님을 알고 이들의 삶을 향한 그분의 부르심에 반응하는 것(영성의 본질)은 하나님에 대한 성경적 이상만 있다면 과정적 인식자에게는 어려운 일이 아니다.

구성적 인식자를 위한 영성

과정적 인식자의 자아의식은 방법이나 절차와 밀접한 관련이 있다.[26] 하지만 내면의 음성과 논리적 분석이라는 과정적 인식자의 방법 모두를 결합하도록 하는 구성적 지식을 향한 길을 찾는 여성도 있다. 이들은 분석이라는 도구를 포기하는 것도, 그 안에 갇히는 것도 원하지 않는다. 학문적 환경은 때로 학습자를 강요해서 분석으로부터 "자아" 곧 주관적인 내면의 음성을 "분리"하도록 하는데, 그 내면의 음성을 외부의 기량과 통합하고 싶어하는 여성도 있는 것이다. 이들은 자신의 열정과 지적인 생명을 하나의 직물로 엮고 싶어한다. 어떤 의미에서 이들은 자신 안

---

26) 4장, 5장, 6장에서 살펴본 인식론들에는 특정한 점진적 진행이 있는 것처럼 보이지만 이를 영적·지성적 성숙과 혼동해서는 안 된다는 점에 유의하라. 과정적·구성적 인식자에게 보다 풍성한 지적 생명이 있을 수는 있지만 반드시 이것이 더 높은 수준의 성숙을 의미하는 것은 아니다. 우리 모두는 상당한 성숙을 보이는 수용적 인식자와 그렇지 못한 구성적 인식자를 알고 있을 것이다. 후자의 인식론은 하나님을 보다 풍성히 이해하기 위한 모판을 제공하는 것처럼 보이지만, 분명한 것은 모든 과정적·구성적 인식자가 하나님의 말씀이라는 씨앗이 자신의 삶에 뿌리내리도록 하고 영적 성숙을 열매 맺지는 않는다는 사실이다.

에서 자아를 알아가기 원한다. 이들은 스스로에게 자신에 대한 많은 질문을 던짐으로써 그렇게 한다. 나는 누구인가? 내 삶의 목적은 무엇이 되어야 하는가? 그리스도인 여성은 이 시점에서 다음과 같이 질문할 수 있다. 나는 나 자신과 타인에 대해 어떤 의무를 갖는가? 나는 하나님과 하나님의 가족에 대해 어떤 의무를 갖는가? 나는 내 삶을 어떻게 살아야 하는가? 5장에서 언급한 대로 구성적 인식자는 다른 어떤 인식자보다 자기 삶의 도덕적·영적 차원에 더욱 깊이 전념해 있다.

이런 여성은 열정적인 인식자이기도 하다. 새뮤얼 헌팅턴은 사람들이 자기 삶의 스트레스에 보이는 네 가지 다른 반응을 찾아냈다(4장을 참조하라). 네 종류의 응답자 중 도덕적 열정이라고 불리는 것을 개발하는 이들은 이상과 현실 사이의 간극을 메우며 자신의 질문을 만족시켜줄 답을 가장 간절히 열망하는 사람이다. 하지만 도덕적 열정을 개발하는 여성은 동시에 가장 많은 위험을 감수하는 자이기도 하다. 열정적으로 신앙을 좇지만 자신에게 필요하거나 자기가 구하는 해결을 찾지 못하는 여성은 스스로 용납할 수 없는 것을 건네는 기관과 권위를 의심하기 시작할 것이다. 어느 순간 만족스러운 답이 나오지 않는다면 그녀는 자신을 실망시킨 기관을 떠날 것이다. 이런 면에서 그녀는 주관적 인식자와도 유사하다. 하지만 그녀가 떠나는 것은 단순히 주관적인 감정 때문만은 아니며 합리성 때문이기도 하다. 하지만 결과는 동일하다. 그녀는 떠난다.

이런 여성에게는 "배려하는 사랑"(attentive love)[27]의 역량, 곧 타

---

27) Simone Weil, *Waiting for God* (New York: Harper Colophon Books, 1951),

인의 내면의 삶을 상상하고 그것에 섬세하게 접근할 수 있는 능력도 있는데 이것은 이들의 도덕적 헌신이 된다. 이들은 자신의 도덕적·영적 삶만이 아니라, 자신이 살고 있는 보다 넓은 공동체에 대한 책임이 있다고 믿으며 자신의 도덕적 헌신을 행동으로 옮기고자 노력한다.[28] 하지만 이 여성에게 자신의 헌신을 형성하고 그것을 실천하는 일은 선명한 움직임, 이곳에서 저곳으로의 직선적인 운동이 아니다. 이들은 자녀와 배우자의 일정, 친구와 부모의 필요, 독서와 배움을 통한 개인적 성장을 위한 헌신들 사이에서 균형을 잡으려고 노력하는데, 이는 아슬아슬한 곡예와도 같다. 그리스도인 여성의 경우에는 하나님과의 동행과도 균형을 맞추어야 한다. 이들은 그 모든 것을 기꺼이 감당하려는 투지 넘치는 슈퍼우먼이 아니라, 여전히 자신의 영적·지성적 성장을 돌볼 방법을 찾는 동시에 타인을 섬겨야 할 필요를 인식하는 평범한 여성이다.

구성적 인식자는 깊은 영성을 위한 인식적 도구를 가지고 있다. 자신의 내면의 음성과 지성적 생명, 도덕적 열정과 배려하는 사랑의 역량을 한데 엮고자 하는 이들의 열정은 하나님과의 깊고 지속적인 관계를 구성해가기 위한 튼튼한 직물을 제공한다.

105-16.

28) Belenky et al., *Women's Ways of Knowing*, 150.

어떻게 설교에 적용할까?

이번 장에서 인용했듯이, 조앤 월스키 콘은 그리스도인의 영성을 성령의 은사로 말미암아 그리스도를 통해 우리의 자아를 초월하여 하나님을 경험하는 것으로 정의했다.[29] 우리는 믿음이 아니고서는 우리 자신을 초월할 수도 하나님을 경험할 수도 없다. 설교는 어느 쪽으로 보아도 믿음으로의 부름이다. 하지만 우리는 어떤 뜻으로 이 "믿음"을 이야기하는가? 히브리 출신의 그리스도인들에게 편지한 저자는 믿음을 "바라는 것들의 실상, 보이지 않는 것들의 증거"(히 11:1)라고 묘사했다. 하지만 일부 여성에게 이런 믿음의 정의는 장애물이 된다. 어떻게 객관적으로 입증될 수 없는 것, 보지 않고 믿도록 요청되는 것에 대해 확신을 가질 수 있을까? 반면에 믿음이 쉬운 사람도 있다. 그들에게 믿음은 단순히 하나님을 신뢰하는 것을 의미한다. 또한 믿음이 "신앙", 역사적인 기독교 신앙, 매주 교회에서 낭독되는 신조인 사람도 있다. 이런 경우 이것은 하나님과 인류, 세상 속 하나님의 역사하심에 대해 우리가 사실로 믿는 것이다.

믿음은 매주 당신의 설교를 듣는 교인들에게 문제를 제기할 수 있다. 어떤 이는 아는 것과 믿는 것 사이의 차이 가운데서 씨름한다. 하나님에 대한 많은 다른 생각 사이에서 어느 것이 옳은지를 고민하며 씨름하는 이도 있다. 오로지 얼마만큼의 믿음이면 천국에 들어가기에 충분할지를 궁금해하는 이들도 있다. 자기 삶의 경험을 비추어볼

---

29) Conn, *Women's Spirituality*, 3.

때 믿음이 어렵게, 심지어 불가능하게 느껴지는 이들도 있다. 예를 들어 아버지로부터 성폭행을 당한 여성이라면 누구라도, 특히 "아버지"로 부르도록 배운 존재를 신뢰하기가 어려울 것이다. 동심의 시절 나쁜 일이 일어난 경우에는 하나님에 대한 신뢰가 부적절한 것으로 비칠 수 있다.

설교자가 모호하거나 추상적일 수 없는 성경의 주제가 있다면 그것은 바로 믿음이다. 성경 저자들에게 믿음은 이론적인 질문이 아니다. 믿음은 이들을 만났으며 또한 세상 속 삶 가운데서 우리를 만난다. 믿음은 하나님의 임재로 들어가는 문이다(히 11:6). 믿음은 우리가 구원을 위한 하나님의 은혜를 붙드는 수단이다(엡 2:8-9). 믿음은 그리스도인의 삶의 뿌리다(롬 5:1). 믿음은 하나님을 섬길 수 있는 능력을 불러일으킨다(마 17:20). 간단히 말해 믿음은 그리스도인의 삶의 핵심이다. 설교는 믿음으로의 부름이고 이것은 분명해야 한다. 믿음이 없이 우리는 하나님을 기쁘시게 할 수 없다(히 11:6). 믿음이 없이 하나님과의 관계는 불가능하다. 믿음은 기독교 영성에 필수적이다.

자신이 다른 방식으로 인식한다는 것을 아는 여성은 믿음으로 나아오는 것 역시 다른 방식으로 할 가능성이 크다. 이들이 극복해야 할 장애물을 형성하는 것은 때로 성경적 진리와는 무관한 믿음이다. 모든 여성을 믿음으로, 또한 더 깊은 영성으로 인도하기 위해 설교자는 어떻게 이들의 다양한 인식론을 향해 설교할 수 있을까?

침묵하는 여성을 위해서는 비공식적 교제가 가능한 여성 소그룹 안에 이들을 참여시키는 방법이 있다. 왜냐하면 이런 방식을 통해 이들이 자신과 세상을 아는 또 다른 방법으로의 여정, 따라서 설교를 통해 자신이 들은 바를 이해하는 여정을 시작할 수 있기 때문이다. 침묵하는 여성은 다른 여성의 간증을 통해 하늘에 계신 아버지가 자신을 무한한 사랑으로 사랑하신다는 사실을 "알기" 시작할 수 있다. 또한 다른 여성의 기도를 들음으로써 자신도 하나님과 개인적으로 대화할 수 있다는 가능성을 배울 수도 있다. 침묵 속에서 사는 여성의 마음을 여는 최선의 열쇠는, 자신의 마음을 다해 하나님을 사랑하고 자기 삶속에 하나님의 능력 주시는 임재에 대해 이야기하는 다른 여성과의 빈번한 접촉과 대화다.

이런 변화가 없이 이들의 영성은 성장하는 데 방해를 받는데, 이들의 정신으로는 기독교 가르침의 상당 부분을 차지하는 관념들을 흡수할 수 없기 때문이다. 이런 여성에게 교회를 기반으로 한 여성 프로그램들은 새로운 인식론으로 향하는 문, 그 이상으로 예수 그리스도 안에 있는 새로운 생명을 향한 문이 될 수 있다. 이들이 대화를 나눌 수 있도록 모든 연령대의 여성을 한데 모으는 교회의 프로그램에는 침묵 속에서 사는 여성을 도울 잠재력이 있다. 이런 여성이 가장 많이 배우게 되는 대상이 자신의 일상 속에서 사랑의 하나님을 믿는 믿음을 살아내는 다른 여성이기 때문이다.

4장에서 언급한 것처럼 수동적 인식자는 자신이 볼 때 가장 자격 있는 전문가, 보통 "그 분야의 최고"라고 칭송받는 사람을 찾는다. 당신이 인정받는 "전문" 설교가라면 이런 여성은 당신에게 온전히 집중할 것이다. 하지만 당신이 무언가 자신이 없는 것처럼 보인다면 이것은 당신의 전문성에 대한 의심을 불러일으킬 것이다. 이런 여성은 애매모호함을 견디지 못한다. 이들에게 모든 것은 양단간의 문제다. 무엇이 옳다면 그것은 전적으로 옳다. 부분적으로만 옳다면 그것은 쓸모가 없다.

이들과 연결이 되는 설교는 첫 번째 실용적 질문인 "본문의 의미는 무엇인가?"를 중심으로 구성된 설교다. 두 번째 실용적 질문(이것은 사실인가?)이나 세 번째 질문(그래서 어떻다는 것인가?)으로부터 시작되는 설교는 이들과 무관하거나 심지어 이들을 불안하게 만들 수도 있다. 설교자는 하나님의 뜻 전체를 설교해야 하고 따라서 두 번째와 세 번째 실용적 질문을 피해갈 수 없다. 동시에 수동적인 청중이 그 설교로부터 견고한 무엇인가를 얻어갈 수 있도록 성경 본문 속으로 깊이 들어가는 것(첫 번째 실용적 질문)도 중요하다.

수동적 인식자의 도덕적 사고에서 긍정적인 동시에 부정적인 주제는 자신을 비운 상태에서 타인을 돌보고 이들에게 능력을 부여하라는 부름이다. 인류에 기여한 많은 여성의 위대한 은사 중 하나는 타인을 향해 기꺼이 자기 손을 내밀어 이들을 돌봐온 능력과 갈망이다.[30] 무수한 여성이 값없이 제공해온 이 지속적인 은사가 없다면 교회는 빈곤에 처할 것이다. 하지만 자기희생의 거대한 속임수 중 하나는 타인을 돕기 위해서는 자신의 자아를 소멸해야만 한다는 생각이다. 만일 자아가 없다면 희생할 자아도 없다. 성경적인 겸손과 하나님께 자기를 복종시키는 일에 대한 일부의 가르침이 자신을 삼가는 데 집중하는 것은 사실이다. 이런 가르침에 물든 여성은 자신의 자연적·영적

---

30) 우리 모두는 스스로를 도울 수 없는 이들을 위해 끊임없이 자신을 내어준 테레사 수녀, 플로렌스 나이팅게일과 같은 여성을 존경한다.

은사를 개발하고 사용하기 위해 직접 행동하는 것을 교만의 증거나 하나님의 뜻에 복종하지 못하는 실패라고 믿는다. 이런 여성에게 필요한 충고는 하나님이 그녀에게 주신 은사를 개발하기 위해 행동하는 것이 죄가 아니라, 그것을 개발하고 사용할 만큼 그분이 주신 은사를 소중히 여기지 못하는 것이 죄라는 점이다. 자신의 일을 위해 "힘 있게 허리를 묶으며 자기의 팔을 강하게 한"(17절) 잠언 31장의 여성처럼 오늘날의 여성에게 필요한 것은, 이들이 하나님이 은사로 허락하신 모든 것이 되기 위해 필요한 모든 교육과 경험을 추구하는 것이 선하고 옳다는 메시지다.

주관적 인식자는 외부의 권위자가 가르치는 것에 마음을 닫아버렸기 때문에 이들에게 가장 효과적인 설교는 성경의 내러티브 문헌을 다루는 설교다. 성경 속 여성이 하나님(그분의 공급하심, 도우심, 명령)을 직접적으로 경험한 이야기들을 수단으로 삼아 이들에게 성경의 진리를 전달하는 것은 현명한 일이다. 덧붙일 필요도 없겠지만, 성경 속 여성의 삶을 제시할 때 이것은 긍정적인 방식으로 이루어져야 한다. 여성의 사소한 약점으로 보이는 것에 대한 비열한 언사는 회중 속 일부 남성으로부터는 미소나 웃음을 이끌어낼 수도 있겠지만 대부분의 여성으로부터는 정중한 침묵만을 이끌어낼 것이다.[31] 복음이 주관적 인식자의 마음을 조금이라도 뚫고 들어가거나 이들과 하나님의 관계가 조금이라도 개발되기 위해서는 성경의 여성과 현대의 여성이 보여

---

31) 젠더가 바뀌어도 마찬가지다. 여성 설교자가 남성에 대해 비열한 언사를 사용하는 것은 남성 설교자가 여성을 이용해 웃음을 유도하는 것만큼 적절치 못하다.

주는 신앙과 영성의 본보기가 중요하다.

과정적 인식자는 신학적 관념이 아니라 하나님과 개인적인 관계를 맺고 싶어한다. 이런 여성에게 신앙은 자신에게 개인적으로 관심을 보이시고 진리를 드러내시는 하나님에 대한 확신을 의미한다. 결과적으로 신앙은 하나님에 대한 이들의 이상이나 이미지와 밀접하게 관련된다. 이런 인식자에게 효과적인 설교는 하나님이 누구신지, 하나님이 이들과 어떻게 관계를 맺으시는지에 집중하는 설교다.

1953년 J. B. 필립스는 『당신의 하나님은 누구인가?』(*Your God Is Too Small*, 아바서원 역간)라는 제목의 짧지만 강력한 책을 집필했다.[32] 여기서 그는 많은 그리스도인이 가지고 있는 하나님에 대한 부적절한 이상이나 이미지를 소개했다. 예를 들어 마음속의 경찰, 어린 시절의 아버지, 근엄한 노인, 편안한 도피처로서의 하나님 등이 그것이다. 많은 경우 평신도가 듣는 설교는 이들의 머릿속을 지배하는 하나님에 대한 이상이나 이미지를 결정짓고, 이것은 다시 이들의 삶의 방식을 결정짓는다. 하나님을 전횡을 일삼는 독재자나 자신의 흥을 깨는 존재로 바라볼 때 이들은 두려움이나 죄의식 속에서 살게 된다. 하나님에 대한 이들의 이상은 매우 중요하다. 이들의 이상으로부터 이들을 통제하는 세계관이 나오며, 이 이상이 주변에서 일어나는 모든 것을 해석하고 그것에 반응하는 방식을 형성하기 때문이다.

과정적 인식자를 위한 신앙으로의 부름은 하나님 크기의 하나님,

---

32) J. B. Phillips, *Your God Is Too Small* (New York: Macmillan, 1953). 필립스는 사람들을 호도하는 하나님에 대한 부적절한 이상뿐만 아니라, 그분에 대한 신뢰할 규모의 이상이 어떤 것인지도 제시한다.

아마도 성경이 우리가 하나님을 이해하도록 돕기 위해 제공하는 모든 변화무쌍한 이미지들을 한데 엮어 그려낼 수 있는 그분으로의 부름이 되어야 한다. 존재하는 모든 것의 창조주 되신 하나님(창 1:1; 요 1:3), 우리가 다가갈 수 있는 아버지 되신 하나님(마 6:8-9), "높이 들린" 주권자이신 하나님(사 6:1), 선하고 신실하신 목자 하나님(시 23장), 우리를 등에 업고서 인도하시는 독수리 되신 하나님(출 19:4; 신 32:10-14), 우리를 먹이고 위로하는 어머니 하나님(사 66:12-13), 어려울 때 우리를 보호하고 숨기시는 바위와 산성이 되신 하나님(시 31:1-3)과 같은 이미지다. 이 모두는 하나님을 시각화하고 그분이 어떤 분이신지를 이해하도록 우리의 마음속에 그림을 그려주는 방법이다. 과정적 인식자는 하나님에 대한 이런 다양한 이상이 매주 제시될 때에만 신앙의 실천을 배우게 될 것이다.

여성의 마음에 전능하고 온전히 지혜로우시며 신뢰할 수 있는 하나님, 그 사랑에 다함이 없는 하나님께 어울리는 이상을 전달하기 위해 설교자에게 필요한 것은 거룩한 상상력이다. 하나님에 대한 이런 범위의 이미지들은, 다양한 삶의 상황 속에서 풍부하고 적절하며 강력한 신앙을 갖기 위해서는 하나의 이미지만으로 충분치 않다는 사실을 말해준다. 우리는 이처럼 광범위한 이미지를 하나의 교리로 축소시킬 수 없다. 폐허의 시기에 여성은 창조주 하나님이 사망과 무질서로부터 선하고 새로운 무엇을 이끌어내는 일에 몰두해 계시다는 사실을 알 필요가 있다(사 43:2-3; 계 21:5). 극심한 육체적 필요의 때에는 양 떼를 푸른 초장으로 인도하시는 목자 되신 하나님을 알 필요가 있다(시 23장). 깊은 영적 필요의 때에는 우리의 허물을 도말하고 죄를 기억하지 아니하시는 구원자 하나님을 알 필요가 있다(시 103:1-12). 과정적 인식자에게 설교한다는 것은 삶의 모든 환경에 어울리는 하나님에 대한 이상을 설교한다는 의미다. 그리고 이런 이상은 여성으로 하여금 자신의 뜻은 물론 마음과 목숨을 다해 하나님을 사랑하도록 만든다.

구성적 인식자를 향한 최선의 설교는 죄악된 세상 속에서 인간의 삶이 복잡하다는 사실에 공감하고 예수 그리스도를 사랑하고 따르는 자로서 그런 복잡함에 어떻게 대처해야 하는지, 그 수단에 대해 말씀이 약속하는 것 이상(물론 이하도 아니다)을 약속하지 않는 겸손한 설교다.

구성적 인식자의 영적 필요는 무엇일까? 한 가지 필요는 삶의 균형이다. 교회는 봉사자가 늘 필요하며 무엇보다 이들이 타인을 돕고 싶어하기 때문에 교회는 이런 여성에게 많은 책임을 지우기 쉽다. 하지만 이런 책임은 하나님과 성경과 보내는 시간에 대한 이들 자신의 필요와 대치될 수 있다. 또한 가족과 이웃에 대한 이들의 책임과도 대치될 수 있다. 무엇을 읽고 성장할 시간을 확보하기 어렵기 때문에 이들의 개인적 성장에도 불리할 수 있다. 더욱이 자신의 은사와 임무가 어울리는지에 대한 고민도 없이 많은 임무가 교회 안에서 이런 여성에게 지워지는 것이 현실이다. 구성적 인식자는 꼭 해야 하는 일이지만 맡을 사람이 없다는 이유만으로 그 임무를 도맡을 수 있다. 하지만 자신의 일을 통해 사람들의 삶이 변화하는 것을 볼 수 없다면 이것은 역효과를 낳을 수 있다. 그녀의 정신과 마음은 타인이 새로운 생명과 더 나은 삶을 찾도록 돕는 것, 곧 자신과 자신이 섬기는 이들 모두가 번창할 수 있도록 돕는 것에 사용되어야 한다.

이런 여성을 위한 신앙은 하나님에 대한 폭넓은 이상을 포함해야 한다. 이들이 하나님에 대해 갖는 이상은 그분에 대한 이들의 신뢰나 불신뿐 아니라 이들의 도덕적 의사 결정까지 형성한다. W. 에드워드 에버딩 2세(W. Edward Everding Jr.)와 다나 W. 윌 뱅크스(Dana W. Wilbanks)는 다음과 같이 표현했다.

신앙은 우리의 의사 결정에서 가장 중요한 요소인데 그 의사 결정의 기초가 누구를 신뢰하는지 혹은 무엇에 가장 마음을 쓰는지에 있기 때문이다. 우리의 신뢰와 돌봄의 대상은 우리 삶의 중심 혹은 신으로 기능한다.…성경이 의사 결정자에게 던지는 핵심적이고 충격적인 질문은 "당신의 하나님은 누구인가?", "당신은 누구를 섬길 것인가?"다.[33]

이런 여성은 타인을 돕는 일에 (도덕적 헌신으로) 적극적으로 관여하고 있으며 따라서 지속적으로 자신의 시간을 어떻게 사용할지를 결정한다. "하나님 만한 하나님"(God sized God)에 대한 비전만이 이들의 의사 결정의 필요를 충족시킬 것이다. 잠언 31장의 여성과 같이 이들은 자신을 헛된 것이 아닌 영원한 것에 헌신하고 싶어한다(30절). 이들의 삶은 "야웨를 경외하는 것" 곧 영원한 하나님을 창조자와 구속자, 이들의 생명을 붙들어주시는 이로 아는 지식에 뿌리내려야 한다.

---

33) W. Edward Everding Jr. and Dana W. Wilbanks, *Decision-Making and the Bible* (Valley Forge, Pa.: Judson Press, 1975), 53.

스튜어트 올리오트(Stuart Olyott)는 다음과 같이 썼다.

하나님을 경외하는 것은 마음의 습관으로 모든 걸음마다 그를 인정하고 모든 것을 영원히 거룩하고 공의로우며 선하신 그분과 관련지어 바라보는 것이다. 이것은 이방 종교에서 볼 수 있는 것처럼 두려운 그분의 능력을 비하하고 저하하는 것이 아니라 그분을 사랑하고 우리의 삶이 그분의 임재 가운데 존재한다는 사실을 인정하며 그분을 기쁘시게 하고자 갈망하는 내면의 태도다. 이것은 그분을 위해, 우리 자신이 아니라 그분을 위해 살고자 하는 진실하고 진심 어린 의도를 길러준다![34]

이런 마음의 습관으로 이들의 삶을 채워주지 못하는 하나님에 대한 비전은 부적절하다.

흥미로운 점은 성경이 "신앙을 얻는 것"에 집중하지 않고 사람들에게 신앙이 있다고 단순히 추정한다는 사실이다. 따라서 말씀이 살피는 것은 우리의 신앙의 대상이다. 모든 사람에게는 신뢰하는 무엇이나 누군가가 있다. 우리의 신앙의 대상은 우리가 사는 방식과 내리는 결정을 확정짓는다. 결과적으로 분석적인 것과 개인적인 것이 한데 섞인 인식론을 소유한 그리스도인 여성은 신앙의 대상에 대해 분명해야 한다고 주장한다. 설교자의 임무는 하나님에 대한 성경적 이미지를 이런 청중에게 구체적으로, 적어도 텔레비전이나 잡지 광고의

---

34) Stuart Olyott, quoted in T. M. Moore, *Ecclesiastes: Ancient Wisdom When All Else Fails* (Downers Grove, Ill.: InterVarsity Press, 2001), 112.

이미지처럼 구체적으로 만드는 것이다. 무엇보다 설교자는 우리의 구원뿐 아니라 일상의 삶을 위한 신앙의 대상으로서 신뢰할 만한 하나님에 대해 다면적이지만 통일된 이상을 분명하고 구체적으로 전달해야 한다. 그럴 때에야 여성은 믿음으로 살기 시작할 것이다.

다양한 영성을 향해 효과적으로 설교하는 일

여성은 인식의 방식에 따라 서로 다른 영적 갈망과 막힘을 갖는다. 설교자는 어떤 사람에게 닿기 위해서는 부득이 다른 사람을 등한시해야 한다고 결론내릴 수 있다. 한편으로 이것은 사실이지만 반드시 그런 것만은 아니다.

앞서 언급한 것처럼 말씀 속에 제시된 삶을 설교할 때 하나님에 대한 성경적 이상은 오늘날 여성의 삶과 연결될 수 있다. 특별히 여성은 성경 속 위대한 여성의 삶에 기초한 설교를 들을 때 고무된다. 이들은 생명의 위험을 감수하고 자기 백성을 살리기 위해 왕에게 저항한 에스더의 싸움에 참여할 수 있다(에 4장). 낯선 사람을 위해 집안에 유일하게 남아 있던 음식을 대접해야 했으며 나중에는 자신의 유일한 아들을 (잠시 동안) 빼앗겨야 했던 사르밧의 과부에게 동질감을 느끼는 여성도 있을 것이다(왕상 17장). 불임을 겪은 한나에 공감하는 여성도 있을 것이다(삼상 1-2장). 드보라의 리더십 유형(삿 4-5장)이나 훌다가 자신의 예언적 은사를 사용한 방식(왕하 22장)에 주목하는 이도 있을 것이다. 뵈뵈, 브리스가, 유니아 등은 신약에서 그리스도인의 섬김의 본을 보인 여성이다(롬 16장). 마리아는 여성으로 하여금 삶 속에서 모성에 적절한 자리를 부여하도록 돕는다(마 12:46-50). 베다니의 마리아(요 12장)와 누가복음 7장의 죄 많은 여성은 주님을 예배하는 것에 대해 가르치고 심지어 수로보니게 여성도 위기의 때를 위한 신앙에 대해 우리를 가르친다(마 15장). 성경적 여성에 대한 설교만 계속해서 듣고 싶어하는 회중은 분명히 없을 것이다. 하지만 많은 회중이 이런 이야기를 전혀 듣지 못하며 따라서 여성은 자신에게 가장 잘 와 닿는 본보기와 가르침을 박탈당한다.[35]

성경에는 어려운 문제를 만난 사람들이 자신의 신앙과 신앙의 대상을 시험받았다. 이성적으로는 신앙이 더욱 강해지기 위해서는 시험이나 운동이 필요하다는 사실을 알지만, 실제로 시험받을 때 신앙은 상실될 수 있다. 이런 위험 때문에 설교자는 청중의 마음속에 하나님이 사람들을 상대하시는 방법에 대해 의심을 야기할 수 있는 본문을 회피하곤 한다. 이들의 신앙을 위협하지 않기 위해 성경의 내러티브와 가르침이 "살균"되는 것이다. 이것은 그럴듯해 보이지만 비현실적인 일이다. 사람들은 실제 세상 속에서 살아가며 그렇기 때문에 매일 같이 이들의 신앙은 도전받는다. 이들에게는 하나님이 선을 위해 일하시지만 당시에는 그 방법이 언제나 선하게 보이는 것은 아니라는

---

35) 성경 속 여성의 이야기는 남성의 이야기와 뒤얽혀 있기 십상이고 설교자는 특정 설교에서 그중 누구의 이야기를 중심으로 삼을 것인지 결정해야 한다. 예를 들어 라합의 이야기는 수 2장과 6장에서 여호수아의 이야기와 얽혀 있다. 설교자들은 남성의 이야기를 선택하는 경향이 강하며 따라서 여성 청중과 연결되어 이들을 라합의 행동하는 믿음의 이야기를 통해 크게 격려할 수 있는 기회를 놓치곤 한다.

성경의 메시지가 필요하다(사 55:8-9).

예를 들어 사르밧의 과부를 보자(왕상 17장). 그녀와 아들은 굶주림을 당했다. 그녀가 가진 것은 죽기 전 마지막 끼니를 만들 밀가루한 움큼과 기름 조금뿐이었다. 마지막으로 작은 떡 한 덩이를 굽기 위해 나뭇가지를 모으던 중 이스라엘에서 예언자 엘리야라는 낯선 사람이 찾아왔다. 그가 먹을 것을 달라고 청하자 과부는 대답했다. "당신의 하나님 여호와께서 살아 계심을 두고 맹세하노니 나는 떡이 없고다만 통에 가루 한 움큼과 병에 기름 조금뿐이라. 내가 나뭇가지 둘을주워다가 나와 내 아들을 위해 음식을 만들어 먹고 그 후에는 죽으리라"(12절). 엘리야는 대답했다. "두려워하지 말고 가서 네 말대로 하려니와 먼저 그것으로 나를 위해 작은 떡 한 개를 만들어 내게로 가져오고 그 후에 너와 네 아들을 위해 만들라. 이스라엘의 하나님 여호와의말씀이 나 여호와가 비를 지면에 내리는 날까지 그 통의 가루가 떨어지지 아니하고 그 병의 기름이 없어지지 아니하리라 하셨느니라"(13-14절). 이 여성에게 엘리야의 요구는 믿음의 중대한 시험이었다. 즉 그녀는 시돈 신들 중 하나가 아닌, 스스로 이방 신이라고 생각한 신을믿으라는 요구를 받은 것이다. 그 순간 그녀는 얼마 안 남은 자원을그나마도 줄여가며 이 예언자가 요구한 대로 해야 할지, 아니면 그를어리석은 사람으로 치부하고 그 요구를 무시할지를 결정해야 했다.

믿음이 우리가 마지막으로 가진 모든 것을 내어주라는 도전으로부터 나온 것이든 아니든, 결국 이것은 하나님에 대해 우리가 가지는이상에 달려 있다. 사르밧의 과부는 엘리야의 하나님을 "야웨" 즉 언약을 지키시는 이스라엘의 하나님의 칭호로 부를 만큼의 지식을 가지고 있었다. 그녀에게는 이스라엘의 하나님이 관여하신다는 사실을 아는 것으로 충분했고 이는 예언자의 요청을 그대로 따를 믿음을 일으켰다. 믿음에 대한 설교에서 "신앙" 즉 믿어야 할 교리 일체를 설교하는 것은 충분하지 않다. 하나님을 강하고 신뢰할 만한 분으로 그리는 강력한 성경적 이상이 없이 "단순한 신뢰"를 설교하는 것 역시 충분하지 않다. 교리와 신뢰는 믿음이라는 동전의 양면이다. 한쪽이 없이는 다른 한쪽도 충분하지 않은데, 믿음이 신뢰할 만큼의 확신을 얻기 위해서는 믿음의 대상(하나님)에 대해 먼저 분명해야 하기 때문이다.

신구약성경에서 "믿음"으로 번역된 히브리어와 그리스어는 두 가지 적용을 모두 가진다. 이 단어들은 "믿음"이나 "신실하심"으로 번역될 수 있다. 이스라엘의 상황을 둘러본 하박국은 깜짝 놀랐다. 하나님의 백성이 곳곳에서 정의를 왜곡하고 예언자들은 악한 자들을 심판해 달라고 그분께 울부짖고 있었다. 하지만 하나님이 이들을 악한 갈대아인들에게 넘기심으로써 상대하시겠다는 자신의 계획을 들려주셨을 때 그의 마음은 전보다 더 상했다. 그는 물었다. "어찌하여 거짓된 자들을 방관하시며 악인이 자기보다 의로운 사람을 삼키는데도 잠잠하시나이까?"(합 1:13). 이때 예언자는 하나님의 응답을 기다려서라도 듣겠다는 일념으로 성루에 섰다. 하나님으로부터 온 응답에는 "의인은 그의 믿음으로 말미암아 살리라"는 말씀이 포함되어 있었다(합 2:4). 신약 저자들은 "의인은 믿음으로 말미암아 살리라"는 말씀을 인용했다. 예를 들어 바울은 로마서 1:17과 갈라디아서 3:11에서, 히브리서의 저자는 10:38에서 그렇게 했다. 일부 학자는 이 본문들을 "의인은 하나님의 신실하심을 믿는 믿음으로 살리라"라고 번역했다. 믿음은 우리 하나님의 신실하심에 대한 지식이 자라갈 때 함께 성장한다.

설교는 믿음으로의 부름이다. 하지만 무엇을 믿는 믿음인가? 성경은 이것이 신실한 하나님을 믿는 믿음이라는 사실을 분명히 한다. 믿음은 거룩한 분을 아는 지식과 그분에 대한 확신 모두를 요구한다. 이것이 기독교 영성의 본질이다. 다양한 인식론을 가진 여성들에게 설교한다는 것은 청중이 신뢰할 수 있는 하나님에 대해 신실한 이상을 설교할 것을 요구한다. 그럴 때에만 이들은 자신의 뜻을 다해 하나님을 사랑할 수 있을 것이다.

교회 문을 열고 들어오는 모든 사람을 하나님 나라 안에 보존한다는 것은 불가능하다. 남성과 마찬가지로 여성 역시 죄인으로서 완고하고 제멋대로 일 수 있다. 남성과 여성, 즉 우리 모두는 각기 제 갈 길을 찾아감으로써 길을 잃기 쉬운 양과 같다. 이 양 떼를 하나님께로 다시 인도하는 것이 복음의 목적이다. 사람들이 어떻게 서로 다른 방식으로 지식(과 영적 가르침)을 소화하는지를 이해할 때 우리는, 그렇지 못한 환경에서 캐롤 크리스트와 같이 정통 기독교를 떠날 수도 있는 이들을 붙잡을 수 있다. 『여신의 부흥』(*The Goddess Revival*)에서 아이다 브장송 스펜서(Aida Besanson Spencer)와 그 동료들은 다음과 같이 언급했다.

전 세계적으로 많은 여성과 남성, 즉 기독교계 안에서 소외감이나 교회의 자유주의에 환멸을 느끼는 이들, 세계의 생태적 위기에 대한 대답과 (/또는) 자신의 공허한 영적 상태를 위한 해결책을 찾고 있는 이들이 마술과 지구 중심의 숭배, 다양한 기독교 이전의 신들 같은 형태로 표

출되는 이교도로 돌아서고 있다.[36]

우리가 모든 사람이 이런 행동을 하지 못하도록 막을 수는 없다. 하지만 주일 아침에 우리의 설교를 듣는 사람들의 정신과 마음을 이해해가면서 진리와 삶을 일치시키기 위해 전력을 다할 수는 있다. 우리가 매주 그려내는 하나님에 대한 이상은 여성들이 자신의 뜻을 다해 하나님을 사랑하는 데 도움이 될 수도 방해가 될 수도 있다.

요약

- 여성의 영성에 대한 질문(이들이 하나님을 어떻게 알고 그분과 관계 맺느냐?)은 인식론(우리는 자신이 아는 것을 어떻게 아느냐?)과 분리될 수 없다.
- 침묵하는 여성의 마음을 열고 이들을 가르치는 최선의 방법은 자신의 뜻을 다해 하나님을 사랑하고 자신의 삶 속에서 하나님의 능력 주시는 임재에 대해 말하는 다른 여성과의 빈번한 접촉과 대화다.
- 수동성이 그리스도인 여성을 위한 적절하고 경건한 역할이라고 배운 여성은 자신 안에 있는 하나님의 은사들을 사역을 통해 사

---

36) Aida Besanson Spencer, Donna F. G. Hailson, Catherine Clark Kroeger, and William David Spencer, *The Goddess Revival* (Grand Rapids: Baker, 1995), 19.

용하는 일을 도외시할 것이다. 자신이 그렇게 함으로써 타인을 위험에 빠뜨릴 수 있다고 믿기 때문이다.

- 주관적 인식자와 소통하기 원하는 설교자라면 그는 성경의 서술적인 문헌, 특별히 여성의 경험에 대한 서술을 다룰 것이다.
- 과정적 인식자에게 설교한다는 것은 삶의 모든 환경과 어울리는 하나님에 대한 이상을 설교한다는 의미다. 그리고 이런 이상은 여성으로 하여금 그들의 뜻은 물론 마음과 목숨을 다해 하나님을 사랑하도록 만든다.
- 구성적 인식자는 다른 어떤 인식자보다 삶의 도덕적·영적 차원에 더 깊이 천착해 있다. 이런 여성은 배려하는 사랑을 위한 역량을 지닌 열정적 인식자다.
- 믿음은 매주 당신의 설교를 듣는 교인들에게 문제를 제기할 수 있다. 어떤 이는 아는 것과 믿는 것 간의 차이 가운데서 씨름한다. 하나님에 대한 많은 다른 생각 사이에서 어느 것이 옳은지를 고민하며 씨름하는 이도 있다. 오로지 얼마만큼의 믿음이면 천국에 들어가기에 충분할지 궁금해하는 이도 있다. 자신의 삶의 경험을 비추어볼 때 믿음이 어렵게, 심지어 불가능하게 느껴지는 이도 있다.
- 믿음에 대한 설교에서 "신앙" 즉 믿어야 할 교리 일체를 설교하는 것만으로는 충분하지 않다. 하나님을 강하고 신뢰할 만한 분으로 그리는 강력한 성경적 이상이 없이 "단순한 신뢰"를 설교하는 것 역시 충분하지 않다. 교리와 신뢰는 신앙이라는 동전의 양면이다. 한쪽은 다른 한쪽이 없이는 충분하지 않은데, 신앙이

신뢰할 만큼의 확신을 얻기 위해서는 신앙의 대상(하나님)에 대해 먼저 분명해야 하기 때문이다.

- 설교는 믿음으로의 부름이다. 하지만 무엇을 믿는 믿음인가? 성경은 이것이 신실한 하나님을 믿는 믿음임을 분명히 한다. 믿음은 거룩한 분을 아는 지식과 그분에 대한 확신 모두를 요구한다. 다양한 종류의 인식론을 가진 여성들에게 설교한다는 것은 청중이 신뢰할 수 있는 하나님에 대해 신실한 이상을 설교할 것을 요구한다. 그럴 때에만 이들은 자신의 뜻을 다해 그분을 사랑할 수 있을 것이다.

더 생각해볼 문제

- 당신은 "하나님을 어떻게 이해하고 이야기하는가?"
- 당신은 어떻게 여성이 말씀 안에 닻을 내리고 이들의 마음과 목숨과 뜻의 영구적 습관을 이루도록 할 영성 형성을 얻도록 격려할 수 있을까?
- 설교의 임무는 영성 형성에 어떻게 필수적일까?
- 하나님에 대한 우리의 이상은 일상 속에서 어떤 차이를 만들어 내야 할까?
- 하나님에 대한 이런 이상은 어떤 방식을 통해 견고한 성경적 영성으로 옮겨가야 할까?

여성을 위한 설교

7장

여성과
권력의
문제

수년 전 북부 뉴욕 주에 위치한 한 대형 교회에서 설교하면서 나는 재봉틀에 관한 예화를 한 편 사용했다. 그 예화를 메시지에 적용하기 전에 나는 (여담으로) 다음과 같은 말을 덧붙였다. "이 예화는 지난 수년 동안 무수히 들어야 했던 미식축구 이야기에 대한 저의 달콤한 복수였습니다." 예상치 못한 반응이 쏟아졌다. 처음에는 떠들썩한 웃음소리였고 그다음으로는 자리를 박차고 일어난 수많은 여성이 열렬하게 보내온 우레와 같은 박수소리였다.

2장에서 지적했듯이 한 팀이 다른 팀에 꼭 패배해야만 하는 경쟁적인 게임(특히 거친 접촉을 일삼는 스포츠)은 많은 여성에게 특별히 흥미롭지 않다. 지배, 궁극적으로는 승리를 위해 경기장 위에서 벌어지는 권력 투쟁은 일부 관중에게는 아드레날린의 분비를 촉진시킬 수도 있겠지만 불편함을 느낄 다른 관중도 있을 것이다.

하지만 경쟁적인 팀 스포츠는 우리 사회의 수많은 남성과 여성에게 역사적·사회적으로 큰 중요성을 갖는다. 공장 제도가 발달하고 가정으로부터 분리된 일터가 생겨나기 전까지 가족들은 하나의 경제 단위로 함께 살며 함께 일했다. 결과적으로 당시는 아내와 자녀가 보는 앞에서 자신의 힘과 용기를 선보일 기회가 남성에게 많았다. 아내와 아들딸은 자신의 남편과 아버지가 들판이나 집에 딸린 작은 창고에서 일하는 것을 직접 볼 수 있었다. 아이(특히 아들)들은 생존을 위해 필요한 기술을 전수해주는 아버지 곁에서 함께 일하며 사냥과 낚시, 토지 정리와 곳간 건축을 배웠다. 하지만 산업혁명은 아버지를 가정으로부터 공장이나 사무실로 데리고 갔고 가족은 더 이상 남성이 자신의 일터로 가지고 들어오는 힘과 기술, 지식을 목격할 수 없었다. 남성은 자녀와의 중요한 접촉점을 잃어버렸고 가족은 아버지의 일에 대한 감사를 잃어버렸다. 더욱이 공장이나 사무실에서의 노동은 농장이나 목공업, 대장장이업과 같이 집을 기반으로 한 사업만큼 육체적인 힘을 필요로 하지 않았다. 남성의 개인적 정체성이 산업혁명으로 인해 19세기와 20세기에 걸쳐 도전받게 된 것이다.

일부 남성은 가정에서 권위적이 됨으로써 자신이 상실한 것을 탈환하고자 애쓴다. 일전을 벌이고 적군을 짓밟는 등 회사 생활 안으로 전투 전략과 용어를 가지고 들어와서 남성성의 느낌을 되찾으려 하는 이들도 있다. 남성은 경쟁적인 팀 스포츠를 통해 육체적 힘과 기량을 전시하거나 그것에 감탄한다. 따라서 이것은 많은 사람에게 우리의 산업 기술 사회에서 대부분의 남성이 더 이상은 살 수 없는 삶의 중요한 대체물이 되었다. 따라서 나는 설교에서 미식축구의 예화가 중요하다는 사실을 인정한다! 하지만 똑같은 예화로 모든 청중의 마음에 다가갈 수 없다는 것도 사실이다. 앞에서 소개한 북부 뉴욕 주의 회중에 속한 남성이 나의 재봉틀 예화를 듣고 머리를 긁적였던 것처럼(혹은 하품을 했듯이), 많은 여성이 반복되는 스포츠 이야기에 지루함을 느낄 것이다.

그렇다면 설교자는 무엇을 해야 할까? 스포츠 예화와 그 외 예화 사이에서 숫자적인 균형을 맞추어야 할까? 물론 아니다. 예화는 더 깊은 권력의 문제를, 그리고 설교자인 당신이 그것을 어떻게 생각하는지를 보여준다. 청중의 삶에 영향을 미치기 위해서는 어떤 형태로든 힘을 포함하지 않고는 효과적인 설교를 했다고 보기 어렵다. 당신이 이야기한 것이 죄를 넘어뜨리는 하나님의 능력(세상이나 육체, 마귀에 대항해 사용되는)이든, 악을 누르고 승리하는 사랑의 능력이든, 산을 옮기는 믿음의 능력이든, 심지어 단순히 긍정적인 사고와 같은 능력이든, 당신은 대부분의 설교 안으로 일종의 능력을 가지고 들어온다. 설교에 현재의 혼란스럽고 상처가 되는 상황을 바꿀 능력이 없다면 청중은 그런 설교를 들을 이유가 없다고 생각할 것이다. 지난 해 당신이 전한 설교들을 떠올려보라. 청중이 당신이 말한 것을 실천하도록 하기 위해 당신은 어떤 종류의 능력을 일으켰는가?

우리는 힘(power)에 대해 거의 생각하지 않고 다만 추정한다. 힘은 우리가 숨 쉬는 공기와도 같다. 『권력의 회랑』(*Corridors of Power*)에서 C. P. 스노(C. P. Snow)는 "참된 결정을 내리기 위해서는 참된 능력이 필요하다"라고 썼다.[1] 우리의 개인적인 경험이 이것을 확증해준다. 누군가에게 책임만 주고 그것을 실행할 권력을 부여하지 않는다면 이것은 그에게 불가능한 일을 하라는 것이다. 『권력과 공동의 정신』(*Power and the Corporate Mind*)에서 아브라함 잘레닉(Abraham Zalenick)과 드브리스(Manfred F. R. Ket DeVries)는 권력을 "사람들을 기능하게 하고 조직을 움직이고 경영진의 운영을 돕는 것"이라고 표현했다.[2] 또한 능력은 설교에 날(edge), 즉 존재 이유를 부여한다. 이것은 청중에게 교회에 나올 이유를 준다.

---

1) Cheryl Forbes, *The Religion of Power* (Grand Rapids: Zondervan, 1983), 25에서 인용.
2) 같은 책, 51쪽에서 인용.

따라서 질문은 여전히 남아 있다. 힘에 대한 당신의 태도는 무엇인가? 일부는 힘에 대해 "승자와 패자" 식의 사고를 갖는다. 힘을 어떤 일을 이루시는 하나님의 에네르게이아로 보는 사람도 있다. 힘에 대한 당신의 견해가 무엇이든, 이는 당신의 설교 속 예화뿐 아니라 설교 자체에도 영향을 미칠 것이다.

가장 큰 계명을 설교하는 것은 여성이 자신의 힘을 다해 하나님을 사랑하도록 만드는 일을 포함한다.[3] 성경에서 힘은 무엇을 성취하기 위한 능력과 힘, 세력, 권력을 갖는 것을 의미한다.[4] 그리스도인 여성은 하나님을 자신의 감정뿐 아니라 능력이나 힘, 권력을 사용한 행위로도 사랑해야 한다. 하나님 나라에서 이것을 사용하기 위해 하나님이 주신 기량과 관심을 개발하도록 격려받지 못한 여성은 자신의 힘을 다해 그분을 사랑할 수 없는데, 그것이 온전히 개발되지 못했기 때문이다. 하지만 일부 여성에게 힘의 사용은 젠더와 권력에 대해 이들이 지금까지 배워온 것에서 기인한 딜레마를 제시한다.

---

3) 나는 신 6:5이 하나님을 마음과 목숨과 힘을 다해(뜻은 생략하고) 사랑하라고 한 반면에, 마 22:37은 하나님을 마음과 목숨과 뜻을 다해(힘은 생략하고) 사랑하라고 한 사실을 잘 알고 있다. 눅 10:27의 율법교사는 위의 네 가지 모두를 포함시켰다. 우리는 마음과 목숨과 힘과 뜻을 다해 하나님을 사랑해야 한다(개역개정은 신 6:5과 마 22:37을 동일하게 번역하고 있기 때문에, 여기서는 눅 10:27과 원문의 의미를 살려 개역개정과는 다소 다르게 번역했다—역자 주).

4) Joseph Henry Thayer, *A Greek-English Lexicon of the New Testament, Being Grimms' Wilke's Clavis Novi Testamenti* (New York: American Book Co., 1886, 1889), 309. 눅 10:27에서 사용된 *Ischys*는 "그 사람의 능력 혹은 힘이 닿기까지"를 의미한다.

젠더와 권력

젠더와 권력의 관계에 대해 수많은 책이 집필되었다. 이번 장에서는 그중 설교에 영향을 미치는 세 가지 문제만을 살펴보려고 한다. (1) 얼마나 많은 남성과 여성이 권력에 대한 시각에서 차이를 보이는지, (2) 얼마나 많은 여성이 권력과 그것의 남용을 느끼는지, (3) 죄와 권력의 사용 혹은 부인 사이의 관계가 바로 그것이다.

남성과 여성은 권력을 같은 방식으로 바라보는가?

권력에 대한 남성과 여성의 태도에 대한 일부 조사에 따르면, 남성은 권력을 분리량(分離量)으로 보는 경향이 컸다. 권력에는 일정한 양이 정해져 있어서 "내게 이만큼의 권력이 있는데 일부를 너에게 준다면 그만큼 나의 권력이 줄어든다"는 것이다. 권력은 직장이나 정치에서 경쟁적 협상의 밀고 당김이다.[5] 리더는 이율을 계산하거나 전략적 이점을 위한 책략을 사용하여 물건의 교환을 가능하게 한다. 남성은 사업에서 팀워크를 이야기할 때 스포츠의 규칙과 경쟁적 비유, 역할의 명료성, 그리고 밀착 제어와 같은 용어를 사용한다.[6] 게임의 목적은

---

5) 미국의 정치 무대에서 이것이 극적으로 나타난 예는 2001년 5월 버몬트 상원 의원이던 제포드(Jeffords)가 무소속이 되기 위해 공화당을 탈당한 사건으로, 이는 민주당이 상원의원석 대부분을 차지하게 된 계기가 되었다. 제포드가 당을 버리기로 결정한 이유는 수년 전부터 계속된 수많은 권력 다툼이었다. 제포드의 행동에 대해 쏟아져 나온 수없는 해설들을 하나라도 들어보았다면, 당신은 정치 무대에서의 권력 남용과 그 결과의 사례들을 이미 접한 셈이다.

6) 이는 신디 사이먼 로젠탈의 *When Women Lead: Integrative Leadership in State*

발군하는 것, 즉 지지 않고 이기는 것이다.

반면에 동일한 조사에 따르면 여성은 권력을 나눌수록 커지는 것으로 보는 경향이 있다. 어떤 여성이 자신의 권력을 타인에게 양도한다고 할 때, 이들은 자신이 그것을 나누었기 때문에 권력이 줄어든다고 느끼지 않는다는 뜻이다. 대부분의 여성에게 권력은 타인이 그것을 얻을수록 확장된다. 경영의 개척자인 메리 파커 폴렛(Mary Parker Follet)은 권력의 사용에 대한 여성의 이해가 협상적 사용이나 경쟁적 사용과 극명한 차이를 이룬다고 보았다. "어느 쪽도⋯희생하지 않고" 권력을 사용할 방법이 있다는 것이다.[7] 여성은 개인의 자유에 가치를 두고 타인에게 능력을 부여해서 관계와 "계급이 없는 유대감"에 집중한다.[8] 물론 권력의 경쟁적인 사용이 모든 남성에게 해당하지 않듯, 이것이 직장이나 교회의 모든 여성에게 해당하지는 않는다. 여성 선배를 멘토로 둔 남성은 남성 선배를 멘토로 둔 남성에 비해 권력을 더 자유롭게 공유한다. 남성 선배를 멘토로 둔 여성은 자신의 권력을 나누면 그것을 잃어버리는 것으로 보고 이를 지킬 확률이 높다. 8장에서는 권력에 대한 여성의 이해와 그것의 적절한 사용뿐 아니라, 권력에 대한 이런 태도가 설교자에게 제시하는 도전을 자세히 살필 것이다.

Legislatures (New York: Oxford University Press, 1998) 2장에서 (폭넓은 입증 자료와 함께) 상세히 논의된다.

7) 같은 책.

8) 같은 책, 56-57.

대부분의 여성은 권력에 대해 어떻게 느끼는가?

권력에 대한 이렇게 서로 다른 태도를 넘어 더 중요한 사실은 많은 여성이 권력을 두려워한다는 것이다. 최근에 내 친구 하나가 점심을 같이하자고 연락을 해왔다. 음식을 주문한 후 친구는 이렇게 말을 꺼냈다. "이제 내 나이가 마흔하나인데 지금의 내 인생은 내가 늘 생각해왔던 모습이 아니야. 대학을 졸업했을 때 나는 내가 결혼을 하고 아이를 낳을 거라고 확신했어. 그런데 나는 여전히 미혼이야. 아니, 계속 미혼일 수도 있다는 사실을 직시해야 해. 그래서 일을 하고 있고. 최근에는 직장을 바꿨어. 이전 일이 지루했거든. 내 창의력에 도전이 될 만한 내용도 없고 4년 동안 제자리에 있다 보니 거기서 나오지 않으면 죽겠더라고. 이제 하는 일은 재미있는데 그런 생각이 들었어. 일은 잘되고 있지만 내 머릿속에서는 이 획기적인 프로그램을 지휘할 책임에 대한 준비가 되어 있지 않다는 그런 생각 말이야. 여기서부터 어디로 가야 할지 모르겠어."

이야기를 나눌수록 그녀가 몇 가지 단계에서 권력과 씨름하고 있다는 사실이 분명해졌다. 첫 번째 단계에서 그녀는 직장에서 권력을 사용할 기회를 얻었음에도 불구하고 자신이 그것을 선한 방식으로 휘두를 방법을 알고 있는지를 확신하지 못했다. 두 번째 단계에서 볼 때 그녀는 자신의 위치에서 내려야 할 많은 의사 결정으로부터 차단되어 있었다. (어떤 면에서도 그 위치와 전혀 상관없는) 한 고위급 남성이 그녀를 대신해 그 일을 진두지휘하길 원했기 때문이다. 세 번째 단계에서 그녀는 직장에서 권력을 행사하는 그리스도인 여성이 된다는 것의 의미를 묻고 있었다. 즉 그것은 권력에 대한 성경적 이해를 감안해 자신이 전진하여 스스로 의사 결정을 내리는 것이 합당한가 하는 질문이었다. 한편으로 권력 투쟁은 내면의 것으로서, 어떤 것에 반응하여 권력을 사용하는 자신의 능력에 대해서였다. 다른 한편으로 이것은 자신이 프로젝트의 책임자임에도 불구하고 그 일을 통제하려 드는 타인과의 권력 투쟁이었다. 세 번째 투쟁은 그리스도인 여성의 역할이 의미하고 요구하는 것에 대해서였다. 그녀는 자신의 위치가 요구하는 일을, 자신이 그리스도인 여성이기 때문에 해서는 안 될 수도 있다는 사실을 두려워했다. 권력의 행사를 요구하는 상황에 처했을 때 많은 여성이 동일한 세 가지 문제와 투쟁하게 된다. 내게는 이것을 제대로 해낼 능력이 있는가? 내게는 이 일을 수행하기 위해 타인과 맞설 힘이 있는가? 그리스도인 여성인 내가 권력을 행사해도 좋다고 하나님이 허락하셨는가?

당신은 당신의 설교를 듣는 여성을 위해 이런 질문에 대해 강단에서 어떻게 대답하겠는가? 인도와 개혁에 있어 각 사람은 서로 다른 능력을 가지고 있으며 따라서 첫 번째 질문을 회피하는 것이 적절할 수도 있다. 하지만 이런 질문으로부터 몸을 숨기고 도망하기 전에 한발 물러나 어떻게 청중이 경건한 방식으로 자신의 권력을 사용할 수 있도록 강단으로부터 능력을 부여할 수 있을지를 질문해보라. 내 친구의 질문은 타인의 유익을 위해 자신의 위치의 권력을 사용할 올바른 방법과 연관되어 있다. 당신에게는 권력의 경건한 사용에 대해 강단에서 자세히 설명할 수 있는 면밀한 신학이 있는가? 당신의 교인들은 직장에서 자신의 권력을 어떻게 사용해야 할지에 대해 궁금해하지 않을 만큼, 당신이 말씀에 기반해서 권력에 대해 논의하는 것을 듣고 있는가?

두 번째 질문은 어떤가? 자신의 프로젝트를 운영하는 지휘 계통에 포함되어 있지도 않은 상관의 개입에 대해 내 친구는 어떻게 맞설 수 있을까? 유대교의 권위자들은 예수님의 인격과 사역을 통제하려 했으며 예수님은 이들의 개입을 상대하셔야 했다. 예수님은 언제, 어떻게 이들과 맞서셨는가? 권력에 대한 어떤 이해가 그분의 행동을 다스렸는가? 당신의 회중은 자신의 권력을 적절히 사용하는 것을 불법적으로 통제하려는 이들과 언제, 어떻게 맞서야 할지를 알고 있는가?

세 번째 질문도 있다. 그리스도인 여성이 된다는 것은 권력의 사용에 어떤 영향을 미치는가? 많은 교회에서 이 문제는 지뢰밭이며, 이를 자세히 논의하는 일은 이 책의 범주를 벗어난다. 하지만 모든 설교자는 의도하든 의도하지 않든, 함축적으로든 직접적으로든, 남성과 여성에게 이들의 사회적 역할의 한계를 가르친다. 성 역할에 대한 당신 자신의 믿음이 여성에게 어떤 영향을 미치는지 당신은 구체적으로 생각해보았는가? 그렇다면 당신은 어떻게 자신의 임무에 필수적인 권력을 하나님을 높이는 방식으로 사용할 수 있는지에 대한 여성들의 이해에 도움을 주었는가?

대부분의 여성은 자신의 수중에 있는 권력뿐 아니라 타인의 수중에 있는 권력이 남용될 것도 두려워한다. 4장에서 우리가 살펴본, 침묵 속에서 사는 여성들은 자신이 의존하고 있는 이들이 권력을 변덕스럽게 사용하는 것에 대해 공포를 느꼈다. 또한 우리는 수동적·수용적 인식자로서 자신의 권위자에 대한 신뢰가 위기에 처한 여성을 살펴보았다. 이런 위기는 이들 안에 외부의 권위로부터 오는 모든 권력의 사용에 대한 반항을 일으켰다.

권력은 여러 방법으로 남용될 수 있다. 이 남용이 노골적일 때 우리는 이를 쉽게 알아채지만 교묘히 변장되어 있을 때에는 놓치기 쉽다. 근친상간이나 강간과 같이 어린아이와 여성을 상대로 한 범죄에서 우리는 이것을 분명히 발견할 수 있지만, 선하거나 도덕적인 것으로 간주되는 언어로 가장될 때는 이것의 본색을 알아채기 어려울 수 있다. 창조의 시작부터 남성과 여성은 권력의 속임수와 유혹을 경험했다. 아담과 하와가 에덴동산에서 죄를 범한 것은 이들이 자신들을 "하나님과 같이" 만들어줄 방법을 취하기로 결정했을 때였다. 사탄이 "선"해 보이는 것으로 이들을 유혹한 것은 그의 직접적인 경험으로부터 나왔다. 사탄 역시 권력이라는 유혹의 부름을 느껴보았으며 그 부름에 응함으로써 그는 하늘의 영광으로부터 떨어져 나왔다. 이후로 그는 남성과 여성을 유혹하기 위해 (종종 교묘히 가장된) 권력을 사용해왔다. 심지어 긍정적인 성경의 교리라도 권력의 남용으로 물들 때 얼마든지 왜곡될 수 있다. 예를 들어 (그중에서도) 청교도들은 어떤 사람의 번영을 통해 그가 하나님께 신실한지를 판단할 수 있다고 믿었다.[9] 이것은 부를 위한 노력을 의무로 만들었는데, 부가 신실함에 대한 하나님의 승인을 표시했기 때문이다. 하지만 부를 위해 애쓰는 행위는 타인에 대한 권력 남용의 포문을 열었다.[10]

---

9) Forbes, *Religion of Power*, 39에서 인용.

10) 역사적으로 볼 때 이것은 청교도 교리와, 하루 12시간에서 14시간, 일주일이면 6일을 조립 라인에서 노동하도록 하면서 (작은 아이들을 포함해) 온 가족을 노예화한 산업혁명과 공장 제도 사이의 가까운 걸음이었다. 부의 축적을 핑계로 이뤄진 권력의 남용은 결국 미성년 노동법과 노동조합의 출현을 비롯하여 노무 관리법의 제정을 요구하게 되었다.

여성을 위한 설교

산업혁명이 아버지들을 가정으로부터 멀리 떨어진 일터로 끌어냈을 때 분리된 영역(separate spheres)이라는 신흥 교리는 재빠르게 기독교 신앙의 신조로 자리매김했으며 실제로 이것은 번복이 불가능했다. 이것으로부터 가정 내 많은 권력 남용이 생겨났다. "머리 됨"에 대한 잘못된 이해로 인해 여러 남용이 그리스도인 가정 안으로 들어왔다.[11] 에베소서 5:21-33을 읽은 학자 대부분은, 아내는 남편에게 복종해야 하지만 남편은 자기 아내를 온전히 만들기 위한 권력에 자기 의지를 다 내주어야 하는 부름을 하나님께로부터 받았다고 말할 것이다. 남편은 자신의 육체를 사랑하고 돌보는 것과 같이 자기 아내를 사랑해야 한다. 여기에는 권력을 남용할 여지가 전혀 없다. 그리스도 안에는 남자와 여자의 구분이 없다. 우리는 모두 예수님 안에서 하나다.

남성과 여성에게 죄는 동일한가?

세 번째 성적 요인은 권력과 죄 사이의 관계에 대한 것이다. 신학자 발레리 세이빙(Valerie Saiving)은 죄를 "자아의 권력과 위신에 대한 정당치 못한 우려"라고 정의했다.[12] 그런 후 세이빙은 남성과 여성의

---

11) 머리 됨(headship)이라는 말은 사도 바울이 고린도와 에베소 교인들에게 보낸 편지에 등장하는 표현으로 여기서 그는 남편을 아내의 "머리"로 칭했다(고전 11:3; 엡 5:23). 학자들은 이 본문들에서 머리(*kephalē*)의 1세기적 의미에 대해 논쟁했지만 정확한 의견의 일치를 보지는 못했다. 일부는 이 단어가 1세기에 "~을 다스리는 권위"(authority over)를 의미한다고 주장했지만 학문적 이유를 들어 2세기 말에 이르기까지 이것이 "~을 다스리는 권위"를 의미하지는 않았다고 인용한 이들도 있었다. 후자는 이것이 "~을 다스리는 권위"가 아니라 "근원"(source)으로 주장한다.
12) 죄에 대한 세이빙의 정의는 성경적 용어로 표현되어 있지는 않지만 교만을 죄의 기초로 보는 성경적 이해를 포함한다. Valerie Saiving, "The Human Situation: A

삶의 경험이 너무나 다르고 따라서 이런 죄의 정의가 남성과 여성에게 동일하게 적용될 수 없다고 주장했다. 특히 모성 역할은 여성이 자기 개발을 초월할 것을 강요한다. 3장에서 지적한 대로 남자아이는 자신의 미래를 책임지도록, 인생의 게임에서 승자가 되도록 양육된다. 이는 동일한 방식으로 많은 여자아이에게는 사실이 아니다. 세이빙은 남성에게 죄가 (니체의 말을 빌려) "권력에 대한 의지"일 수 있다면, 여성에게는 더 정확히 말해 자아의 미개발이나 부정으로 귀결되는 작은 것들의 무리일 수 있다고 결론지었다. 성경적 가르침으로 볼 때 이 "작은 것들"은 실제로 작지 않다. 여기에는 여성의 삶의 체계를 잡아 주는 중심이나 초점이 부족하다는 사실이 포함되는데, 이런 이유로 여성은 사소한 일로 염려한다. 다른 "작은 것들"에는 자기 인식을 위해 타인에게 의존하는 것과 탁월함을 대가로 평범함을 용인하는 것이 포함된다.[13] 물론 세이빙이 나열한 여성의 "죄"가 모든 여성에게 적용되는 것은 아니다. 권력에 대한 의지가 삶의 운동력이 되는 여성도 있다. 많은 교회 안에 "사소함과 산만함, 분산됨"으로 특징지어지는 여성도 있지만, 사소하지 않은 것에 집중하는 그리스도인 여성도 많다. 마찬가지로 모든 남성이 권력에 대한 의지로 이끌리는 것만은 아니다.

하지만 3장에서 지적한 대로 많은 여성에게는 이들을 연약하게 만드는 자아의 미개발 혹은 부정이 있다. 캐나다의 9개 성경학교를 대상으로 한 젠더와 자존감의 연구에서, 남성과 여성 사이의 확연한 차

Feminine View," in *Womanspirit Rising*, ed. Carol P. Christ and Judith Plaskow (San Francisco: Harper & Row, 1979), 26.

13) 같은 책.

이는 이들의 자신감의 측정에서 나타났다. 남성의 일반적인 자신감은 이들이 자신의 능력을 과대평가할 뿐 아니라 더 많은 것을 시도하도록 만들었고 이는 이들에게 기량을 향상하고 보상받을 기회를 제공해 주었다. 반면에 여성에게는 자신의 능력을 과소평가하는 경향이 있었다. 결과적으로 여성은 더 쉽게 자신의 세계와 잠재력을 제한했다.[14] 이것과 연관된 질문은 여성이 자신의 은사와 능력을 부인하고 새로운 일에 도전하기를 꺼려하는 것(잘못된 자기비움의 결과)이 또 다른 형태의 죄, 즉 하나님이 의도하신 사람이 되기를 거절하는 죄에 해당하는가다.

이것은 기독교 생명의 역설 중 하나로 이어진다. 한편으로 예수님은 "누구든지 나를 따라오려거든 자기를 부인하고 자기 십자가를 지고 나를 따를 것이니라. 누구든지 제 목숨을 구원하고자 하면 잃을 것이요, 누구든지 나를 위해 제 목숨을 잃으면 찾으리라"고 말씀하셨다(마 16:24-25). 그분은 십자가에 달려 돌아가시기 몇 시간 전 자신을 따르던 자들에게 땅에 떨어져 죽는 한 알의 밀이 많은 열매를 맺게 될 것임을 상기시키기도 하셨다(요 12:24). 다른 한편으로 예수님은 "많이 받은 자에게는 많이 요구할 것이요"(눅 12:48)라고 말씀하기도 했다. 바울이 디모데에게 한 "네 속에 있는 하나님의 은사를 다시 불 일 듯하게 하기 위해"라는 언급도 있다(딤후 1:6). 그렇다면 그리스도인 여성은 하나님이 그리스도의 나라를 세우도록 이들에게 주신 은사를 어

---

14) Susan A. Basow, *Gender Stereotypes and Roles*, 3d ed. (Pacific Grove, Calif.: Brooks/Cole Publishing, 1992), 177.

떻게 바라보아야 할까? 설교자는 경건치 못한 권력에 대한 의지를 함께 일으키지 않으면서도 여성들 안에 있는 하나님의 은사를 어떻게 다시 불 일 듯하게 할 수 있을까? 하나님의 부르심과 은사를 무효화하지 않는 적절한 자기 부인은 무엇일까? 하나님과 그분의 영광을 위해 많은 것을 성취하고자 하는 적절한 욕구는 무엇일까?

6장은 인도에서 도나부르 공동체를 설립한 아일랜드 선교사 에이미 카마이클이 쓴 시행으로 시작했다. 이 시에서 그녀는 "열망 대신 싹트는 두려움에서, 더 높이 오르지 않는 주춤거림에서" 벗어날 수 있도록 기도했다. 이것은 여성에게 적절한 기도일까? 당신은 어떻게 당신의 청중이 그 시의 마지막 행 "납덩이처럼 가라앉지 않게 하소서. 불꽃이신 주여! 저를 주의 연료 삼으소서"라고 기도하도록 할 수 있을까?

예수님과 권력

예수님은 권력의 전염성 높은 감염을 알고 계셨다. 돌아가시기 전날 우연히 듣게 된 한 대화는 그분을 크게 근심케 했다. 예수님을 따르던 제자들이 자기들 중에서 누가 가장 큰지를 논쟁한 것이다. 누가와 요한이 그날 밤 예수님이 제자들을 책망하신 내용을 기록하고 있다. "너희 중에 큰 자는 젊은 자와 같고 다스리는 자는 섬기는 자와 같을지니라"(눅 22:26). 예수님은 권력의 문제에 대한 제자들의 생각을 바로 잡으실 필요가 있었다. 그리스도의 제자를 구분 짓는 것은 권력의 행사가 아니라 섬김이라고 그분은 말씀하셨다. 그로부터 불과 몇 시간도 되지 않아 체포되신 후 자기 원수들을 향해 신적 능력을 사용할 기회가 있었음에도 예수님은 자신을 변호하지 않고 죽기를 선택하셨다. 따라서 그리스도인의 삶에서 권력이 중요하지 않은 것처럼 보일 수도 있다.

한편으로 예수님은 권력의 위험을 아셨고 자신을 따르던 자들에게 권력의 유혹에 귀 기울이지 말라고 말씀하기도 했지만, 다른 한편으로 무력함(powerlessness)의 위험도 알고 계셨다. 예수님은 무기력한 자들을 지속적으로 이용해 이득을 취하는 사람들을 반대하는 설교를 하셨다(마 23장). 한발 더 나아가 예수님은 무기력한 많은 이들에게 능력을 주셨다. 소박한 어부와 세리를 하나님의 사도로 탈바꿈시키며 현재의 상황에 안주하는 데 도전하시고, 여성이 자신의 섬김을 통해 목소리를 낼 수 있도록 하셨다. 귀신 들림의 족쇄를 끊고 또렷한 정신과 깨끗한 마음으로 하나님을 섬길 수 있도록 사람들을 자유케 하셨다. 이것은 권력의 다른 사용법이었다.

그뿐 아니라 예수님은 영광 중에 아버지께로 올라가시기 직전 자신을 따르던 자들에게 "오직 성령이 너희에게 임하시면 너희가 권능을 받고"라고 말씀하셨다. 이는 제자들이 그분 곧 육신이 되신 말씀을 증거하도록 하기 위함이었다(행 1:8). 이어지는 장에서 누가는 하나님의 능력이 임한 무리 가운데 남성과 여성이 함께 있었다고 기록한다(행 2:17-18). 하나님은 그리스도인들에게 특별한 종류의 능력을 주셨으며 예수님은 그 능력의 사용에 대해 다음과 같이 분명히 말씀하셨다. 이것은 이들이 세상에서("온 유대와 사마리아와 땅끝까지 이르러", 1:8) 복음의 증인이 되는 데 사용되어야 했다. 이 능력은 우리가 세상에서 하나님의 목적을 성취하도록 하기 위해 주신 것이다.

하지만 하나님으로부터 은사를 받은 많은 여성이 이런 증거와 사역을 위해 자신의 은사를 개발하지 않는데, 이는 자신이 그럴 수 있다거나 그래야 한다고 믿지 않기 때문이다. 예수 그리스도를 섬기기 위한 준비의 임무를 짊어지지 않는 그리스도인 여성에 대해 남성 동료들은 이들에게 과연 기독교 대학이나 신학교에서 성경 연구와 신학 연구를 추구할 만한 "권리"가 있는지를 의심한다. 어떤 학교에서 일부 과정은 여성에게 열려 있지 않다. 이들을 진지하게 받아들이지 않는 교수가 있을 수도 있다. 행정관들은 여성이 학교에 다니는 것이 오로지 "남편감을 찾기 위해"서라고 단정하기도 한다. 이들의 자신감이 흔들리고 세이빙이 말한 "자아의 미개발이나 부정"으로 이들이 물러나는 것은 놀랍지 않다.

어떻게 설교에 적용할까?

남성과 여성은 권력(의 사용과 남용)을 서로 다르게 이해하고 이것은 이들이 미식축구 경기나 재봉틀에 기초한 예화 하나를 듣는 방식에도 영향을 미친다. 당신은 하나님의 모든 백성이 인간의 죄악 됨으로 왜곡되지 않는 능력의 메시지를 듣도록 하기 위해 어떻게 설교할 수 있을까? 능력의 경건한 사용을 이해하기 위해 하나님이 이를 어떻게 행사하셨는지를 살펴보는 것은 유익할 것이다. (하나님의) 말씀은 창세기의 맨 처음 구절부터 요한계시록의 마지막 장에 이르기까지 하나님과 그분의 능력에 대해 말하고 있지만, 여기서 우리는 시편 136편을 통해 하나님이 능력을 사용하신 일종의 개요를 찾아볼 수 있다.

시편 기자는 성경적 하나님에 대한 분명한 이상 곧 그분이 야웨, 모든 신들의 하나님, 주의 주, 언약을 지키시는 능력의 하나님인 동시에 선과 긍휼의 하나님이 되신다는 이상으로 시작한다.[15] 야웨 하나님을 찬송의 대상으로 확고히 정한 후 시편 기자는 위대하신 우리 하나님이 자신의 능력을 사용하시는 네 가지 방법을 다음과 같이 묘사한다.

- 첫 번째 묘사는 우리를 창세기 1장의 하늘과 땅의 창조로 이끌어간다(5-9절). 하나님은 혼돈으로부터 질서를 일으키고 자신의 피조물들이 생존하고 번성하기 위한 수단을 제공하기 위해 자신의 능력을 사용하신다.
- 하나님이 능력을 사용하시는 두 번째 방법은 우리를 애굽으로부터 약속의 땅으로 인도하시는 것이다(10-22절). 이 경우 하나님은 자기 백성을 노예 생활로부터 구원하시기 위해 능력을 사용하신다.
- 하나님이 능력을 사용하시는 세 번째 방법은 위의 구절들과 긴밀하게 연관되어 있는데 자기 백성을 위한 목적을 반대하는 자들을 물리치신다는 것이다(10-22절).

---

15) 시편 저자는 하나님과 피조물의 관계와 하나님의 위대하심(장엄의 복수형과 신적 능력의 충만함)을 망라하기 위해 야웨(*Yahweh*, 1절)와 엘로힘(*Elohim*) 혹은 다른 접미사가 붙은 엘(*El*, 2-3절) 모두를 사용한다. 이것은 그분의 백성 앞에 제시하기에 적절한 하나님에 대한 이상이다.

• 하나님이 능력을 사용하시는 네 번째 방법은 우리를 현재로 데려오는데 그분이 자기 사람들을 위해 공급하신다는 것이다(23-25절).

하나님의 피조물들이 생존할 뿐 아니라 번성할 수 있도록 혼돈으로부터 질서를 이끌어내기 위해 권력을 사용하는 것은 적절하다. 사람들을 묶고 노예 삼는 것이 무엇이든, 그것으로부터 이들을 자유하게 하기 위해 권력을 사용하는 것도 적절하다. 하나님과 이 땅에서의 그분의 목적에 대적하는 이들과 맞서기 위해 권력을 사용하는 것, 그분의 백성을 위해 공급하고자 권력을 사용하는 것도 그러하다.

어떤 본문을 가지고 설교를 하든, 하나님이 능력을 사용하신 방법을 감안해서 당신이 능력에 대해 이야기하는 방식을 평가해야 한다. 실제로 능력은 어떤 형태로든 모든 설교에 침투하고, 청중은 그들의 삶 속에서 하나님의 능력을 이해하고 그 능력 아래에서 살 필요가 있기 때문에, 당신은 자신이 설교 중 언급하는 능력이 하나님의 방법을 닮아 있는지를 질문해야 한다. 이것은 혼돈으로부터 질서를 가져오기 위해, 하나님의 백성이 번성할 수단을 창조하기 위해 사용되는 능력인가? 노예 생활로부터 백성을 구원하기 위해 사용되는 능력인가? 하나님의 백성을 멸하려는 힘을 저지하기 위해 사용되는 능력인가? 그분의 모든 백성을 돌보기 위해 사용되는 능력인가?

남성과 여성 모두 권력 구조가 일상의 삶을 지배하는 세상에서 살고 있다. 이들은 때로 자신을 상대로 권력이 남용되는 것을 경험하기도 한다. 직장에서 권력을 가진 사람은 타인의 아이디어를 훔치고 그것을 자기 것인 양 사용한다. "힘없는 사람들"이 생계를 꾸려가기 위해 고군분투하는 동안 고위급 간부는 거대한 상여금을 챙기기도 한다. 정치에서 권력은 선한 사람을 쉽게 부패시키고 최선의 사람을 패배케 할 수도 있다. 권력을 쥔 안수집사가 경건한 목사를 강단에서 쫓아내거나 목사가 회중 속 사람을 학대하는 동안 교회는 고통을 당하기도 한다. 일부 가정에서는 권력을 가진 어른의 손에 성적 학대를 당하는 어린이, 육체적으로 힘이 센 남편에게 구타당하는 아내도 있다. 그리스도인 남성과 여성은 직장과 공동체에서 권력의 남용이 이들의 삶을 망가뜨리는 것을 목도한다. 이들은 어떻게 권력의 경건한 사용을 이해할 수 있을까? 청중이 이런 질문에 대한 답을 찾는 것은 하나님에 대한 성경적 이상을 통해서다.

시편 136편은 권력의 경건한 사용을 위한 한 가지 추가적 요소를 제시하는데 특히 여성은 여기서 하나님이 자신의 능력을 언제나 신적인 사랑으로 두르신다는 중요한 사실을 들어야 한다. 이 시편은 응답 송가다. 회중의 절반이 하나님에 대한 어떤 사실을 낭송하고, 나머지 절반이 각 구절에서 그분의 인자하심이 영원하다고 응답하는 것이다. 하나님의 사랑은 영원하다. 하나님이 능력을 사용하실 때 사랑이 그분의 모든 행위를 통제한다. 여성(과 남성)은 이 세상의 권력이 우리 하나님이나 그리스도의 권력과 같지 않다는 점을 들어야 한다. 욕구(소유물에 대한 것이든 하나님에 대한 것이든)를 조종하는 권력은 하나님으로부터 오는 것이 아니다. 하나님으로부터 오는 능력은 영적 능력으로서 모든 신자가 그것을 받는다. 이것은 악을 이기고 유혹에 저항하며 하나님을 섬기는 능력이다. 하나님께서 권력을 사용하실 때 그것을 언제나 신적인 사랑으로 두르신 것처럼, 우리(남성과 여성 모두) 역시 권력을 사용할 때 언제나 사랑으로 해야 한다. 말씀 곳곳에서 우리는 족장, 사사, 제사장, 왕, 예언자, 사도들이 권력이라는 보다 열등한 신의 자녀가 되지 않으려고 씨름하는 장면들을 만난다. 이들은 하나님으로부터 오는 능력, 즉 언제나 선을 이루는 능력을 갈망했다.

하나님의 능력은 세상의 축복을 위해 남성은 물론 여성에게도 주어졌다. 여성은 자신도 하나님으로부터 능력을 받았다는 사실을 알 필요가 있다. 하지만 대부분의 여성은 부패한 권력의 위험을 직관적으로 이해하고 따라서 권력을 사용하는 것을 회피한다. 그 과정에서 이들은 하나님의 은사를 사용하지 못하고 그분의 부르심을 성취하지 못할 수 있다. 여성은 자신에게 은사가 있으며 자신이 세상 속에서 그리스도와 타인을 섬길 수 있도록 강력한 하나님의 영이 자신 안에 거하고 계심을 알아야 한다. 그럴 때에만 이들은 자신의 힘을 다해 하나님을 사랑할 수 있을 것이다.

요약

- 청중의 삶에 영향을 미치기 위해 어떤 형태로든 능력을 포함하지 않고는 효과적인 설교를 했다고 보기 어렵다. 현재의 혼란스럽고 마음에 상처가 되는 상황을 바꿀 능력이 없다면 청중은 그런 설교를 들을 이유가 없다고 생각할 것이다.
- 권력에 대한 남성과 여성의 태도를 살핀 일부 조사에 따르면, 남

성은 권력을 분리량으로 보는 경향이 컸다. 권력에는 일정한 양이 정해져 있어서 "내게 이만큼의 권력이 있는데 일부를 너에게 준다면 그만큼 나의 권력이 줄어든다"는 것이다. 반면에 여성에게는 권력을 나눌수록 커지는 것으로 보는 경향이 있었다.

- 권력은 여러 방법으로 남용될 수 있다. 이것이 노골적일 때 우리는 그것을 쉽게 알아채지만 교묘히 변장되어 있을 때에는 놓치기가 쉽다.
- 많은 여성에게는 자신을 연약하게 만드는 자아의 미개발 또는 부정이 있다.
- 여성이 자신의 은사와 능력을 부인하고 새로운 일에 도전하기를 꺼려하는 것(잘못된 자기 비움의 결과)이 또 다른 형태의 죄, 즉 하나님이 의도하신 사람이 되기를 거절하는 죄에 해당한다고 볼 수 있을까?
- 예수님은 권력의 문제에 대한 제자들의 생각을 바로잡아주셨다. 그리스도의 제자들을 구분 짓는 것은 권력의 행사가 아니라 섬김이다.
- 동시에 예수님은 무기력함의 위험도 알고 계셨다. 예수님은 무기력한 자들을 지속적으로 이용해 이득을 취하는 사람들을 반대하는 설교를 하셨고(마 23장) 무기력한 많은 이들에게 능력을 주셨다.
- 예수님의 자신을 따르던 자들에게 "오직 성령이 너희에게 임하시면 너희가 권능을 받고"(행 1:8)라고 약속하셨는데 이것은 이들이 그분의 증인이 되도록 하기 위함이었다. 이 능력은 우리가

세상에서 하나님의 목적을 성취하도록 하기 위해 주신 것이다.

- 하지만 하나님으로부터 은사를 받은 많은 여성이 이런 증거와 사역을 위해 자신의 은사를 개발하지 않는데, 이것은 자신이 그럴 수 있다거나 그래야 한다고 믿지 않기 때문이다.
- 하나님의 피조물들이 생존할 뿐 아니라 번성할 수 있도록 혼돈으로부터 질서를 이끌어내기 위해, 사람들을 묶고 노예 삼는 것이 무엇이든 그것으로부터 이들을 자유롭게 하기 위해, 하나님과 이 땅에서의 그분의 목적에 대적하는 이들과 맞서기 위해, 하나님의 백성에게 공급하기 위해 권력을 사용하는 것은 적절하다.
- 시편 136편은 권력의 경건한 사용을 위한 한 가지 추가적 요소를 제시하는데 하나님께서 자신의 능력을 언제나 신적인 사랑으로 두르신다는 사실이다. 남성이든 여성이든 사랑으로 감싸이지 않은 권력을 사용해서는 안 된다.

더 생각해볼 문제

- 당신에게는 강단에서 권력의 경건한 사용에 대해 자세히 설명할 수 있는 면밀한 신학이 있는가?
- 당신의 교인들은 직장에서 자신의 권력을 어떻게 사용해야 할지 궁금해하지 않을 만큼 당신이 말씀으로부터 권력에 대해 논의하는 것을 충분히 듣고 있는가?

- 권력과 성 역할에 대한 당신 자신의 믿음이 여성에게 어떤 영향을 미치는지 당신은 구체적으로 생각해보았는가?
- 그리스도인 남성과 여성은 하나님이 그리스도의 나라를 세우도록 이들에게 주신 은사를 어떻게 바라보아야 할까? 당신은 경건치 못한 권력에 대한 의지를 함께 일으키지 않으면서 이들 속에 있는 하나님의 은사를 어떻게 다시 불 일 듯하게 할 수 있을까?
- 하나님의 부르심과 은사를 무효화하지 않는 적절한 자기 부인은 무엇일까? 하나님과 그분의 영광을 위해 많은 것을 성취하고자 하는 적절한 욕구는 무엇일까?
- 당신은 하나님의 모든 백성이 인간의 죄악으로 왜곡되지 않는 능력의 메시지를 듣도록 하기 위해 어떻게 설교할 수 있을까?

8장

다른
리더십

1994년에 나와 남편은 우리 삶의 새로운 장을 열기 위해 덴버에서 필라델피아로 이사를 했다. 내가 베델 신학교(Bethel Seminary of the East) 필라델피아 센터의 학장으로 초청되었기 때문이다. 나는 학장이 한편으로는 총장과 이사회, 다른 한편으로는 교수와 직원, 학생들에게 응답하면서 그 사이에서 중재하고 이끄는 역할임을 알고 있었다. 나는 리더십에 대한 책을 많이 읽어보지 못했고 따라서 새로운 부르심에 착수하던 당시 내 마음속에는 훌륭한 이론적 모형이 없었다. 하지만 남북전쟁에 참여했던 한 군인에 대한 이야기를 오래도록 열심히 생각했는데, 그가 총에 맞지 않기 위해 북군의 코트와 남군의 바지를 입었다는 이야기였다. 결국 그는 바지의 엉덩이 부분에는 북군의 총을, 웃옷에는 남군의 총을 맞고 말았다. 출처가 분명하지 않은 이 군인의 곤경을 생각하면서, 나는 중요한 것은 내가 입은 군복이 아니라 전쟁을 벌이지 않는 것이라고 결론 내렸다. 나의 임무는 적대적인 관계가 아니라 공동체를 가꾸어가는 것이다. 위로부터가 아닌 중간으로부터의 리더십을 발휘하면서 나는 누구도 "죽지" 않는 상황을 창조하고자 했다. 당시에는 몰랐지만 이것은 리더십에 대한 매우 "여성적"인 접근이었다.

이 일과 이어서 내 신상에 일어난 변동들 이래로, 나는 종종 사무실에 앉아 효과적인 리더십에 관한 질문과 전통적인 피라미드형 리더십의 근간을 이룬다고 간주되는 가치들과 씨름하는 여학생들의 이야기를 듣게 되었다. 설교자는 리더로서 하나님의 영광을 위해 자신의 능력을 충분히 연마하고 사용하고 있는가? 이들은 말씀에 뿌리내린 리더십의 유형을 사용하고 있는가? 이들이 자신의 설교를 통해 리더십을 발휘하는 방식은 여성이 자신의 힘을 다해 하나님을 사랑하도록 돕고 있는가? 이것은 우리가 여성을 청중으로 생각할 때 꼭 살펴보아야 하는 문제들이다. 여성에게 기회가 주어졌을 때 이들은 어떻게 리더십을 발휘하는가, 여성의 방식이 설교와 어떤 연관을 가지는가와 같은 다른 질문도 있다.[1]

이 질문들을 살펴보기에 앞서 일반적인 리더십에 대해 생각해보는 것이 유익할 것이다. 피터 드러커(Peter Drucker)는 "리더는 누구든 그를 따르는 자가 있는 사람"이라고 말했다.[2] 이것은 적절한 정의일까?

실제로도, 사업에서 리더십은 경영에서 최고의 위치를 가진 사람 곧 CEO(최고 경영자), CFO(재무 담당 최고 책임자), COO(최고 업무 책임자) 등을 가리킨다. 요즘 일부 경영 대학은 경영과 리더십을 구분하고, 리더십에는 비전을 제시하고 타인이 그 비전을 인식할 수 있도록 영향력을 행사하는 일이 포함된다고 가르치고 있다. 현재 여러 기업 모델이 비전 선언문으로 시작하는 것은 이런 이유 때문이다.[3]

---

1) 서로 다른 교회에 속한 그리스도인들은 리더십에 있는 여성에 대해 각각 다른 생각을 갖고 있다. 이번 장은 이런 역할을 맡은 여성의 문제를 논의하는 대신, 이끌어야 할 상황이 왔을 때 여성이 대개 보이는 리더십의 종류에 집중한다.

2) Cindy Simon Rosenthal, *When Women Lead: Integrative Leadership in State Legislatures* (New York: Oxford University Press, 1998) 2장에서 인용.

3) 이 부분에서 나는 Ronald Heifetz, *Leadership without Easy Answers* (Cambridge, Mass.: Belknap Press of Harvard University, 1994)에게 빚을 졌는데, 여기서부터 다양한 종류의 리더십의 유익한 특징들을 빌려왔다.

하지만 군대에서 리더십은 비전이 아니라, 누구에게 지휘권이 있느냐의 문제다. 로날드 하이페츠(Ronald Heifetz)에 따르면 "이끌다"(lead)라는 동사의 고대 어원은 "나아가다, 죽다"를 의미한다. 군대의 리더는 나아갈 길, 어쩌면 죽음으로의 길을 보여주는 사람이다. 바로 그 남성이나 여성에게 지휘권이 있다.

동물의 영역에서 리더는 가장 크거나 가장 빠르거나 가장 아름답거나 가장 적극적인 동물, 새, 물고기다. 여기서 리더십은 비전의 문제도, 지휘의 문제도 아니다. 우월성의 문제다. 경마에서 리더십은 단순히 "경쟁에서 앞서는 것"만을 의미한다. 선두에 선 말의 기수는 다른 누구도 이끌지 않고 다만 앞서 있을 뿐이다.

이렇게 리더십의 모든 유형에는 두 가지의 공통분모, 즉 위치와 권력이 있다. 리더십에 대한 대다수 책들은 리더의 개인적인 특성이나 이들이 역사에 영향을 미치고 이들의 비전을 인식하게 되는 출처인 위치에 집중한다.

많은 여성에게 이 두 가지 공통분모 즉 위치와 권력에는 "위험, 취급주의"라는 꼬리표가 붙어 있다. 이들은 여러 위치의 불가피함을 인식하고 권력의 필요성을 이해한다. 하지만 동시에 이들은 이 둘 모두에 내재된 위험을 알고 있다. 그렇다면 여성은 어떻게 리더십을 바라볼까? 조사자들은 여성의 리더십 유형과 리더십에 대한 전통적 이해 사이에서 어떤 차이를 발견했을까?

여성이 이끌 때

존 나이스비트(John Naisbitt)와 패트리셔 애버딘(Patricia Aburdene)
은 『메가트렌드 2000』(한국경제신문사 역간)을 통해 미국에서 이미 일
어난 변화를 살펴보는 동시에 1990년대에 다가올 주요한 변화를 예
측했다. 저자들은 책의 7장에 "1990년대: 여성 지도자의 시대"라는 제
목을 달고, 세상이 변했기 때문에 리더십의 유형도 변해야 한다고 주
장했다. 사람의 머릿속에서 일어나는 일을 "관리"하는 것은 손이 하는
일을 관리하는 것보다 훨씬 더 어렵다. 새로운 작업 환경에서의 성공
을 위해 나이스비트가 결론 내린 21세기의 효율적 리더는 "정직하고
윤리적인 경영을 통해…열려 있고 권한을 부여하고 격려하는" 리더였
다.[4] "여성 지도자의 시대"로 불린 1990년대는 이제 역사의 일부가 되
었고 우리는 다시금 질문해야 한다. 여성은 세상이라는 무대에서 어
떤 리더십을 제공해왔는가? 이들은 다른 유형의 리더십, 즉 나이스비
트의 예측에 조금이라도 걸맞은 리더십을 제공해왔는가?

　1998년에 신디 사이먼 로젠탈(Cindy Simon Rosenthal)은 미국
의 몇몇 주에서 주의원으로 당선된 여성과 남성의 리더십 유형에 대
한 조사 결과를 출간했다. 위원회의 의장직을 맡은 남성과 여성을 서
로 비교한 것이다.[5] 로젠탈에 따르면, 일반적으로 여성은 개인적 동기
부여와 목표, 리더십 유형의 특성, 권력의 공유와 같은 영역에서 남성

---

4) John Naisbitt and Patricia Aburdene, *Megatrends 2000: Ten New Directions for the 1990s* (New York: Morrow and Co., 1990), 226.
5) Cindy Simon Rosenthal, *When Women Lead*, 2장.

과 차이를 보였다. 이 연구에서 여성은 대인적 네트워크와 협력하는 정당들을 통해 일했다. 이들은 타인에게 귀 기울이고 타인을 교육하며 이들에게 권한을 부여했다. 이들은 타인을 변화시키기 위해 배움을 격려했다. 반면에 이 연구에서 입법부 남성은 리더 중심적이고 계급을 통해 일하며 관심사들이 경쟁하도록 만들었다. 남성은 지시하고 타인과 협상하며 타인에게 권력을 행사하고 교환을 중개하는 것으로 이끌었다.

로젠탈의 연구에서 두 가지 리더십 모형 간의 차이는 문어와 기러기 사이의 차이와 적절히 비교된다. 문어는 한 개의 중심 뇌가 있고 여러 개의 손이 그 뇌의 명령을 따른다. 반대로 기러기는 공기 중에서 가을 냄새를 맡고 다른 기러기 떼와 남쪽의 비전을 공유한다. 이들이 하늘 위로 날기 시작하면 V 편대의 리더는 무리를 위해 바람의 저항을 가른다. 리더 기러기가 지치면 편대의 뒤쪽으로 물러나고 다른 기러기가 그 자리를 메운다.[6]

로젠탈의 연구에서 남성의 리더십 유형은 문어와 흡사하다. 즉 이 유형은 타인에게 위에서 아래로 지시와 명령을 전달하는 피라미드형이다. 남성 입법인들은 승자와 패자를 상대했고 갈등과 경쟁을 제도의 필수적 부분으로 간주했다. 이들의 질문은 "누가 누구의 희생으로 무엇을 얻느냐?"였다. 대부분의 주에서 입법의 결정은 "돈 나누기 식" 경쟁으로, 이들의 선거구를 위한 사적 이익이 더 넓은 공적 이익에 우

---

6) 이 비유는 무디 신학교(Moody Bible Institute)의 기업 트레이너 메리 채프먼(Mary Chapman)이 1998년 전미 종교 방송인들을 위한 중서부 대회의 한 세미나에서 언급한 것이다.

선했다. 이것은 "거래적 리더십의 전형적 바다"로 불려왔으며[7] "선심 정치"라고 불리기도 한다.

로젠탈에 의하면, 반대로 여성 입법인들은 상호관계를 강조하고 문제 해결을 위해 원원 전략을 구사했다. 이 연구에서 여성 의장들은 남성에 비해 타인의 필요와 정책 목표로부터 훨씬 더 큰 동기부여를 얻었다. 여성은 특정 법안으로 인해 어떤 사람이 도움이나 해를 받게 될지를 알고 싶어했다. 리더십의 경험이 쌓여갈수록 여성은 몇몇 유권자의 재정 상태에 대해서는 덜 관심을 쏟는 반면에 전체 국민의 건강과 복지에 대해서는 더 큰 관심을 보였다. 여성 리더는 더 자주 타인과 상의하고 전략적 정보를 공유했다. 이들은 권력을 지배하는 것이 아니라 지지하고 협력하기 위한 것으로 보았다. 이들의 견해는 "군림하는 권력"(power over)이 아닌 (일하기 위한) "수단으로의 권력"(power to)이었다.

경영학 분야의 관리 연구자들은 남성이 관리(management)를 규칙과 역할, 통제로 인식한다는 사실을 발견했다. 반면에 여성 관리자는 계급을 떠나 관계와 유대감에 집중했다. 여성이 통제보다는 양육을 목적으로 권력을 사용한다는 사실을 발견한 연구도 있다. 경영 연구자인 주디 로스너(Judy Rosener)는 경영에서 여성이 남성에 비해 참여를 격려하고 타인에게 권한을 부여하며 타인의 가치를 축하할 확률이 높다고 결론지었다.[8] 진 립먼-블루먼(Jean Lipman-Blumen)과

---

7) Rosenthal, *When Women Lead*, 2장.
8) 같은 책.

동료들이 미국의 관리자 5천 명 이상(2,041명의 여성과 3,126명의 남성)을 대상으로 한 연구를 보면, 여성은 동료 남성이 스스로를 생각하는 것에 비해 자신을 훨씬 덜 경쟁적으로 인식했다.[9] 클레어몬트 대학원 대학교(Claremont Graduate University) 소속 리더십 고등 과정은 다음과 같은 증거를 인용했다. "여성은 남성 동료에 비해 조직 내에서 자신의 권력을 사회적으로 보다 더 건설적인 방식으로 사용한다. 더 자세히 말해 이들은 권력을 자기의 정치적 힘을 높이기 위해서가 아니라 조직의 목표를 성취하기 위해 사용한다."[10] 같은 보고서는 이렇게도 기록하고 있다. "기업의 가장 높은 자리에 있는 여성은 남성 동료에 비해 자신의 비전을 타인에게 이행하는 것에 대해 확실히 더 큰 신뢰를 보인다. 이것은 여성이 타인에게 무언가를 위임하고 권한을 부여하는 것에 더 편안함을 느낀다는 사실을 시사한다."[11]

일반적으로 여성은 권력을 변화를 촉진하기 위한 수단으로 보는 반면에, 남성은 권력을 타인에게 영향력을 행사하는 수단으로 보는 경향이 있다. 여성 관리자는 권력을 사용하고 공유할 확률이 높은 반면에, 남성은 권력의 기초를 위치나 상벌을 부여하는 능력에 둔다. 데이비드 맥클랜드(David McClelland)는 여성이 권력을 매우 상호의존

---

9) Jean Lipman-Blumen, Todd Fryling, Michael C. Henderson, Christine Webster Moore, and Rachel Vecchiotti, *Women in Corporate Leadership: Reviewing a Decade's Research* (Claremont, Calif.: Claremont Graduate University Institute for Advanced Studies in Leadership, the Peter F. Drucker Graduate School of Management, 1996), 31에서 인용.
10) 같은 책, 32.
11) 같은 책.

적·대인관계적·간접적·상황적으로 본다고 주장했다. 반면 남성은 권력을 개인적·직접적·분석적·공격적인 방식으로 볼 확률이 높다.[12]

교회의 상황 안에서 리더십의 유형을 살펴본 연구는 어떠한가? 1993년에 에드워드 리먼(Edward Lehman)[13]은 주류 개신교단 네 곳에 속한 성직자들의 리더십 유형에 대한 광범위한 연구 결과를 출판했다.[14] 리먼에 따르면 리더십 유형의 일부 차원들은 젠더의 특징과 일치했는데, 남성과 여성 성직자는 다음 네 가지 영역에서 지속적인 차이를 보였다.

- 회중에게 권력을 행사하는 것에 대해 기꺼워하는 혹은 꺼리는 마음.
- 회중이 스스로의 삶을 관리할 수 있도록 이들에게 권한을 부여하고자 하는 열망.
- 윤리적 문제를 다룰 때 이성적 체계를 선호하는 것.
- 윤리적 문제를 다룰 때의 율법적 성향.

---

12) Rosenthal, *When Women Lead*, 2장에서 인용.
13) Edward C. Lehman Jr., *Gender and Work: The Case of the Clergy* (Albany, N.Y.: State University of New York Press, 1993).
14) 네 개의 교단은 북침례교(American Baptist Convention)와 미합중국장로교회 (Presbyterian Church USA), 연합그리스도교회(United Church of Christ), 연합감리교회(United Methodist Church)다. 이상의 교단들은 모두 수년 동안 여성에게 안수를 주었지만, 연구에 따르면 상당히 많은 경우 여성 성직자가 (교단의 임원으로부터든 지역 교회의 평신도 이사로부터든) 한 명이나 그 이상의 남성에 의해 차별을 경험해왔다. 동시에 어떤 경우에는 여성이 자신이 원하는 것을 얻기 위해 남성만큼 권력을 사용하려는 경향을 보였다.

남성 성직자는 여성 성직자에 비해 회중에 대해 권력을 행사하고, 의사 결정에서 이성적 체계를 선호하며, 윤리에 대해서는 율법적으로 접근하는 경향을 보였다.[15] 여성 성직자는 남성 성직자에 비해 회중이 자신의 일을 스스로 해결할 수 있도록 이들에게 능력을 부여하고자 애쓰는 경향을 보였다.

전반적으로 조사가 가리키는 내용은 여성 리더 중 대부분이 더욱 동료애적인 리더십 유형을 가진다는 것이다. 물론 모든 여성이 그렇지는 않다. 7장에서 언급한 대로 경영에서 남성 멘토로부터 조언과 도움을 받은 여성은 보통 남성과 같은 리더십을 발휘한다. 반면에 여성 멘토로부터 조언과 도움을 받은 남성은 여성 리더십의 특성을 다수 가진다. 리더십 유형은 내재적으로 젠더에 국한되지는 않지만 분명하게 다르다.

샐리 헬게센(Sally Helgesen)은 여성의 리더십 방식에 관한 『여성의 장점』(*The Female Advantage*)이라는 책을 집필한 바 있다. 이 책의 결론은 여성의 리더십 유형이 더욱 효과적이며 따라서 장점을 가진다는 것이었다.[16] 사람들, 특히 여성은 자신이 먹이 사슬의 밑바닥에 있다고 느낄 때보다는 포용의 거미줄 안에서 안전하다고 느낄 때 더 창의적이 되고 행복해진다. 이런 유형은 특히 그리스도인 여성에

---

15) 2장에서 묘사한 것처럼 이런 차이의 적용이 일관된다는 사실에 주목하라. 의사 결정에서 관계 또는 규칙을 중요시하는 기본적 성향은 교회 생활과 정치계, 재계에서도 마찬가지다.

16) Sally Helgesen, *The Female Advantage: Women's Ways of Leadership* (New York: Doubleday Currency, 1990), 233-50.

게 이로운데, 사도 바울이 제시한 몸의 이미지와 예수님이 묘사한 자신을 따르는 자들의 행위와 더 가까이 닮아 있기 때문이다. 이런 이미지는 리더십 이론에 대한 최근의 다른 조사들과 어떻게 조화되는가?

다른 리더십

1994년에 하버드 대학교의 교수 로널드 하이페츠는 리더십에 대한 비전통적인 정의를 제안했다. 그는 중간으로부터 이끄는 것이 가능한지를 질문했다. 하이페츠는 "'리더십은 공동체가 리더의 비전을 따르도록 영향을 미치는 것을 의미한다'라고 말하는 것과, '리더십은 공동체가 이들의 문제를 직면하도록 영향을 미치는 것을 의미한다'라고 말하는 것의 차이는 무엇일까?"라고 물었다.[17] 첫 번째 경우 리더십의 표식은 영향력이다. 리더는 사람들로 하여금 자신의 비전을 받아들이도록 하고 공동체는 문제를 논의하기 위해 리더를 바라본다. 두 번째 경우 리더십의 표식은 문제의 진전이다. 리더는 사람들을 동원해 이들이 자신의 문제를 직시하도록 한다. 전자의 경우 리더는 권위의 자리를 차지하고 선봉에 선다. 하지만 하이페츠가 주장한 대로(나도 동의하는데) 참된 리더십은 개인의 카리스마에 기초한 상의하달식이 아니다. 리더십은 서열 중 어느 곳에서든 나타날 수 있는 행위인데, 리더

---

17) 이번 장의 나머지 부분에 반영되어 있는 리더십 개념은 하이페츠가 *Leadership without Easy Answers*에서 제시한 리더십에 대한 이해로부터 직접적으로 왔다.

는 논의해야 할 문제가 있을 때마다 필요한 존재이기 때문이다. 간단히 말해 이끈다는 것은 사람들이 자신의 문제를 만족스럽게 다루도록 만드는 것을 의미한다. 문제가 수면 위로 떠오르는 것은 사람들이 옳다고 믿는 것과 이들이 실제로 경험하는 것 사이에 간극이 있을 때다. 자신의 이상과 현실, 실천과 가치 사이의 간극을 인지하기 시작할 때 이들은 문제를 갖는다. (서열의 어느 곳으로든) 개인에게 다가가 그들이 가치와 현실 사이의 간극을 줄이도록 돕는 사람이 리더다.[18]

바로 이것이 리더십의 다른 모형이다. 그렇지 않은가? 문제를 마주한 타인에게 다가가는 리더는 가치와 현실이 집합되는 비전을 그릴 수 있는, 자신의 문제를 개선하고자 애쓰는 이들에게 영향을 미칠 수 있는 사람이다. 가치와 현실 사이의 간극을 없애는 것이 가능하기 때문이다. 하지만 이것을 위해 리더가 꼭 선봉장에 서야 하는 것은 아니다.[19] 리더십은 사람들이 문제[20]에 직면하고 그것을 다룰 수 있도록 그들을 그 지점까지 이끌어오는 과정이다. 바로 이것이 설교의 목적이기도 하다. 설교자는 지속적으로 이상과 현실, 실천과 가치 사이의 간극과 함께 일하는 사람이다.

예수님이 이런 종류의 리더십을 본보이신 방법을 살펴보라. 요한

---

18) 4장은 이상과 현실 사이 간극에 대한 반응을 살폈다. 여기서의 논쟁은 사람들이 이런 간극을 발견하고 이들이 그것을 메울 수 있도록 인도하는 것에 초점을 맞춘다.

19) 하이페츠는 누군가 권력의 자리 혹은 중간으로부터 이끌 때 유익과 책임이 존재한다는 사실을 보이기 위해 최근 미국 역사의 예를 사용해 이런 논지를 전개한다.

20) 여기서 "문제"는 내가 갈망하는 것과 경험하는 것 사이의 단절을 의미한다. 나는 현재 내가 하나님과 경험하는 것보다 더 가까운 동행을 갈망할 수 있다. 이 둘 사이의 간극이 여기서 "문제"가 의미하는 바다.

복음 3장에서 예수님은 니고데모로 하여금 거듭남이 없이는 바리새인으로서 그가 행한 모든 실천도 하나님 나라를 보도록 할 수 없다는 현실에 직면하도록 하셨다. 요한복음 4장에서 예수님은 사마리아 여인이 자신의 "비정상적인" 가정생활을 인정하고 하나님을 어떻게 가장 잘 예배할 수 있을지를 알고 싶어하도록 인도하셨다. 요한복음 5장에서 예수님은 베데스다 연못에 있던 병자를 고치심으로써 믿음 없음에 대해 믿지 않는 유대인들과 정면으로 맞서셨다. 예수님은 사람들의 이상과 현실, 실천과 가치 사이의 간극과 지속적으로 함께 일하셨다.

리더십은 사람들이 붙드는 가치들 사이의 갈등을 논의하는 방식, 혹은 이들이 지지한다고 말하는 가치와 일상에서 살아가는 현실 사이의 간극을 줄여가는 방식을 배워가는 것을 뜻한다. 때로는 남성과 여성의 삶에 있는 내부적 모순을 폭로하기 위해 갈등에 돌입하는 것을 뜻하기도 한다. 이런 내부적 모순을 있는 그대로 바라보기 전까지 사람들은 자신의 가치나 믿음, 행위에서 변화를 이루어내지 못할 것이다.

2장에서 우리는 십 대 미혼모의 문제를 간략히 살펴본 바 있다. 여기서 미혼모의 남자 친구는 자녀를 양육하는 책임을 지고 싶지 않았기 때문에 낙태를 권했다. 그리스도인인 미혼모의 부모 역시 낙태를 권했는데 자신의 친구들에게 결혼하지 않은 딸이 출산을 앞두고 있다는 사실을 실토하고 싶지 않았기 때문이다. 반대로 미혼모의 목회자는 태아를 죽이는 것이 죄이고 따라서 달수를 채워 출산을 한 후 입양 보낼 것을 강력히 권고했다.

이런 이야기에서 모순은 무엇일까? 진술된 가치와 이 젊은 여성이 마주한 현실 사이의 간극은 무엇일까? 이 젊은 여성에게 다가가는 리더는 이런 간극과 모순이 수면 위로 떠오르도록 하기 위해 어떤 질문을 던져야 할까? 어떻게 이 이야기 속 모든 주인공은 하나님의 성품과 뜻을 이해하고 그 안에서 성장할 수 있을까? 부모는 낙태가 자신의 딸을 위한 최선이라고 스스로 확신한 나머지 자신의 참된 동기를 전혀 눈치 채지 못할 수도 있다. 이들은 어떻게 자신이 딸에게 건네는 충고의 진짜 이유를 깨닫고 그것과 직면할 수 있을까? 목회자는 그의 교회가 낙태에 대해서는 강력한 반대 입장을 고수하면서도, 원치 않는 임신에 묶인 여성을 돕기 위해서는 아무런 프로그램도 운영하고 있지 않다는 사실에 직면해야 할 수도 있다. 목회자의 태도가 "네가 스스로 자초한 일이니 스스로 책임을 져야 한다"는 것이라면 상황은 더욱 심각하다. 그가 직면해야 할 진술된 가치와 현실 사이의 간극은 없는가? 이 젊은 여성이 달수를 채워 출산을 하기로 결정한다면 앞으로 그녀에게 필요할 육체적·감정적·영적 지원은 어디로부터 얻을 수 있을까?

리더십은 가치와 현실 사이의 간극에 귀를 기울인 후 사람들이 이들의 필요를 분명히 표현하고 그 필요를 채우기 위해 일하도록 이들을 돕는 것이다. 리더십에서 가장 어려운 동시에 가치 있는 임무는 사람들이 자신의 태도나 믿음, 행위를 바꿀 수 있도록 그들을 돕기 위한 전략을 구상하는 일인 것 같다. 리더십은 모순되는 가치들을 무시하는 미래 지도를 제공하기 위함이 아니다. 이야기의 사실들을 무시하는 손쉬운 탈출구를 제공하기 위함도 아니다. 리더십은 사람들이 어려운 현실과 깊이 숨어 있는 갈등에 직면하도록 그들에게 동기를 부여하는 것이다.

이것은 우리들 대부분에게 익숙한 리더십의 그림과는 다르다. 우리는 리더십을 현상을 유지하는 것이나 최대한 문제를 일으키지 않고 어떤 성장률을 이루어내는 것으로 생각하곤 한다. 이것은 동호회나 사업을 운영한다고 할 때 가장 적합한 리더의 모습이다. 하지만 교회는 그렇지 않다. 리더십에 대한 이런 그림은 다음과 같은 성경의 요점을 완전히 놓치고 있다.

- 성경은 우리가 하나님 및 인간 서로 간에 관계 맺도록 우리를 창조하신 영광의 야웨에 관한 책이다(우리는 이런 관계를 맺고 있는가?).
- 성경은 자신의 창조주로부터 등을 돌리고 양과 같이 그릇 행하여 각기 제 갈 길로 간 인류의 이야기다(우리는 이렇게 행했는가?).
- 성경은 잃어버린 양을 찾으시고 하나님의 양 우리로 인간을 회복시키시는 영혼의 목자에 대해 이야기한다(우리는 그분을 신뢰하는가?).
- 성경은 구속받은 창조의 그림을 제시하고 우리가 그리스도 안에서 새로운 피조물로 살 것을 도전한다(이것은 우리의 일상에 대해 무엇을 의미하는가?).
- 성경은 죄와 사망의 피조물 된 세상에서 새로운 피조물로 사는 동안 우리가 갖게 될 싸움을 현실적으로 묘사한다(우리는 이런 현실을 진지하게 받아들이는가?).
- 성경은 우리를 바라보는 세상 앞에서 우리의 새로운 본질을 본 보이도록 우리를 부른다(우리는 그렇게 행하는가?).

여성을 위한 설교

설교는 타락한 세상 속 일상생활이라는 상황 안에서 성경의 이런 중심 주제를 논의한다. 설교자는 가치와 환경 사이에 존재하는 차이의 정확한 위치를 짚어낸 후 성경적 원리를 가치와 믿음, 행위에 적용하여 그 간극을 없애기 위해 청중과 함께 일하는 리더다.

하지만 사람들을 그리스도 안에서의 성숙으로 이끄는 것은 리더십에 대한 전통적인 개념 중 일부를 포기하고 "여성적" 리더십 유형의 일부를 실천하는 것을 의미할 수 있다. 여성이 이끌 때 이들의 초점은 상당 부분 문제를 이해하기 위해 귀를 기울이고 그다음에는 상황을 변화시키는 방식을 교육하는 것에 맞추어져 있다. 여성은 권력을 유한한 분량이 아닌 타인과 공유될 수 있는 것으로 이해한다. 따라서 이들은 타인에게 권한을 부여한다. 여성은 샐리 헬게센이 "포용의 거미줄"이라고 부른 것 안에서 일한다.

거미줄 이미지는 어떤 면에서 몸 된 교회라는 성경의 지배적인 그림과 현저하게 닮아 있다. 이것은 서로 연결된 그리스도인으로서 우리가 갖는 기능적 정체성이다. 우리는 독립적 의지를 가진 여러 개인들이 모인 기관이 아니라 한 몸으로 기능한다. 하나님은 우리가 이런 이미지를 진지하게 받아들이길 원하신다. 우리는 조직이 아니라 유기체로서 기능해야 한다.

우리는 어떻게 그럴 수 있을까? 교회에는 예수 그리스도라는 단 하나의 살아 있는 머리가 존재하고 이 머리는 몸의 모든 부분과 직접적으로 연결되어 있다. 이것을 사도 바울은 에베소서 1:22에서 분명히 표현했다. "하나님은 만물을 그[예수 그리스도]의 발아래 복종하게 하시고 그를 만물 위에 교회의 머리로 삼으셨느니라." 교회 안에서 행해지는 모든 것은 그리스도가 교회의 머리가 되신다는 현실을 지지해야한다. 이것은 우리가 리더의 전통적이고 세속적인 상의하달식 역할을 부인한다는 뜻이다. 영적 리더는 하나님의 백성을 직접적이든 간접적이든 통제하지 않는다. 이들은 예수님의 몸인 교회를 운영하지 않는다. 리더에게는 다른 역할이 있다.

먼저 인간 리더는 홀로 주님 되시는 하나님의 자리에 다른 누구를 올려놓아서는 안 된다. 마태복음 20:20-28에서 야고보와 요한의 어머니는 예수님께 미래의 나라에서 자신의 아들들에게 힘센 자리를 주시도록 요청했다. 예수님은 그 기회를 사용하셔서 열두 제자에게 영적 리더십에 대해 가르치셨다. 그분은 특히 영적 리더십과 세속적 리더십을 대조하시며 이렇게 말씀하셨다. "이방인의 집권자들이 그들을 임의로 주관하고 그 고관들이 그들에게 권세를 부리는 줄을 너희가 알거니와 너희 중에는 그렇지 않아야 하나니"(25-26절). 예수님은 자신의 교회에는 본질적으로 계급적 조직표의 여지가 없음을 선언하신 것이다. 예수 그리스도가 머리 되신다.

두 번째로 예수님은 세상의 집권자들이 피집권자들 "위로(over) 권위를 행사"한다고 말씀하시며 세속적 집권과 영적 리더십을 구분하신다. 이런 권위의 행사는 아래 있는 사람들의 행동을 통제하는 권리와 권력을 암시한다. 하지만 그리스도께서는 이것을 묵살하신다. 기독교의 리더십 모델은 권력의 반대인 섬김이다. 우리는 종으로서 예수 그리스도의 통제 아래 살며, 돌보도록 맡겨진 사람들의 위가 아니라 그들 가운데서 섬겨야 한다. 이런 모델은 교회 안에서만 가능한데 이는 우리 각자 안에서 자신의 일을 이루시는 예수님의 초자연적인 머리 되심 때문이다.

세 번째로 세속적 리더십의 목표는 타인의 행위를 통제하는 것인 반면에, 하나님의 목적은 우리가 태도와 가치, 감정, 헌신, 행위를 통해 그리스도를 더욱 닮아가도록 우리를 변화시키는 데 있다. 따라서 리더십의 목표는 획일성을 창조하는 것이 아니라 신자를 그리스도를 향한 더욱 깊은 수준의 헌신으로 이끌어가는 것이다. 그리스도인의 행위는 자신이 누구인가로부터 자연스럽게 흘러나온다.

네 번째로 교회 안에서 리더의 책임은 사람들이 책임감 있는 이들로 성장할 수 있도록 이들에게 자유를 제공하는 것이다. 리더가 사람들을 섬기는 것은 그들이 자신의 가치와 현실 사이의 간극을 없애기 위해 행동할 수 있는 성숙으로까지 이들을 이끌어감으로써 이루어진다. 리더는 밖으로부터 성숙을 부여하지 않고 책임감 있는 내면의 성숙으로 이들을 양육해간다. 리더가 이끌 때 이들은 절대 강요하기 위해서가 아니라 영향을 미치기 위해 하나님이 주신 권리를 주장한다.

교회는 각각의 지체가 모든 다른 지체들의 성공과 성숙에 대해 강하고 필수적인 관심을 가지는 한 몸이다. 이런 몸은 포용의 거미줄을 반영한다. 곧 리더는 리더십이 아니라 몸의 각 지체의 건강에 집중하고, 모든 구성원이 하나님이 그에게 원하시는 모든 것이 될 수 있도록 이들에게 권한과 능력을 부여하고자 다가가는 사람이다.

어떻게 설교에 적용할까?

효과적인 리더십을 위해 설교자는 네 가지 도전을 마주해야 하는데, 이 각각의 도전은 교회의 설교 사역에 직접적인 영향을 미친다. 먼저 사람들의 열망과 현실 사이에 있는 간극을 발견하고 그 간극이 만들어낸 특정 문제에 초점을 맞추는 것이 리더의 임무다. 이를 위해 설교자는 사람들이 가치를 두는 것과 실제로 경험하는 것에 대한 이야기를 시간을 들여 들을 필요가 있다. 그다음 리더는 사람들이 자신에게 가장 중요한 것이 무엇인지를 분명히 할 수 있도록 이끌어야 한다. 그 과정에서 사람들은 신념과 실천, 이상과 현실 사이에 있는 간극을 찾는다. 여성과 연관된 설교는 이들이 (구체적으로) 어디에 있는지, 그리고 이들이 (구체적으로) 어디에 있어야 하는지를 이해하는 설교다.

설교자에게 두 번째 도전은 기존의 현실에 맞추어 도전의 속도를 조절하는 것이다. 즉 사람들이 부응할 수 있을 만큼의 속도로 지금의 현실에 도전해야 한다. 많은 사람이 자신의 문제에 대해 모호하며 명확성이 부족하다. (4장의 헌팅턴의 표를 떠올려볼 때 자신의 이상과 현실 사이의 간극에 대해 불분명한 사람들은 이런 간극을 부인하거나 이것에 대해 냉소할 것이다.) 설교자의 임무는 사람들이 자신의 문제를 분명하게 바라볼 수 있도록 이들의 삶에 거울을 비추는 것이다. 하지만 문제를 직시하는 순간 엄청난 스트레스가 생겨날 수도 있다. 도전의 속도를 조절하는 것은 사람들이 문제를 직면할 때 생기는 스트레스의 정도를 통제한다는 뜻이다. 리더는 문제를 분명하게 보면서도 그것을 점진적으로 비추어주고 또 타인이 그 문제를 감당할 수 있는 만큼만 던져주는 사람이다. 삶의 변화를 위한 설교는 사람들이 받아들이고 감수할 수 있는 속도로 유지되어야 한다. 예를 들어 시민 평등권 운동(1950-60년대의 미국 흑인 평등권 요구 운동—역자 주) 이전에 남부의 흑인들은 조직적인 인종 차별을 매일같이 경험했다. 백인들의 사고방식과 관습은 하룻밤에 바뀔 수 없었다. 권력을 쥔 사람들이 인종 차별을 악으로 볼 수 있기까지 이들을 향해 거울을 비추는 데에는 여러 점진적 단계(예를 들어 간이식당에서의 연좌농성과 가두행진, 불매운동)가 필요했다. 남부의 강단에서는 교인들이 자신의 마음과 사회적 변화로 인한 스트레스를 상대하도록 돕기 위한 설교가 필요했다.

설교자에게 세 번째 도전은 관련된 문제로 주의를 집중시키는 것이다. 우리를 불편하게 하는 삶의 문제에 직면하게 될 때 우리는 때로 다른 주제를 환기시키려고 노력한다. 교회의 재정 문제에 직면한 위원회와 이사회의 일부 구성원은 직면한 문제를 바로잡기보다 책임이 누구에게 있는지 추궁하며 다른 주제로 넘어가려고 할 수 있다. 회중 가운데 생활양식에 문제[21]가 있다면(이런 문제가 없는 회중이 어디 있을까?) 이들이 정신적·감정적으로 다른 주제로 넘어가지 못하도록 관련된 주제에만 관심을 집중시키는 것은 설교자의 미묘한 임무. 설교자의 부르심은 회중의 죄를 부정적으로 되뇌는 데 있지 않다. 관련된 문제로 주의를 집중시키는 것은 특정한 필요의 영역에 속한 사람들을 향해 하나님의 은혜와 뜻에 대한 긍정적인 메시지를 전하는 것으로써 더

---

21) 교회 내 생활양식의 문제는 결혼하지 않고 동거하는 커플, 소득세를 탈세하고 직원을 이용하는 사업가, 가족 내의 육체적·성적 학대, 타인의 시선 때문에 분수에 넘치는 삶을 사는 사람, 회중 내 타인에 대해 부적절한 질문을 던지는 참견꾼 등이다.

잘 성취될 수 있다. 설교자에게 네 번째 도전은 문제 해결의 책임을 문제를 가진 사람에게로 돌리는 것이다. 많은 경우 사람들은 교회나 설교자가 자신의 문제를 해결해줄 것을 기대한다. 리더는 사람들이 자신의 문제를 책임지도록 도와야 한다. 이것은 리더에 대한 사람들의 기대를 바꾸는 것을 의미할 수도 있지만, 이들을 "범사에 그에게까지 자랄지라. 그는 머리니 곧 그리스도라"(엡 4:15)로 이끌어야 한다.

사도 바울은 로널드 하이페츠 모델의 요점을 자신의 설교와 서신에서 사용했다. 그는 고린도의 그리스도인들에게 보낸 첫 번째 편지를 시작하면서 이들 앞에 목표와 이상을 분명히 밝혔다. "고린도에 있는 하나님의 교회 곧 그리스도 예수 안에서 거룩하여지고 성도라 부르심을 받은 자들에게"(고전 1:2). 동시에 바울은 바로 그다음에 이런 이상과 부합하지 않는 현실을 다루었다. 고린도의 그리스도인들 사이에는 분쟁이 있었고(1:11-13) 이들의 현실과 거룩해진 백성이라는 기독교의 이상 사이에는 간극이 확연했기 때문에, 자신이 이들을 성숙한 그리스도인이 아닌 "육신에 속한 자"로 표현할 수밖에 없음을 상기시켰다. 고린도에 보낸 서신을 읽어가면서 우리는 바울이 반복적으로 이런 이상을 확인하는 동시에 지금의 현실에 도전하는 것을 보게 된다. 또한 "내가 너희를 젖으로 먹이고 밥으로 아니하였노니 이는 너희가 감당하지 못하였음이거니와 지금도 못하리라. 너희는 아직도 육신에 속한 자로다"(3:2-3)라고 말하면서 도전의 속도를 조절하는 사도의 음성을 들을 수 있다. 고린도의 그리스도인들 사이의 문제를 다룰 때에도 바울은 거룩함의 비전을 묘사하는 동시에 거룩함과 이들의 일상 사이의 간극을 함께 제시한다. 그리고 이들이 받을 수 있는 정도에 맞추어 도전의 속도를 조절하면서도 무관한 것들로 초점을 옮기지 않는다. 그는 끝까지 변화를 위한 책임이 그들에게 있음을 분명히 했다. 예수님도 그분의 가르침과 행위를 통해 이런 리더십 모델을 보이셨다. 요한복음 11장에서 나사로가 죽어 가까운 무덤에 안치되었을 때 마리아와 마르다를 가르치고 이끄신 그분을 보라. 두 자매에게는 나사로가 병들었을 때 예수님께 연락해서 빨리 오시기를 청할 만큼의 믿음이 있었다. 하지만 예수님이 죽은 자 가운데서 사람을 일으키실 수 있음을 상상할 만큼의 믿음은 아니었다. 왜 예수님은 나사로가 병들었다는 소식을 듣자마자 베다니로 달려오시지 않았을까? 사랑하는 형제가 죽는 장면을 보고 애도하는 수일 동안의 스트레스가 없었다면 두 자매는 예수님을 믿는 자신의 믿음의 한계를 경험하지 못했을 것이다. 이들은 자신의 믿음에서 무엇이 부족한지를 보아야 했다. 예수님은 진리에 대한 새로운 통찰을 위해 이들의 상황이 무르익도록 속도를 조절하셨다.

요한복음 4장에서 예수님은 사마리아의 수가라는 동네에 있는 우물가에서 한 여인을 만나시기 위해 여행 일정을 계획하셨다. 그곳에 도착하셨을 때 예수님은 대화를 시작하셨고 이 대화는 여인의 호기심을 자극했다. 여인이 "생수"를 위한 준비가 되었을 때 그분은 화제를 전환하셨고 이것은 그녀에게 스트레스를 유발했다. 바로 남편을 데려오라고 하신 것이었다. 그녀는 이 낯선 사람에게 자신에게는 남편이 없음을 고백했다. 예수님은 대답하셨다. "네가 남편이 없다 하는 말이 옳도다. 너에게 남편 다섯이 있었고 지금 있는 자도 네 남편이 아니니 네 말이 참되도다"(17-18절). 그녀가 자신의 삶에 찾아올 변화를 위한 준비를 마친 것은 이때였다. 다시 한 번 우리는 예수님이 자신이 건네시려는 진리를 위해 그녀가 준비될 수 있도록 스트레스 수준을 끌어올리고, 그녀의 현실과 이상 사이의 간극을 확인시키고, 도전의 속도를 조절하시고, 스트레스 정도를 통제하심으로써 그녀를 이끄신 것을 보게 된다.

모든 경우 예수님은 사람들의 믿음과 헌신을 강하게 만들기 위해 일하셨다. 이런 종류의 리더십은 그리스도를 따르는 사람들 가운데 능력을 세운다. 여성은 스스로 주 안에서 강하게 만들어졌을 때에만 자신의 힘을 다해 하나님을 사랑할 수 있다. 세속적 리더십 모델은 따르는 이들의 능력을 세워주는 일에 집중하지 않지만 성경적 모델은 여기에 집중한다. 성경적 리더십의 목적은 따르는 이들이 하나님을 기쁘시게 하는 방식으로 자신의 문제를 상대하도록 만드는 것이다. 이런 종류의 리더십은 성경 속 남성과 여성의 예를 통해서도 볼 수 있다. 예를 들어 드보라는 이런 리더십의 훌륭한 모범이다. 사사기 4장을 통해 우리는 그녀가 예언자이고 랍비돗의 아내며 사사로서 이스라엘의 리더였음을 알게 된다. 사사로서 그녀는 가정, 지파, 나라 안에서 정의를 집행하는 것은 물론 신중한 군사 행동을 통해 백성을 지켜내야 했다. 성경은 백성들 사이의 분쟁을 판결하는 것과 가나안 왕 야빈이 북족 지파들을 장악했을 때 전략을 짜는 것 모두에서 드보라가 구약의 사사로서 최선의 자질을 겸비했음을 분명히 한다. 당시 20년 동안 계속된 군사적 억압이 얼마나 심각했는지 마을 사람들은 큰 길을 사용하지 못하고 작은 길과 은밀한 산길로 피해 다녀야 했다. 농촌 생활도 중단되었는데 농부들이 탈곡조차 밤중에 동굴에 숨어서 몰

여성을 위한 설교

래 해야 할 정도였다. 이들의 생명과 재산에는 아무런 가치가 없었다. 드보라는 자기 나라의 북쪽 지역이 처한 이런 위기에 직면하기 위해 야빈에 대적할 군사 행동의 책임을 바락, 즉 이 문제를 알고 있던 북쪽 사람에게 지웠다. 열망과 현실 사이의 간극을 확인하며 그에게 다가간 것이다. 바락은 야빈을 대적하여 군대를 이끄는 것에는 동의했지만 드보라의 동행을 조건으로 내세웠다. 이제 그녀는 바락을 장군으로 세워 자신이 야기한 스트레스의 정도를 통제하면서 도전의 속도를 조절해야 했다. 그녀는 바락의 두려움을 보았고 그와 함께 가기로 동의했다. 바락이 두려움을 보였을 때 드보라는 그로 하여금 문제에 집중하도록 했고 승리를 위한 충분한 조언을 베풀었다. 사사기 5장에서 드보라와 바락이 함께 하나님을 찬양하는 다음의 내용을 통해 우리는 그녀의 됨됨이를 엿볼 수 있다. "이스라엘의 영솔자(리더)들이 영솔했고(lead) 백성이 즐거이 헌신하였으니 여호와를 찬송하라"(2절). 이 여성은 말과 행동을 통해 효과적으로 이끌기 위해 무엇이 필요한지를 이해하고 있었다.

설교자가 타인을 도와 이들의 열망과 현실의 간극을 메우도록 할 때마다 그는 이끌고 있다. 이는 사람들의 생각에 도전하고 이들이 피상적 목표 너머를 보도록 돕는 것을 의미한다. 이들이 낙심하지 않고 계속해서 전진하도록 도전의 속도를 조절하는 것을 의미한다. 사람들이 그 일에 대한 책임을 받아들이고 변화를 시작할 때까지 계속해서 문제에 집중하도록 하는 것을 의미한다. 설교자가 타인을 도와 하나님에 대한 이들의 이해와 이들의 삶에 대한 그분의 권리 사이의 간극을 메우도록 할 때마다 그는 이끌고 있다. 설교자가 그렇게 할 준비가

되는 것은 오직 그가 자신의 삶 속에서 하나님의 일하심에 열려 있으며 자신의 가치와 태도, 행동이 하나님의 말씀에 의해 도전받고 변화됨을 보았을 때다.

사람들을 하나님과 그들 자신에 대한 진리로 이끄는 임무를 감안할 때 설교자는 리더다. 이런 임무에는 사람들이 자신의 힘을 다해 하나님을 사랑하기 위해, 곧 하나님과 그분의 나라를 섬기기 위해 이들의 모든 개인적 능력과 기회를 사용하도록 만드는 통찰력과 도구를 부여하는 것이 포함된다. 하지만 이런 목표를 성취하는 리더십은 섬김의 리더십으로(마 20:25-28), 하나님의 이상 및 인간의 죄악과 필요에 대한 인식을 가지고 회중석의 사람들에게로 다가가는 섬김이다. 당신이 다음과 같은 리더십의 도전을 받아들인다면, 장기적 이득의 측면에서 당신의 설교는 가장 효과적일 것이다.

- 열망과 현실 사이의 간극을 찾아내고 그 간극으로 생겨난 특정한 문제에 주의를 집중시키는 도전.
- 문제를 직면했을 때 생겨나는 스트레스의 정도를 조절하는 도전.
- 사람들의 주의를 이들의 삶 속에서 고칠 필요가 있는 지점에 집중시키는 도전.
- 이 간극을 상대할 수 있도록 하는 영적 성숙으로 이끄는 도전.

일반적으로 이런 리더십의 유형을 따르는 설교라면 남성과 여성 모두에게 가 닿을 수 있다. 설교가 이루어지는 방식과 사용되는 성경 본문, 설교자의 입장은 여성이 설교를 듣는 방식에 차이를 만들어낸다. 예를 들어 설교를 할 때 성경적 모델을 따르는 리더의 예로 여성을 들어보라. 예시는 단순히 어떤 생각을 설명하거나 증명하거나 적용하는 일 이상의 역할을 한다. 예시가 능숙하게 사용될 때 사람들의 마음속에 있는 고정관념은 훨씬 더 건설적이고 성경적인 이미지로 대체될 수 있다. 나는 해돈 로빈슨이 자신의 요점을 분명히 하기 위해 어떤 의사를 예로 드는 것을 들은 적이 있다. 대명사를 사용해서 이 의사를 가리킬 순간이 되자, 로빈슨은 "그녀"라는 단어를 사용했다. 이것은 사람들을 놀라게 했으며 주의를 집중시켰다. 하지만 여기에는 그 이상의 효과가 있었다. 바로 남성만이 의사가 될 수 있다는 고정관념을 드러낸 것이다. 누가복음 15장에서 예수님은 잃어버린 자를 찾으시는 하나님의 사랑을 설명하시며 두 가지 이야기를 연이어 전하시는데, 여기서 1세기 당시의 청중은 충격을 받았을 것이다. 첫 번째 이야기는 양 한 마리를 잃어버린 목자에 대해서였고 두 번째 이야기는 지참금으로 가져온 동전을 잃어버린 한 여성에 대해서였다. 여성이 어떻게 잃어버린 자를 찾으시는 하나님의 사랑을 보여주는 본보기가 될 수 있을까? 예수님은 당시 사람들이 붙잡고 있던 고정관념을 바꾸기 시작하는 방식으로 당신의 요점을 분명히 하셨다.

설교는 진지한 일이다. 설교를 통해 남성과 여성은 예수 그리스도를 믿는 구원의 믿음으로 나아온다. 또한 설교는 청중에게 하나님이 이들에게 원하시는 이상, 이들 삶의 풍요함과 성숙의 이상도 그려준다. 이들이 그런 삶을 살아가도록 하나님이 이들에게 주시는 능력도 보여준다. 자신을 위한 하나님의 갈망과 공급하심의 이상을 발견할 때에만 여성은 자신의 힘을 다해, 곧 그분의 나라를 위해 자신의 은사를 온전히 사용함으로써 하나님을 사랑하기 시작할 것이다.

요약

- 대부분의 리더십 유형에는 두 가지 공통분모, 즉 위치와 권력이 있다. 리더십에 대한 대다수 책들은 리더의 개인적인 특성이나 이들이 역사에 영향을 미치고 이들의 비전을 인식하게 만드는 출처인 위치에 집중한다.
- 여성이 이끌 때 일반적으로 이들은 개인적 동기부여와 목표, 리더십 유형의 특성, 권력의 공유와 같은 영역에서 남성과 차이를 보인다.
- 주류 개신교단 네 곳에 속한 성직자들의 리더십 유형 연구에 따르면, 남성 성직자는 여성 성직자에 비해 회중에게 권력을 행사하고 의사 결정에서 이성적 체계를 선호하며 윤리에 대해서는 율법적인 접근을 하는 경향을 보였다. 여성 성직자는 남성 성직자에 비해 회중이 자신의 일을 스스로 해결할 수 있도록 이들에게 능력을 부여하고자 애쓰는 경향을 보였다.
- 일반적으로 여성은 권력을 변화를 촉진하기 위한 수단으로 보는 반면에 남성은 권력을 타인에게 영향력을 행사하는 수단으로 보는 경향이 있다. 데이비드 맥클랜드는 여성이 권력을 상호 의존적·대인관계적·간접적·상황적으로 본다고 주장했다. 남성은 권력을 개인적·직접적·분석적·공격적인 방식으로 볼 확률

이 높다.

- 사람들, 특히 여성은 자신이 먹이 사슬의 밑바닥에 있다고 느낄 때보다 포용의 거미줄 안에서 안전하다고 느낄 때 더 창의적이 되고 행복해진다.

- 이끈다는 것은 사람들이 자신의 문제를 만족스럽게 다루도록 하는 것을 의미한다. (서열의 어느 곳으로든) 이들에게 다가가 개인이 가치와 현실 사이의 간극을 줄이도록 돕는 사람이 리더다.

- 리더십은 사람들을 이끌어 문제에 직면하고 그것을 다루는 지점까지 올 수 있도록 만드는 과정이다. 바로 이것이 설교의 목적이기도 하다. 설교자는 지속적으로 이상과 현실, 실천과 가치 사이의 간극과 함께 일하는 사람이다.

- 리더십은 남성과 여성의 삶에 있는 내부적 모순을 폭로하기 위해 갈등을 시작하는 것을 뜻하기도 한다. 사람들이 이런 내부적 모순을 있는 그대로 바라보기 전까지 이들은 자신의 가치나 믿음, 행위에서 변화를 이루어내지 못할 것이다.

- 거미줄 이미지는 어떤 면에서 몸 된 교회라는 성경의 지배적인 그림과 현저하게 닮아 있다. 이것은 서로 연결된 그리스도인으로서 우리가 갖는 기능적 정체성이다.

- 사람들이 자신의 힘을 다해 하나님을 사랑하는 것은 스스로 주 안에서 강하게 되었을 때뿐이다. 세속적 리더십 모형은 따르는 이들의 힘을 세워주는 것에 집중하지 않지만 성경적 모형은 여기에 집중한다.

- 당신이 다음과 같은 리더십의 도전을 받아들인다면, 장기적 이

득의 측면에서 당신의 설교는 가장 효과적일 것이다.

- 열망과 현실 사이의 간극을 찾아내고 그 간극으로 생겨난 특정한 문제로 주의를 집중시키는 도전.
- 문제를 직면할 때 생겨나는 스트레스의 정도를 조절하는 도전.
- 사람들의 주의를 이들의 삶에서 고쳐야 할 필요가 있는 지점으로 집중시키는 도전.
- 이 간극을 상대할 수 있도록 하는 영적 성숙으로 이끄는 도전.

더 생각해볼 문제

- 당신은 리더십의 임무를 어떻게 이해하는가?
- 당신은 리더십에 대해 피라미드형 구조와 포용의 거미줄형 구조 중 어떤 것에 더 편안함을 느끼는가?
- 리더십을 이해하는 전통적 방식에 도전이 될 수 있는 여성 리더십 유형에 대해 당신은 무엇을 배웠는가?
- 로널드 하이페츠의 유형, 곧 사람들이 자신의 문제를 효과적으로 상대할 수 있도록 하기 위한, 중간으로부터의 리더십은 당신의 상황에 적용될 수 있다고 생각하는가?
- 현재 당신의 리더십 유형은 당신이 강단에서 말하는 바를 어떤 방식으로 강화하거나 약화시킬 수 있는가?

9장

여성과
역할,
성경적 정체성

최근에 나는 슈퍼마켓에서 한 미혼 여성을 우연히 만난 적이 있다. "그간 교회에서 못 뵌 것 같아요." 내가 말을 건네자 그녀는 웃으며 이렇게 대답했다. "네, 목사님이 결혼과 가정에 대한 긴 시리즈 설교를 마무리하시면 그때 갈게요. 그전에는 저를 교회에서 보실 수 없을 거예요."

지난 5월 우리 교회를 다니는 한 친구와 대화를 나누고 있을 때였다. 이야기를 마무리하면서 나는 이렇게 물었다. "이번 주일, 교회에서 만날 수 있지?" 그녀는 1분간 침묵하더니 조용히 대답했다. "아니. 아이를 잃은 뒤로 어머니날(Mother's Day)에는 교회를 갈 수가 없어. 마음이 너무 아파서."

15년도 더 된 이야기지만 당시 나와 남편은 작은 개척 교회를 돕도록 교회로부터 파송된 그룹에 속해 있었다. 작은 회중과 함께 몇 달의 시간을 보낸 후 나는 성인 성경공부 반이 기혼 부부를 중심으로 구성된 것을 발견하고 부목사님께 어떤 이유로든 혼자 지내는 여성을 위한 성경공부 반을 가르치고 싶다고 자원했다. 그는 내 제안을 안수집사들과 상의한 후 그런 반을 운영할 필요가 없다는 대답을 가지고 돌아왔다. 하지만 이 대답은 내가 알고 있는 바와는 달랐다. 나는 예배는 참석하지만 예배 전에 열리는 성경공부에는 참석하지 않는 몇몇 미혼 여성을 알고 있었기 때문이다. 이들의 필요는 계속해서 충족되지 못하고 있었다.

몇 년 후 성장 중이던 동일한 교회에서 나는 가정 밖에서 일하는 여성을 위한 저녁 시간대의 소그룹 봉사활동이나 성경공부 반을 만드는 것에 대해 여성 사역 리더들과 이야기를 나누고 있었다. 이들은 교회에 있는 모든 여성이 전업 주부이고 따라서 일하는 여성을 위해 무엇을 시작할 필요가 없다고 말했다. 낮 시간의 활동만으로 충분하다는 것이었다. 하지만 몇 달 후 예배에 참석하는 여성들이 작성한 설문에 따르면 회중의 거의 70퍼센트가 가정 밖에서 일하고 있는 것으로 나타났다.

무엇이 안수집사들에게 홀로 지내는 여성을 보이지 않는 존재로 만들었을까? 무엇이 교회의 여성 사역 리더들에게 가정 밖에서 일하는 여성을 보이지 않는 존재로 만들었을까?

이 모든 경우의 공통된 재료는 일종의 비가시성이다. 이 비가시성은 실제적일 수 있으며 이를 당한 여성은 교회를 떠난다. 교회에 남아 있지만 여전히 표준과 다르다는 이유로 보이지 않는 존재로 남아 있을 수 있는 것이다. 어머니날과 같은 공휴일은 어머니가 되고 싶지만 이런 역할을 가질 수 없는 여성에게는 대단히 고통스러울 수 있다. 가정에 대한 강조는 미혼 여성을 회중 속에서 보이지 않는 존재로 느끼게 할 수 있다. 이것은 오른손잡이 세상에서 왼손잡이가 되는 것과 같다(나는 왼손잡이다). 대부분의 사람들은 오른손잡이고 따라서 왜 왼손잡이들의 삶을 편안하게 만들어주겠는가? 대부분의 여성은 결혼을 했고(이것은 통계와 대조되는 견해다) 따라서 우리는 미혼 여성을 잊어버린다. 대부분의 기혼 여성은 어머니이고 따라서 불임 여성이나 자녀를 잃은 여성이 경험하는 고통을 잊어버린다.

이번 장의 목적은 여성으로 하여금 자신을 사랑하는 것처럼 타인,

특히 자신과 다른 모습을 한 타인을 사랑할 수 있도록 돕는 것이다. 설교자는 모든 여성이 자신이 가졌거나 가지지 못한 특정 역할과 상관없이 사랑과 용납이 마땅한 존재로 여겨지는 방식으로 설교해야 한다. 여성이 타인을 사랑하기 위해서는 또한 타인을 볼 수 있어야만 한다. 따라서 설교자는 모든 여성이 교회 생활을 통해 가시적인 존재가 되는 방식으로 설교해야 한다.

길거리에서 열 사람을 세워놓고 "당신은 누구십니까?"라고 물어보라. 당신은 어떤 종류의 대답을 예상하는가? 열이면 아홉은 자신에게 가장 중요한 역할 중 한둘을 들어 자신을 묘사할 확률이 높다. 대부분의 기혼 여성은 자신을 관계적 역할로 정의할 것이다. "저는 아내이자 어머니입니다." 미혼 여성과 대부분의 남성은 자신을 직업적 역할로 정의할 확률이 높다. "저는 변호사입니다." "저는 회계사입니다." "저는 배관공입니다." 이런 자기 정의는 당신의 질문에 정말로 답을 주고 있는가?

이제 당신 자신에 대해 생각해보라. 잠시 시간을 내어 당신이 현재 충족시키고 있는 역할을 적어도 열다섯 가지 정도 적어보라. 당신에게는 일 년 안에 무언가를 요구해오는 폭넓은 범위의 관계적 역할들이 있을 것이다. 당신의 부모님 중 한 분이라도 살아 계시다면 당신은 아들이나 딸로서의 역할을 수행하고 있다. 조부모님, 이모, 고모나 삼촌, 사촌들이 있다면 이들에 대해서는 손주, 조카, 사촌의 역할을 맡고 있다. 당신이 결혼했다면 배우자의 역할, 부모라면 자녀에 대해 수행해야 할 역할도 목록에 포함시키라. 당신의 이웃에게 당신은 이웃이다. 당신의 친구에게 당신은 친구다(이것은 당신이 멘토, 비밀 친구,

테니스 파트너 등임을 의미할 수도 있다). 당신의 모든 관계적 역할을 나열했다면 직업적 역할도 나열해보라. 지역 공동체에서 갖는 역할도 덧붙여라. 아마도 지금쯤이면 열다섯 개라는 최소 목표에 도달했거나 아니면 그 숫자를 훨씬 넘어섰을 것이다.

우리는 매일같이 다양한 역할들과 씨름한다. 정신을 잃지 않기 위해 우리는 이런 역할들에 중요도를 부여한다. 어떤 것은 주요한 역할이고 어떤 것은 부수적인 역할이며 심지어 그보다 못한 역할도 있다. 우리는 어떤 역할은 강조하고 또 다른 역할은 무시하는데, 이는 우리의 한정된 시간과 에너지에 부과되는 요구들을 제한하기 위해서다. 사회과학자들은 역할에 순위를 매겨 일종의 계급을 형성하는 행위를 "역할 중요도"(role saliency)라고 부른다. 우리는 어떤 역할은 핵심적이고 중요한 것으로 만들고 나머지 역할은 삶의 주변부에 배치한다. 어떤 사람에게는 자신의 가장 핵심적 역할이 자신을 정의하는 방식이 된다. 실제로 한 역할을 제외하고는 다른 어떤 것도 될 수 없을 만큼 특정한 역할에 완전히 사로잡히는 사람도 있다. 예를 들어 일부 전문직 종사자(변호사, 자문위원, 의사, 목회자)는 자신의 직업적 역할에 완전히 사로잡혀 집에서조차 자신의 장비, 곧 자세나 목소리 톤, 어투를 총동원해 역할을 수행하기도 한다. 가정에서 일어나는 문제의 뿌리에는 자신이 사로잡혀 있는 역할을 일터에 두고 오지 못하는 부모가 있는 경우가 종종 있다.

아내와 남편이 자신의 부부 역할에 각각 다른 중요도를 둘 때 결혼 생활은 고통을 준다. 이 경우 다음과 같은 활동을 해보면 도움이 될 것이다. 부부에게 자신에게 가장 중요한 다섯에서 열 가지의 역할을 적어보도록 하고 이것들을 다시 중요도에 따라 곧 가장 중요한 것이 목록의 가장 위에 오도록 배열하도록 하라. 이것은 경이로운 경험이 될 수 있다. 자신의 배우자가 다른 역할과 비교해서 어떻게 부부 역할의 순위를 매기는지 볼 때 아내나 남편은 자신이 그동안 결혼 생활에서 등한시되었다고 느껴온 이유를 깨닫기 시작할 것이다.

역할이 제기하는 문제에도 불구하고 이것은 우리 삶에 틀을 제공하고 따라서 필수적이다. 역할은 우리의 시간을 조직하고 우리가 결실을 맺도록 해준다. 또한 우리가 타인에 대해 갖는 기대의 틀을 제공한다. 나는 내 남편이 남편으로서 어떤 일을 해줄 것을 기대하고 그도 내게 아내로서 기대하는 바가 있다. 예를 들어 나는 그가 차를 관리하고 집을 손질해줄 것을 기대하고 그는 내가 매일 저녁밥을 지어줄 것을 기대한다. 우리는 서로가 "아플 때나 건강할 때나 죽음이 우리를 갈라놓을 때까지 당신을 사랑하고 소중히 여기겠다"라고 한 혼인 서약을 신실하게 지킬 것을 기대한다. 우리가 이런 약속을 한 지 50년 이상이 흘렀지만 서로가 이 서약을 지킬 것이라는 기대는 우리가 부부 역할을 정의하는 방식의 일부다.

하지만 우리 자신이 우리의 역할을 정의하는 유일한 요인은 아니다. 우리의 사회적 상황 역시 역할을 정의한다. 내 아버지가 어머니를 사랑한 방식은, 남편이 나를 사랑해야 한다고 생각하는 내 기대를 형성한다. 남편의 어머니가 아버지를 사랑한 방식은 나에 대한 그의 기대를 형성한다. 더 나아가 우리가 서로와 결혼한 당시(1951년)의 문화적 분위기는 우리 둘 모두를 형성한다. 역할은 내면적으로 발달하지만 무언의 그러나 강력한 외부적 압력이 작용하기도 한다.

중심 역할(우리가 목록의 가장 상단에 올려놓는 역할)을 상실한다면 어떤 일이 일어날까? 많은 목회 상담은 중요한 역할을 잃어버린 이들이 자신의 정신적 외상을 극복하도록 돕는 일에 집중한다. 이혼이나 배우자의 죽음을 통해 아내나 남편은 부부 역할을 상실할 수 있다. 노동자는 회사가 규모를 줄이고 다수의 직원을 해고할 때 직업적 역할을 상실한다. 부모는 자녀를 잃어버리게 될 때 그 아이의 부모로서의 역할 상실을 슬퍼한다. 핵심적 역할의 상실은 슬픔뿐 아니라 삶의 심각한 재조정을 불러온다.

역할은 시간을 두고 움직이고 변화한다. 평생에 걸쳐 동일하게 유지되는 역할은 없다. 아이들은 자라고 부모의 역할은 바뀐다. 사람들은 나이를 먹고 직장에서 은퇴하면서 직업적 역할을 내려놓는다. 죽음은 삶을 반복해서 침략하고 역할은 변화한다. 따라서 정체성이 역할과 동일하지 않다는 것은 당연하다. 정체성은 "우리가 누구인가"인 반면에, 역할은 "우리가 무엇을 하는가"다. 역할은 우리가 타인에게 기대하는 행동에 대해서는 말해줄 수 있지만 이들이 누구인지를 말해주지는 않는다. 인격 혹은 정체성을 이해하기 위해 우리는 역할 너머를 보아야 한다.

역할과 정체성을 혼동할 때마다 우리는 사람들을 역할 속에 가두게 된다. 역할은 하나님이 그렇게 되라고 지으신 사람의 작은 일부에 불과하다. 자신과 타인을 사랑하기 위해 여성은 자신이 누구인지와, 자신이 무엇을 하는지가 동일하지 않다는 점을 깨달아야 한다.

여성과 역할 기대

아내와 어머니로서 역할이 없는 여성도 온전한 여성일 수 있는가?[1] 교회 안에 있는 미혼 여성이나 아이가 없는 기혼 여성에게는, 오직 어머니이자 아내인 여성만이 참으로 "여성"이라고 믿을 만한 동기가 충분하다. 설교자는 미혼이나 아이가 없는 여성에게 이들이 인간성에서 온전하지 못하다는 메시지를 의도치 않게 전할 수 있다. 예를 들어 어머니날과 같은 공휴일 설교는 모든 성인 여성이 결혼을 했거나 결혼을 할 것이라는, 모든 기혼 여성이 어머니이거나 그렇게 될 것이라는 추정 위에서 이루어지는 경향이 있다. 직업적 역할이 남성의 온전한 정체성이 아니듯이 부부 역할이 여성의 온전한 정체성이 될 수는 없다. 하지만 많은 미혼이나 불임 여성에게 이들이 듣는 메시지는 자신이 결혼하고 아이를 낳기 전까지는 "참된" 여성일 수 없다는 암시를 줄 수 있다.

미혼 여성을 위한 사역

미혼 여성을 위한 사역의 첫 번째 단계는 이들이 얼마나 많은지를 이해하는 것이다. 앨버트 쉬(Albert Hsu)는 다음과 같이 보고했다(1997년).

19세기와 20세기 전반에 걸쳐 미혼 인구는 미국 성인 인구의 5퍼센트

---

[1] 백 년 전 목회자들은 결혼하고 자녀를 낳기까지 여성은 여성이 아니라고 설교하곤 했다.

미만이었다. 하지만 지난 30여 년 동안 미혼 인구의 비율은 극적인 증가를 보였다. 1996년 미국 통계국은 미국 성인의 43퍼센트가 미혼, 곧 결혼을 한 번도 하지 않았거나 사별 또는 이혼을 했다고 보고했다. 3.5퍼센트는 법적으로 결혼한 상태지만 배우자와 별거 중이었다. 성인 중 남은 53.5퍼센트는 결혼했으며 현재 배우자와 함께 살고 있었다. 일부 전문가들은 세기가 바뀔 무렵이면 미혼 인구가 성인 인구의 절반을 차지할 것이라고 예측했다.[2]

여성은 결혼을 하기 위해 더욱 긴 시간을 기다리고 있다. 오늘날 초혼의 신부들은 지난 백 년의 어느 시기와 비교해보아도 나이가 많다. 결혼하는 인구 수도 감소하고 있다. 1960년에서 2000년 사이에 15세 이상의 인구 중 기혼자는 남성의 경우 69.3퍼센트에서 57.9퍼센트로 감소했고 여성의 경우 65.9퍼센트에서 54.2퍼센트로 감소했다. 이는 2000년이 되면 15세 이상의 전체 여성 중 45.8퍼센트가 미혼이라는 의미다. 십 대의 젊은 여성이 포함되었다는 이유로 이런 통계를 묵살하기 전에 우리는 (1999년 미국 통계청에 따르면) 35세에서 44세, 즉 인생에서 "가장 기혼율이 높은" 기간에도 전체 여성 중 71.2퍼센트만이 기혼자이며 따라서 28.8퍼센트가 미혼이었다는 사실에 주목해야

---

2) Albert Y. Hsu, *Singles at the Crossroads: A Fresh Perspective on Christian Singles* (Downers Grove, Ill.: InterVarsity Press, 1997), 14. 『싱글 하나님의 뜻』 (서로사랑 역간). 앨버트 쉬는 미국 통계청의 자료인 "Current Population Survey: March 1996" (Washington, D.C.: U.S. Government Printing Office, September 1996)으로부터 정보를 가져왔다.

한다. 많은 미혼 남녀는 이혼을 두려워한다. 이들은 미국 역사에서 가장 많이 이혼한 세대의 아들딸이고 부모의 실수를 반복하고 싶어하지 않는다.[3] 우리가 이들의 숫자를 있는 그대로 진지하게 받아들이지 않는다면 우리는 효과적인 미혼 여성 사역을 할 수 없다. 두 번째로, 효과적인 미혼 여성 사역과 그렇게 함으로써 이들이 자신은 물론 타인을 사랑할 수 있도록 돕기 위해 우리는 미혼 남녀가 문화와 교회 모두로부터 듣게 되는, 자신의 인간성을 왜곡하는 메시지를 이해해야 한다. 최근에는 "저징 에이미"(Judging Amy)와 같은 텔레비전 시리즈가 광범위한 문화 안에서 미혼 남녀에 대한 좀 더 넓고 수용적인 태도를 창조하는 데 도움을 주었지만 독신에 대한 인식은 여전히 부정적이다. 사회심리학자들은 미혼 남녀를 "결혼에 실패한 이" 혹은 "긍정적인 선택을 하지 않은 이"로 지칭하기도 한다. 미혼 여성은 기혼 친구와 친척들을 불편하게 만들게 되며 다음과 같은 대담한 질문을 받기도 한다. "남자 친구 있니?" "너같이 괜찮은 여자가 왜 만나는 사람이 없을까?" "아직도 혼자니?" 좋은 의도를 가진 친구나 친척들은 미혼 여성에게 다음과 같은 확신의 말을 건네기도 한다. "하나님이 너를 위해 매우 특별한 누군가를 예비해놓으셨어." "너는 언젠가는 완벽한 아내가 될 거야." "나는 네가 특별한 사람을 만나기를 바라. 정말로 네가 행복했으면 좋겠어." 미혼 남녀는 결혼 상태만이 자연스러운 모습이라고 느끼게 되고 그렇게 생각하지 않는 이들은 이상하며 정상적이

---

3) The Rutgers University National Marriage Project, "The State of Our Unions: The Social Health of Marriage in America 2001," 1-27.

지 못한 사람이 된다.[4]

교회 안에서 미혼 남녀는 자신의 관심이나 필요의 유사성과는 전혀 상관없이 오로지 결혼 유무만으로 그룹에 편성되기도 한다. 앨버트 쉬는 24살인 월터의 말을 빌려 이를 설명했다. "교회에서 목사님은 언제나 저를 누군가와 짝지어주시려고 해요. 상대의 나이가 서른셋이고 제 이상형이 아닌데도 말이에요."[5] 많은 경우, 사역자들은 모든 미혼 여성이 짝을 찾는 일에 관심이 있을 거라고 공통적으로 추측한다. 교회 안에서 독신은 탈출해야 하는 것, 두려워해야 하는 것, 결코 경험하지 않도록 기도해야 하는 것으로 비쳐진다. 결혼과 독신 모두가 하나님으로부터 온 선물이며, 모두가 온전히 수용될 수 있다는 개념에 대한 이해와 용납은 거의 없다.

세 번째로, 효과적인 미혼 여성 사역을 위해 우리는 독신과 결혼에 대한 우리 자신의 태도와, 이들이 우리의 사역에 영향을 미치는 방식을 점검할 필요가 있다. 앨버트 쉬는 미혼 인구가 미국 성인 인구의 절반에 달하지만 대부분의 교회에서 미혼자 비율은 전체 성인의 15퍼센트에 이를 뿐이라고 지적한다. 교회가 작을수록 미혼자의 비율은 더 낮다.[6] 매리 스튜어트 밴 르우윈(Mary Stewart Van Leeuwen)은 다

---

4) 이런 통찰 중 일부는 미출간된 수잔 슬레텐(Susan Sletten)의 논문 "Ministering to Single Women," Gordon-Conwell Theological Seminary, December 2001으로부터 아이디어를 가져왔다. 나는 슬레텐에게 많은 빚을 졌다.

5) Hsu, *Singles at the Crossroads*, 24.

6) 같은 책. David Johnson, "The Pain of Porneia: Singleness and Sexuality, Part 1," sermon preached at Church of the Open Door, Minneapolis, Minnesota, 21 February 1993을 인용함.

음과 같이 기록했다. "그리스도인들이 기혼자와 미혼자가 동일한 가치를 가진다는 것에 대해 말로는 동의를 해왔음에도 불구하고 지난 백 년 동안 교회가 가정에 대해 보여온 우상 숭배에 가까운 태도는 미혼 그리스도인이 스스로에 대해 좋게는 이급 시민처럼, 나쁘게는 도덕적 실패자처럼 느끼도록 만들었다."[7] 보다 폭넓은 문화가 미혼 여성을 인정하는 방향으로 한 걸음 진보했음에도 불구하고 교회의 프로그램은 여전히 전통적 가정에 맞추어져 있는 실정이다.

이런 현실은 미혼 여성에게 심각한 고통을 안겨준다. 지난 수년 동안 많은 여성이 교회 안에서 느끼는 소외감에 대해 내게 이야기해줬다. 이들은 결혼하기까지 "성인"으로 간주되지 않는다. 이들은 직업적 성취와 영적 성숙에도 불구하고 혼인하기까지 "아가씨"(girl)라고 불린다. 미혼 여성은 타인들이 결혼을 자신이 가져야 할 유일하게 "올바르고" "경건한" 목표라고 생각한다고 느끼고 있다. 물론 이런 생각은 사도 바울이 고린도전서 7장에서 가르친 바와 그가 보인 삶의 본보기와는 위배된다. 하지만 미혼 여성은 어떤 남자가 자신을 결혼 상대로 선택하기 전까지 스스로 가치 있다고 느끼기 어렵다. 순응해야 한다는 압력은 이들을 미혼을 위한 "헌팅 장소", 때로는 우울증으로까지 인도한다. 많은 사람이 독신이 질병으로 여겨지지 않는 곳을 찾아 교회를 떠나거나 이 교회에서 저 교회로 옮겨 다닌다.

여성이 아내이기 전에는 온전한 여성일 수 없다고 믿는다면, 교

---

7) Mary Stewart Van Leeuwen, *Gender and Grace: Love, Work, and Parenting in a Changing World* (Downers Grove, Ill.: InterVarsity Press, 1990), 176. 『신앙의 눈으로 본 남성과 여성』(IVP 역간).

회 안에 있는 미혼 여성은 온전한 인간으로 결코 인정될 수 없다. 이 것은 많은 경우 여성의 영적 은사를 부인하는 것을 의미한다. 하지 만 회중 안에 있는 모든 사람만큼이나 미혼 그리스도인 여성도 사역 을 통해 자신의 은사를 사용해야 할 강력한 필요를 가진다. 이들은 그리스도인으로서의 자기 정체성을 이해하고 자신이 그리스도의 몸 과 어떻게 어울리는지를 알아야 한다. 더글러스 파거스트롬(Douglas Fagerstrom)은 다음과 같이 언급했다.

> 가족의 결여는 미혼 여성이 직장에서 진급을 못할 사유가 될 수 없다. 교회가 여성에게 참여할 기회를 제공하지 않을 경우, 출세 지향적인 미 혼 여성이 교회보다는 직장을 통해 의미와 가치의 감정을 찾는 것은 전 혀 이상한 일이 아니다.[8]

미혼 여성에게는 하나님 나라에 의미 있는 일, 곧 하나님이 주신 은사와 능력을 사용하는 일로 기여할 기회가 필요하다. 사도 바울은 교회에 은사가 주어진 것은 교회 구성원 모두의 유익을 위해서라고 분명히 말했다. 미혼 여성의 은사가 잠자고 있을 때 교회 전체가 고통 받는다.

독신은 단지 역할일 뿐, 핵심적 정체성이 아니다. 미혼 여성에게는 환대와 편안함, 안전이 느껴지는 교회, 기혼자와 미혼자가 교제와 사

---

8) Douglas Fagerstrom, ed., *Single Adult Ministry: The Next Step—Seasoned Advice from the Network of Single Adult Leaders* (Wheaton: Victor, 1993), 66.

역을 통해 함께 어울릴 수 있는 교회 공동체 의식이 필요하다. 회중은 이런 관계의 이상이 존재할 때 관계의 기초를 놓을 수 있다.[9)]

미혼 남녀는 온전한 인간이며 이들에게는 회중에게 기여할 것이 많다. 설교자는 미혼 여성이 자신과 타인을 사랑할 수 있도록, 결혼한 이들이 결혼하지 않은 이들을 사랑할 수 있도록 하기 위해서 이런 견해를 강화할 필요가 있다.

불임 여성을 위한 사역

어머니날의 일반적 설교가 미혼 여성을 불편하게 만든다면 아이를 낳을 수 없는 기혼 여성에게는 더 그러하다. 가정을 일구고자 하는 마음이 간절한 기혼 여성이 자신에게 임신이 쉽지 않다는 사실을 알게 될 때 처음에는 이렇게 생각할 수 있다. "이번에는 타이밍이 맞지 않았어." "다음 달에는 아이가 생길 거야." 하지만 달이 해로 바뀌어가면서 질문은 쌓여가고 그 질문과 함께 분노와 절망, 슬픔의 감정이 동반된다. 아이가 없는 이 여성은 감정의 롤러코스터에 올라 매달 소망으로 부풀었다가도 또 다른 월경 주기가 시작되면서 소망은 박살이 나고 곤두박질친다.[10)] 매일같이 그녀는 자기에게 아이가 없다는 사실을

---

9) 슬레텐은 기혼 여성과 미혼 여성이 서로 안에서 공동체의 근원과 힘을 찾을 수 있다는 소망을 가지고 교제를 위한 소그룹과 기도 사슬 활동을 시작할 것을 제안한다. 이를 통해 멘토링의 관계와 책임의 구조가 자라날 수 있다("Ministering to Single Women," 11-13).

10) 벳시 하르만(Betsy Haarmann)은 이것을 "소망과 절망의 연속체"라고 부른다. Beth Spring, *Helping Others in Crisis: The Infertile Couple* (Elgin, Ill.: David C. Cook, 1987), 60에서 인용.

상기시키는 일들에 직면한다. 집 근처 인도에서 놀고 있는 아이들, 친구의 베이비샤워, 슈퍼마켓에 진열된 기저귀, 교회나 백화점에서 만나는 임신한 여성의 둥근 배 등등. 이런 일에 덧붙여 아이가 없는 것에 대한 몰지각한 발언, 가족의 압력, 심지어 유산의 위기까지 있을 수 있다. 그리고 이 모든 사건을 꿰뚫고 있는 것은 끝없이 이어지는 아이에 대한 갈망이다.[11]

불임은 생리적 문제이지만 자신의 아이를 간절히 원하는 남편과 아내에게는 거대한 감정적·영적 짐을 안겨준다. 추측하건대 가임 연령기에 있는 여섯 커플 중 한 커플이 출산의 문제를 가지고 있으며[12] 현재 미국에서는 6백만 이상의 사람이 불임과 씨름하고 있다.[13] 불임은 통상 여성의 문제로 간주되지만 통계에 따르면 불임의 원인은 남성과 여성 사이에서 다음과 같이 균등하게 나타난다. 즉 사례 중 삼분의 일은 아내만이, 삼분의 일은 남편만이 불임의 원인을 가지며, 나머지 삼분의 일에서는 남편과 아내 모두가 원인을 가지고 있었다.[14] 불임자 중 대략 95퍼센트가 진단 가능한 의학적 문제로 인한 불임을 앓고 있으며 그중 절반이 약간 넘는 경우는 적절한 의료적 진단과 치료

---

11) 이 단락은 애니 C. 리(Annie C. Lee)의 미출간 원고(Gordon-Conwell Theological Seminary, December 2001)으로부터 왔다.

12) Beth Spring, *The Infertile Couple* (Weston, Ont.: David C. Cook, 1987), 17.

13) *Patient's Fact Sheet: Infertility*, American Society for Reproductive Medicine, 14 November 2001.

14) 이런 통계에 대한 이상의 논의로는 Spring, *Infertile Couple*과 Bruce D. Shephard, M.D. and Carroll A. Shephard, R.N., Ph.D., *The Complete Guide to Women's Health* (New York: Plume Books, 1985), 71; Yvonne S. Thornton, M.D., *Woman to Woman* (New York: Dutton Books, 1997), 117을 보라.

를 통해 아이를 가질 수 있다.[15]

하지만 자기 아이를 가질 수 없는 사람들은 어떠한가? 이들은 매달 소망과 절망 사이를 오락가락하고 이런 주기는 이들을 감정적으로 소진시킨다. 아이를 가질 수 없다는 현실을 받아들이는 순간, 그들은 이제는 결코 이루어질 수 없는 일을 애도하게 된다. 불임을 만성 질환으로 치료하는 치료사도 있는데 여기에는 명백한 상실도, 최종적 해결책도 없기 때문이다.[16] 이런 해결책의 부재는 결혼 생활에 압력을 부가한다. 한쪽만이 불임의 원인을 가질 때 그 혹은 그녀는 실패와 죄의식, 수치, 자기 연민, 그리고 배우자가 자신을 떠날 수도 있다는 두려움의 감정과 씨름할 수 있다.[17] 모든 커플은 불확실성의 스트레스와 씨름하고(언젠가는 임신을 할 수 있을까?) 인생에서의 전진을 어렵게 느낀다. 일부는 입양을 선택한다(대부분의 경우 이것도 쉬운 과정은 아니다). 아이가 없는 삶의 고통스러운 현실을 수용하는 이도 있다.

그리스도인 커플에게 불임은 하나님이 의도적으로 자신에게 아이를 주지 않으시는 이유를 질문하도록 만들며 많은 경우 영적 위기를 가져온다. 이런 커플이 하나님의 선함과 신실하심, 심지어 그분의 존재까지 의심하는 일은 허다하다. 일부 남성과 여성은 불임이 무엇에

---

15) 다양한 불임 치료에 대한 정보는 미국 생식 의학회가 제공하는 웹사이트 www. asrm.org/Patients/faqs.html에서 찾아볼 수 있다. 2001년 11월 링크를 따라 불임에 대해 자주 묻는 질문들을 찾아보라.

16) Sandra Glahn and William Cutrer, M.D., *When Empty Arms Become a Heavy Burden: Encouragement for Couples Facing Infertility* (Nashville: Broadman & Holman, 1997), 72.

17) Lee, unpublished paper, 10.

대한 처벌인지를 찾아 자신의 과거를 면밀히 더듬기도 한다. 반면에 자신은 부모가 되기에 부족하고 따라서 그런 기회를 거절당했다고 생각하기도 한다. 이들은 하나님이 그런 경험을 통해 자신에게 무엇을 가르치고자 하시는지를 분별하려고 노력한다. 이 모든 질문의 저변에는 신정론의 기초적인 질문, 곧 "하나님은 왜 선한 사람에게 나쁜 일이 일어나도록 허용하시는가?"라는 질문이 깔려 있다. 이런 질문과 씨름하면서 커플은 하나님이 선하신지, 자신이 그분을 신뢰할 수 있는지 하는 문제와도 싸운다.

여성은 어머니가 되는 것이 자기 정체성의 핵심이라는 문화적 메시지를 듣고 있다. 샌드라 글란(Sandra Glahn)과 윌리엄 커트러(William Cutrer)는 다음과 같이 명확히 표현했다. "미국 여성은 모성을 자기 삶에 존재하는 핵심 역할 중 하나로(유일한 핵심 역할이 아니라 해도) 생각하며 자라왔다. 부모가 되기 원하는 남성도 많지만 '모성 명령'과 그 힘과 강도에서 동일한 '부성 명령'은 존재하지 않는다."[18] 이런 "모성 명령"은 어릴 적부터 시작되어 다 자란 후에도 여성에게 존재한다. 어머니가 되어야만 한다는 생각은 이들 안에 깊이 배어 있으며, 이런 기대가 불임으로 충족되지 못했을 때 여성으로서의 정체성은 산산조각 난다. 여성이 문화가 자신이 누구인지를 정의하도록 내버려둔다면, 불임 여성은 불완전함을 가지고 자기 인생을 살게 될 것이다.

불행히도 많은 여성이 교회 안에서 동일한 "모성 명령"의 메시지

---

18) Glahn and Cutrer, *Empty Arms*, 17.

를 들고 있다. 어머니가 된다는 것이 여성의 핵심 역할과 정체성인 동시에 가장 고귀한 부르심으로 제시되는 것이다.[19] 여성이 결혼의 주된 목적이 아이를 갖는 것이라고 배우는 교회 안에서 불임 여성은 자신의 결혼의 의미와 씨름한다. 말씀이 모성을 여성의 가장 고귀한 부르심으로 가르치지 않는데도 불구하고[20] 교회가 그렇게 가르칠 때(명시적이든 함축적이든) 불임 여성은 거대한 정신적·감정적인 압력을 경험하게 된다. 교회가 이것을 공식적으로 가르치지 않는다고 해도, 모성을 칭송하는 특별 행사나 아이가 없는 커플에 대한 몰이해한 언급을 통해 동일한 메시지가 전달될 수 있다.

모성은 역할이지 정체성이 아니다. 이것은 여성의 삶의 전부도 아니고 여성으로서의 정체성의 표시도 아니다. 설교자는 미혼이든 기혼

---

19) 역사가 베티 디버그(Betty DeBerg)는 백 년 전에 출간된 복음주의 정기 간행물을 인용해 당시 여성이 느낀 자녀에 대한 부담감을 제시하고 있다. *King's Business* 12, no. 2 (February 1921): 107-8의 한 구절을 인용하자면 "더 많은 어머니들을 구합니다. 우리에게는 가정, 진짜 가정이 없습니다. 우리에게는 어머니, 진짜 어머니가 부족합니다." J. 프랭크 노리스(Frank Norris)는 자녀를 낳지 않으려는 여성을 "사회의 기생 동물"이라고 불렀다(Norris, "Home Foundation of All things, Says Rev. J. Frank Norris," *Searchlight* 2, no. 25 [22 April 1920]: 2). DeBerg, *Ungodly Women: Gender and the First Wave of American Fundamentalism* (Minneapolis: Augsburg/Fortress, 1990), 43-50도 보라.

20) 마 12:46-50에 기록된 예수님의 꾸짖음은 여성의 삶에서 모성이 갖는 중요성을 재구성한다. 남성과 마찬가지로 여성 역시 육체적 가족과의 유대 관계와 믿음의 가족과의 유대 관계 사이의 긴장 속에서 살아간다. 육체적 가족이 우리의 주된 초점일 수는 없다. 우리의 주된 초점은 믿음으로 하나님과 관계 맺는 것과 그 관계 안에서 타인과 다시 관계 맺는 것이다. 모성은 훌륭한 목표이지만 제일의 목표가 되어서는 안 된다(눅 14:26). 제자 됨의 본질은 하나님을 온전히 신뢰할 만한 분으로 아는 것과 그것을 기초로 그분의 뜻을 행하는 것이다. 모성에 대한 우상 숭배는 제자 됨을 방해할 수 있다.

이든, 자녀가 있든 없든, 모든 여성에게 그리스도 안에서 이들의 참된 정체성을 발견하고 자유케 되는 가능성을 제공할 수 있다.

어떻게 설교에 적용할까?

사도 바울은 독신 생활의 유익에 대해 분명하게 말했다.

> 나는 모든 사람이 나와 같기를 원하노라, 그러나 각각 하나님께 받은 자기의 은사가 있으니 이 사람은 이러하고 저 사람은 저러하니라, 내가 결혼하지 아니한 자들과 과부들에게 이르노니 나와 같이 그냥 지내는 것이 좋으니라. 만일 절제할 수 없거든 결혼하라. 정욕이 불같이 타는 것보다 결혼하는 것이 나으니라.…너희가 염려 없기를 원하노라. 장가 가지 않은 자는 주의 일을 염려하여 어찌하여야 주를 기쁘시게 할까 하되 장가간 자는 세상일을 염려하여 어찌하여야 아내를 기쁘게 할까 하여 마음이 갈라지며 시집가지 않은 자와 처녀는 주의 일을 염려하여 몸과 영을 다 거룩하게 하려 하되, 시집간 자는 세상일을 염려하여 어찌하여야 남편을 기쁘게 할까 하느니라. 내가 이것을 말함은 너희의 유익을 위함이요 너희에게 올무를 놓으려 함이 아니니 오직 너희로 하여금 이치에 합당하게 하여 흐트러짐이 없이 주를 섬기게 하려 함이라.…아내는 그 남편이 살아 있는 동안에 매여 있다가 남편이 죽으면 자유로워 자기 뜻대로 시집갈 것이나 주 안에서만 할 것이니라. 그러나 내 뜻에는 그냥 지내는 것이 더욱 복이 있으리로다. 나도 또한 하나님의 영을

받은 줄로 생각하노라(고전 7:7-9, 32-35, 39-40).

사도 바울에 따르면 결혼은 그리스도를 향한 섬김을 복잡하게 만드는데 우리의 충성을 하나님과 배우자에게로 나뉘게 할 수 있기 때문이다. 결혼은 그리스도인이 하나님을 섬기지 못하도록 방해할 수 있다. 매리 스튜어트 밴 르우윈은 이 본문의 의미를 다음과 같이 정확하게 포착해냈다.

우리는 가족을 부차적인 성경적 자리로 되돌림으로써 독신에 대한 성경적 존중을 회복하는 데 진일보할 수 있다는 사실에 주목해야 한다.…
두 가지 상태(결혼과 독신) 모두가 하나님 나라의 방식으로 평가될 때이것들의 기능은 확실히 상호적 보완을 이룬다. 안정적인 그리스도인가정은 환대를 제공하는 데 선교적 이점을 갖는다. 반면에 미혼자는 가족의 의무에 방해받지 않고 기동성이라는 선교적 이점을 가질 수 있다.
둘 모두는 교회의 확장에 필수적이다.[21]

따라서 교회 전체를 섬긴다는 것은 미혼자와 기혼자의 상보적 관계를 설교하는 것을 의미한다. 이것은 하나님의 온전한 뜻을 설교하기 위한 본질적 부분으로서, 미혼이든 기혼이든 몸의 모든 구성원을 인정하는 것이다.

두 번째로 모든 그리스도인은 자신의 정체성이 나타났다 사라지

---

21) Van Leeuwen, *Gender and Grace*, 176.

는 역할이 아닌 예수 그리스도 안에 존재한다는 사실을 알아야 한다. 우리가 누구인지는 단순히 우리가 무엇을 하느냐가 아니라, 하나님의 손으로 빚어진 특별한 작품으로서 우리가 누구인지와 밀접한 관련을 갖는다. 우리는 하나님의 형상대로 지음 받았다. 비록 신학자들이 이런 진술에 함축된 세세한 항목에 대해서는 의견의 일치를 보지 못한다고 해도, 이는 우리의 정체성이 드러나는 여러 방식, 즉 하나님이 우리에게 부여하신 정신과 그분이 우리 안에 심어두신 미적 감각, 그리고 악을 이기고 선을 선택하는 능력을 통해 제시된다. 무엇보다 이것은 우리가 이 세상에서 지니고 사는 형상, 곧 자신의 형상대로 우리를 지으신 그분과의 관계를 여는 영적인 본성을 의미한다. 남성과 여성은 이들이 평생 동안, 그리고 영원히 지니게 될 형상의 근원이 되시는 하나님에 대해 들을 필요가 있다. 이런 정체성은 우리가 이 세상에서 담당하는 역할이 무엇이든 그것을 초월한다.

하나님은 예언자 이사야를 통해 자녀가 없는 이들에게 다음과 같은 위안을 주셨다.

잉태하지 못하며 출산하지 못한 너는 노래할지어다. 산고를 겪지 못한 너는 외쳐 노래할지어다. 이는 홀로 된 여인의 자식이 남편 있는 자의 자식보다 많음이라. 여호와께서 말씀하셨느니라.…고자도 말하기를 나는 마른 나무라 하지 말라. 여호와께서 이같이 말씀하시기를 나의 안식일을 지키며 내가 기뻐하는 일을 선택하며 나의 언약을 굳게 잡는 고자들에게는 내가 내 집에서, 내 성 안에서 아들이나 딸보다 나은 기념물과 이름을 그들에게 주며 영원한 이름을 주어 끊어지지 아니하게 할 것이며(사 54:1; 56:3-5).

이것은 자신이 독신이나 불임이기 때문에 스스로를 온전하지 못한 사람으로 느끼는 자들을 향한 하나님의 이상이다. 설교가 그리스도의 몸을 구성하는 모든 이들을 격려하기 위해서는 이런 여성들이 문화와 교회로부터 어떤 메시지를 듣고 있는지를 이해해야 한다. 독신이나 불임에 대해 당신 자신이 갖는 추정을 재고해야 할 수도 있다. 가정을 우상 숭배하는 것에 반대하는 메시지를 찾아 하나님의 말씀을 살펴야 할 수도 있다. 성경은 미혼 여성과 불임 여성에게 있을 법한 사례들을 제공한다. 출애굽 당시 이스라엘의 세 리더 중 하나였던 미리암(미 6:4)은 미혼 여성이었을 확률이 높으며, 이는 바울 곁에서 사역한 몇몇 여성 곧 뵈뵈(롬 16:1-2)와 마리아(롬 16:6), 드루배나, 드루보사, 버시(롬 16:12), 유오디아와 순두게(빌 4:2)도 마찬가지다. 성경에는 불임이던 여성이 결국 아이를 갖게 된 경우도 있지만(창 21장의 사라, 창 30장의 라헬, 삼상 1-2장의 한나, 눅 1장의 엘리사벳), 하나님을 사랑한 모든 기혼 여성이 아이를 갖게 된 것은 아니다. 7년간 결혼 생활을 했지만 사별한 여예언자 안나에게는 끝까지 아이가 없었을 확률이 높다(눅 2장). 이들의 결혼 여부나 이들에게 자녀가 있었는지는 확신하기 어렵지만 한 가지는 분명하다. 이들은 성경에서 아내나 어머니의 역할로 정의되지 않았다.

미혼 여성이나 자녀가 없는 여성도 하나님 나라로 많은 아들딸을 데리고 들어올 수 있다. 이들이 자신이 부름 받은 상태에서 격려받을 수 있도록 설교하라. 일시적인 역할과 영구적인 정체성을 혼동하지 말라. 하나님의 말씀이 이들의 마음과 목숨, 뜻, 힘을 위한 닻이 되도록 하라. 그럴 때에만 이들은 자신과 타인을 사랑할 수 있을 것이다.

자녀를 둔 기혼자를 향해서는 자기와 같은 상태로 부름 받지 못한 이들을 포용하도록 설교하라. 이들이 자신과 다른 여성과 함께 자신의 삶과 사랑을 나누도록 격려하라. 가장 큰 계명을 설교하는 것에는 이웃을 자신과 같이 사랑하는 일의 의미에 대해 구체성을 가지는 것이 포함된다. 유대교의 율법교사가 예수님께 이웃에 대한 정의를 요구했을 때(눅 10:29) 그는 타인을 배제하는 좁은 정의를 기대했다. 하지만 예수님은 선한 사마리아인 비유를 통해 그의 견해를 완전히 뒤집어놓으셨다. 당신의 이웃은 당신과 다를 수 있다. 당신의 이웃은, 심지어 당신과 불구대천의 원수일 수도 있다. 당신의 이웃은 당신이 그의 필요를 보게 되고 그것을 채워줄 수 있는 모든 사람이다.[22] 이웃 사랑은 가장 큰 명령과 불가분의 관계에 있고 교회 생활과도 마찬가지다. 몸의 상호 의존성을 설교하라. 기혼자와 자녀를 둔 이들에게 회중 안에 있는 미혼자와 자식이 없는 자들에게 손을 내밀 이유를 제공하라. 그렇게 할 때 당신은 청중이 가장 큰 계명의 마지막 부분을 성취하도록 할 것이다.[23]

---

22) 이는 해돈 로빈슨이 1980년 콜로라도 주 오로라 헤리티지 침례교회에서 설교한 것처럼 눅 10:25-37의 중심 사상이다.

23) 이 책은 여성을 위한 설교에 대한 것이지만, 이번 장 내용의 영향은 다른 인종과 경제 상태의 남성과 여성에게까지 확장되어야 한다.

요약

- 역할은 우리의 삶에 틀을 제공하고 따라서 필수적이다. 역할은 우리의 시간을 조직하고 우리가 결실을 맺도록 한다. 또한 타인에 대해 우리가 갖는 기대의 틀을 제공한다.
- 역할은 우리가 타인에게 기대하는 행동에 대해서는 말해줄 수 있지만 이들이 누구인지를 말해주지는 않는다. 인격 혹은 정체성을 이해하기 위해 우리는 역할 너머를 보아야 한다.
- 설교자는 여성에게 그들이 미혼이거나 어머니가 아니기 때문에 인간으로서 온전하지 못하다는 메시지를 의도치 않게 전할 수 있다
- 효과적인 미혼 여성 사역을 위해 우리는 독신과 결혼에 대한 우리 자신의 태도 및 이들이 우리의 사역에 영향을 미치는 방식을 점검할 필요가 있다.
- 미혼 여성에게는 환대와 편안함, 안전이 느껴지는 교회, 기혼자와 미혼자가 교제와 사역을 통해 함께 어울릴 수 있는 교회 공동체 의식이 필요하다.
- 그리스도인 커플에게 불임은 하나님이 의도적으로 자신에게 아이를 주지 않으시는 이유를 질문하도록 하며 많은 경우 영적 위기를 가져온다.
- 여성은 어머니가 되는 것이 자기 정체성의 핵심이라는 문화적 메시지를 듣는다.
- 모성은 역할이지 정체성이 아니다. 모성은 여성의 삶의 전부도

아니고 여성으로서의 정체성의 표시도 아니다.

- 결혼은 그리스도를 향한 섬김을 복잡하게 만들고 또한 그리스도인이 하나님을 섬기지 못하도록 방해할 수 있다.

- 안정적인 그리스도인 가정은 환대를 제공하는 데 있어 선교적 이점을 갖는다. 반면에 미혼자는 가족에 대한 의무에 방해받지 않고 기동성이라는 선교적 이점을 가질 수 있다. 둘 모두는 선교에 필수적이다.

- 미혼 여성이나 자녀가 없는 여성도 하나님 나라로 많은 아들딸을 데리고 들어올 수 있다. 이들이 부름 받은 상태에서 격려받을 수 있도록 설교하라.

- 기혼자와 자녀를 둔 이들에게 회중 안에 있는 미혼자와 자식이 없는 자들에게 손을 내밀 이유를 제공하라.

더 생각해볼 문제

- 당신의 회중을 생각해보라. 교회 안에 있는 어떤 그룹이 대부분의 구성원들과 다르다는 이유로 "보이지 않을" 수 있을까? 보이지 않는 이들이 보일 수 있도록 당신은 어떻게 설교할 수 있을까? 당신은 이것이 교회 안에서 어떤 차이를 만들 것이라고 생각하는가?

- 독신에 대한 당신 자신의 감정과 믿음을 살펴보라. 당신의 감정과 믿음은 회중 속 미혼 여성을 향한 당신의 설교에 어떤 영향을 미

치는가?

• 교회 안의 여성에 대한 당신의 사회적 기대나 역할 기대는 무엇인가? 이런 기대는 당신을 회중 속 어느 그룹의 여성과 단절시키는가?

• 여성이 자신과 타인을 포용하고 포함하도록 하기 위해, 당신은 가장 큰 명령을 어떻게 설교할 수 있을까?

10장

청중으로서의
여성
이해하기

닐 사이먼(Neil Simon)의 희곡 『리멤버』(*Jake's Women*)에 등장하는 베스트셀러 작가 제이크는 자기 인생에 있었던 여섯 명의 여인, 즉 여자 형제와 사별한 첫 번째 아내, 별거 중인 두 번째 아내, 딸, 정신과 의사, 그리고 현재의 연인과 상상 속의 대화를 이끌어가는 인물이다. 제이크는 청중으로 하여금 이 여성을 떠올리도록 만들고 우리는 그녀가 마치 실제로 그 자리에 있는 것처럼 대화를 엿듣는다. 하지만 제이크와의 대화는 이 여성에게 좌절감을 주는데 제이크는 이들의 입을 통해 자기가 하고 싶은 말만을 이어가기 때문이다. 마침내 별거 중이던 아내와의 실제 대화에서 제이크는 아내에게는 그녀만의 생각이 있으며 그것은 자신이 상상 속 대화에서 추측했던 것과는 완전히 다르다는 사실에 직면하게 된다. 열띤 공방 끝에 그녀는 다음과 같이 소리친다. "당신은 정말로 내 말을 들어본 적이 없어! 내 관점에 대해 당신은 전혀 아는 바가 없다고!" 결국 제이크는 그녀의 실재를 인정하면서 아주 어려운 임무, 즉 자신의 작가적 입장을 내려놓고 그녀의 관점으로 사물을 보기 시작한다.

이 책에서 우리는 때로 생경한 관점을 해석하기 위해 노력해왔다. 설교에서 관점은 중요하다. 관점은 설교자가 취하는 시공간 속 입장 혹은 위치로서 여기에는 설교를 통해 드러나는 태도와 가치들도 포함된다. 설교자가 비그리스도인, 경제 문제, 혹은 다른 인종과 다른 사회적 위치의 사람들에 대해 어떻게 느끼는지는 (의식적으로든 다른 방식으로든) 메시지에 사용된 비유와 예시를 통해 흘러나온다. 여성에 대한 사역자의 태도도 마찬가지다. 설교자는 매주 설교를 하면서 여성에 대한 자신의 입장을 어떻게 분석할 수 있을까? 다음의 여섯 가지 질문[1]은 설교자와 회중 속 여성을 더 가까이 연결시켜서 여성이 복음을 자신을 위한 것으로 깨닫도록 도와줄 것이다.

우리는 전통적이고 고정관념적인 역할에 갇혀 남성과 여성에게 정형화된 역할을 분배하는가?

대부분의 연기자들은 정형화된 역할 분배에 분개한다. 이들은 늘 똑같은 종류의 인물을 연기하기보다 자신의 재능을 발휘할 만한 폭넓은 범위의 연기를 선호한다. 남성과 여성이 다양한 역할을 곡예하듯 어렵게 수행하는 동안(9장에서 논의했듯이) 이들 역시 자신의 은사와 능력을 다양한 방식으로 표현할 자유를 원한다. 하지만 이들을 고정관념적인 역할들로 분류하기란 너무 쉽다.

　어떤 남성이 교회에 등록할 때 곧바로 우리는 그를 리더십 역할 중 하나로 재단하지는 않는가? 동시에 그의 아내가 환대 위원회에 유익한 도움이 될 수 있을지를 궁금해하지는 않는가? 모든 남성이 다 리더가 되는 것도 아니고, 모든 여성이 쿠키를 굽거나 식탁을 꾸미는 일

---

1) 이 여섯 가지 질문은 Virginia Sapiro, *Women in American Society* (Palo Alto, Calif.: Mayfield Publishing, 1986), 287을 개작한 것이다.

여성을 위한 설교

에서 성취감을 느끼는 것도 아니다. 이런 정형화된 역할 분배는 우리가 자신의 요점을 실증하기 위해 선택하는 예들을 통해 우리의 설교에서 흘러나온다.

정형화된 역할 분배는 회중 속 여성뿐 아니라 크게는 교회에 상처를 입히며 은사와 부르심을 무효화한다. 데이비드 네프는 「크리스채너티 투데이」 사설을 통해(3장), 교회를 섬기기 위한 준비로 성경대학에 입학하는 남학생과 여학생 사이에 40퍼센트에 달하는 자존감의 격차가 벌어지는 이유로 정형화된 역할 분배를 지적하기도 했다. 우리가 선택하는 예시는 종종 이런 정형화된 역할 분배를 강화한다.

우리는 남성과 여성 모두를 온전한 인간으로 제시하는가?

우리는 남성이 감정적인 것을 허용하는가? 여성이 독립적으로 행동하는 것을 허용하는가? 우리는 남성이 온화할 때 그것을 칭찬하는가? 거리낌 없이 이야기하는 여성의 솔직함을 소중하게 생각하는가? 우리는 정말로 여성에게 논리적 역량이 있다고 믿는가? 남성에게 단정함의 역량이 있다고 믿는가?[2]

만일 우리가 어떤 특징이 남성에게 나타났을 때는 그것을 칭찬하면서 여성에게 나타났을 때에는 그것을 경시한다면 일종의 고정관념에 빠진 것일 수 있다. 우리는 여성을 적극적 성취의 사례로 사용하거

---

2) 이 특징들은 3장 브로버만 표의 목록을 반영한다.

나, 남성을 조용한 수동성이나 염려에 사로잡힌 우유부단함의 사례로 사용함으로써 회중으로 하여금 이런 문제에 대해 민감해지도록 만들 수 있다. 우리 모두는 온전한 인간이고 우리 중 어느 누구도(남성 혹은 여성) 어떤 고정관념 때문에 인간성의 일부로부터 단절되어서는 안 된다.

우리는 남성과 여성에게 같은 수준의 존중을 부여하는가?

우리는 여러 방식을 통해 무의식적으로 절반의 인류에게 다른 절반의 인류에게 보이는 것보다 못한 존중을 보일 수 있다. 예를 들어 여성은 신체적 특징이나 결혼 여부로 묘사하는 경향이 있는 반면에, 남성은 지적 능력이나 직업으로 묘사하는 경향이 있다. 때로 방송 해설위원들은 남성 정치인의 경우 이들의 연설 내용에 집중을 하는 반면에, 여성 정치인에 대해서는 발언 내용보다 이들의 외모에 보도의 중점을 두곤 한다.

성적인 빈정거림이 수반되는 형태의 무례함도 있다. 즉 여성을 성적 대상 혹은 연약하고 가망이 없는 존재로 묘사하거나 이들을 "연약한 성", "여성 해방 운동가", "여자아이" 같은 용어로 가리키는 것이다. 남자아이(boy)와 여자아이(girl)라는 단어는 대칭적으로 보이지만 우리가 이 단어들을 언제나 대칭적으로 사용하는 것은 아니다. 우리는 회중 속에 있는 성인 남성을 남자아이로 거의 부르지 않는데 이는 그를 성인으로 인정하기 때문이다. 그는 남자다. 어쨌든 그는 직장을 갖고 있으며 자신을 부양하고 있지 않는가? 반면에 우리 문화에서 여자 아이라는 단어는 모든 연령을 통틀어 전 여성을 묘사하는데 여기에는 직장을 갖고 있으며 자신을 부양하는 성인 여성도 포함된다. 왜 한쪽 은 되고 다른 한쪽은 안 될까? 남성을 남자아이라고 부르는 것은 그의 경험과 능력, 성인으로서의 자질을 비하하는 것이다. 마찬가지로 여성 을 여자아이라고 부르는 것은 그녀를 의존적인 어린아이의 상태로 축 소시킨다.

버지니아.사피로(Virginia Sapiro)는 수십 년 동안 일부 백인이 흑 인 남성을 남자아이(boy)로 불러왔다는 사실을 상기시키고 있다. 흑 인을 이렇게 부른 것은 이들의 열등한 처지를 상기시키기 위해서였으 며 이런 처사는 이들로부터 남성성을 빼앗았다. 이런 용어 사용을 폐 지한 것은 1950년대와 60년대 시민 평등권 운동에서 중요한 상징적 문제였다. 한 세대가 지나기 전에 이 현상은 실제로 사라졌지만 성인 여성을 "여자아이"로 부르는 일은 여전히 존재한다.[3] 무의식적으로 우 리가 사용하는 단어는 우리가 의미하지 않은 것을 이야기하고 존중의 결여를 전달할 수 있다.

우리는 성취에 대해 남성과 여성 모두를 인정하는가?

산업혁명 이전 남성과 여성은 가족을 부양하기 위해 나란히 함께 일

---

3) Sapiro, *Women in American Society*, 287.

했다. 역사가들은 여성이 자기 남편이 죽은 후에도 오래도록 가업을 이어간 사례들을 들려준다. 이는 그녀들이 대장일이나 직물 제조, 양초 제조업을 남편과 함께 해왔기 때문이다. 하지만 오늘날 여성이 많은 강단으로부터 듣는 메시지는, 자신이 할 수 있는 가장 큰 성취가 자신을 위해 무언가를 성취해주는 남편을 사랑으로 지지하는 것이라는 내용이다. 여성이 씨름하는 자존감과 우울증이라는 문제의 상당 부분은 그녀에게는 인정받을 만한 자격이 없다는 추정으로 곧바로 거슬러 올라갈 수 있다. 이런 태도는 기혼 여성뿐 아니라 미혼 여성에게도 영향을 미치고 이들의 꿈과 성취를 폄하한다.

인류 전체에 대해 말할 때 우리의 언어는 여성을 배제하는가?

단어는 우리가 타인에게 우리의 생각과 감정, 갈망을 표현하는 도구다. 각각의 단어에는 광범위한 함축적·암시적 의미가 들어 있다. 우리가 사용하는 단어는 젠더에 대한 우리의 무의식적 태도를 반영할 수 있다.

다음과 같은 다섯 가지 실천은 젠더 문제에 대해 사람들이 민감해지도록 만드는 데 큰 도움이 될 것이다.

첫째, 여성이 포함된 그룹을 가리킬 때 일반적 용어인 "man"(man은 남성을 가리키기도 하고 사람을 가리키기도 함—역자 주)의 사용을 피하는 것이다. 오늘날 모든 사람이 이 단어를 일반적인 용어로 이해하는 것은 아니다. 대신 "사람들"(people, persons), "인류" 혹은 "남성과 여성"으로 이것을 대체하라. 신약 기자들은 남성이나 일반적 인류에 대해 기록할 때 "*anēr*"와 "*anthrōpos*"를 신중히 구분했다. 번역가들은 그만큼 신중하지 못했으며 앞의 두 그리스어 단어를 영어의 "man"으로 번역했다. 우리가 혼성 그룹을 가리킬 때는 의도적으로 여성을 포함시켜 원래의 성경적 신중함을 반영해야 한다.

둘째, 일반적으로 사람을 가리킬 때 "그는"(he), "그를"(him), "그의"(his) 같은 단어의 사용을 피하라. 문장을 보편적으로 만들기 위해 약간의 변화를 두라. 예를 들어 "평범한 미국인은 그의(his) 커피를 블랙으로 마신다"라고 말하는 대신 간단히 "그의"라는 대명사를 생략하라. "평범한 미국인은 커피를 블랙으로 마신다." 아니면 삼인칭을 유지하되 문장을 복수형으로 만들라. "대부분의 미국인들은 그들의(their) 커피를 블랙으로 마신다." 이는 간단한 변화이지만 이렇게 쓰면 인류의 양쪽 절반을 모두 포함하게 된다.

셋째, 수년 동안 변화해온 직업 용어에 주의를 기울이라. 승무원을 여전히 "stewardess"(여자 승무원을 가리킴—역자 주)라고 가리키는 설교자는 현재 많은 수의 남성이 민간 항공사에서 대중을 섬기고 있다는 사실을 무시하는 것이다. 세계무역센터와 펜타곤에서 일어난 9·11의 대대적 파괴는 남성과 여성이 모두 화재와 싸우며 타인의 생명을 살리기 위해 자기 생명의 위험을 감수한다는 사실을 우리에게 상기시켰다. 따라서 "firemen"이나 "policemen"이 아닌 "fire fighters"와 "police officers"를 사용해 소방관과 경찰관을 가리키는 것이 적절하다.

넷째, 청중을 남성으로만 추측하는 언어를 피하라. 남성과 여성이

혼합된 청중에게 설교하는 동안 "당신과 당신의 아내"라고 말하는 설교자는 자기 설교를 듣고 있는 "진짜" 청중을 저버리는 것이다. 오히려 "당신과 당신의 배우자"라고 언급하여 청중 속에 있는 여성을 포함시키는 것이 낫다.

마지막으로, 적절한 기회에 성경 본문이 남성뿐 아니라 여성에게도 적용된다는 사실을 강조하라. 내가 수년 전 참석했던 한 여성 수련회에서 강사는 고린도후서 5:17을 낭독하면서 한 가지 대담한 변화를 시도했다. "그런즉 누구든지 그리스도 안에 있으면 그녀는(영어 성경에는 '그'라고 남성 대명사로 되어 있음―역자 주) 새로운 피조물이라. 이전 것은 지나갔으니 보라 새것이 되었도다." 갑자기 이 본문이 새로운 방식으로 나를 사로잡았다. 눈물이 볼을 타고 주르르 흘러내렸고 나는 목구멍에서 느껴지는 뜨거운 덩어리를 삼키느라 애써야 했다. 지난 수년 동안 그 구절을 수없이 읽거나 인용해왔지만 정말로 이 말이 개인적으로 느껴지기는 처음이었다. 이전에 누군가가 바울이 이 말을 남성은 물론 여성에게도 전한 것인지 내게 물어보았다면 나는 확실히 그렇다고 대답했을 것이다. 지성적으로 나는 그 구절이 나를 포함한다는 사실을 알고 있었다. 하지만 그날 그 여성 수련회에서 나는 이 구절이 나를 포함한다는 사실을 감정적인 차원에서까지 발견했다.

물론 우리는 하나님의 말씀을 다루면서 부주의해서는 안 된다. 하지만 공적인 자리에서 말씀을 낭독할 때 해당 본문을 통상적으로 사용되는 버전으로 한 번 읽은 후, 같은 본문을 여성 대명사를 사용해 다시 한 번 읽는 것만으로도 우리는 여성의 삶에서 말씀의 능력을 불러일으킬 수 있다. 물론 이런 시도는 본문이 한쪽 젠더에만 국한되지 않을 경우 특히 적절하다(고후 5:17처럼).

우리는 남성과 여성을 가리키고 묘사하는 언어를 대등한 조건으로 사용하는가?

결혼식의 말미에 주례자가 "이제 두 분을 **남편과 여자**(husband and woman)로 선언합니다"라고 말한다면 이것은 어떤 메시지를 전달할까? 이런 경우 남성은 그의 역할 곧 남편으로 지명되겠지만 여성에게는 온전한 인간성이 부여될 것이다. 반면에 주례자가 "이제 두 분을 **남자와 아내**(man and wife)로 선언합니다"라고 말한다면 여성은 단하나의 역할로 축소될 것이고 남성에게는 온전한 인간성이 부여될 것이다. 결혼식은 한 남성과 여성을 남편과 아내로 묶는 예식이고 따라서 다음과 같이 상관성 있는 두 용어를 사용하는 것이 낫다. "이제 두 분을 **남편과 아내**(husband and wife)로 선언합니다." (이 단락의 배경이 되는 주례자의 선언은 "I now pronounce you man and wife"로, 직역하자면 "이제 두 분을 남자와 아내로 선언합니다"가 됨—역자 주.)

　일반적인 표현에서 젠더를 뒤바꾸어보는 것은 젠더 이슈에 대한 민감성을 개발하는 데 도움이 된다. 뒤바뀐 진술들이 터무니없거나 남성을 비하하는 것처럼 들린다면, 원래의 표현도 터무니없고 여성에 대해 모욕적일 수 있다.

청중으로서의 여성을 이해하기

1993년 윌리엄 헨드릭스(William Hendricks)는 출석하던 교회를 떠나기로 결심한 그리스도인들과 진행한 일련의 퇴사자 면담을 모아 출판했다. 그는 이 결과물의 일부를 다음과 같이 요약하고 있다.

> 내가 이야기를 나눈 여성의 언급 중 일부를 암시로 삼는다면 교회는 지금 시한폭탄을 손에 쥐고 있다. 여성은 화가 나 있으며 그 분노는 점점 더 심해지고 있다. 나는 교회 안에 있는 모든 여성이 이런 특징을 가진다고 말하지는 않을 것이지만, 이들의 메시지는 분명하다. 여성은 언어, 기회, 칭찬과 보상, 권위, 직원 채용, 기대, 결혼과 성생활, 정의와 같은 문제에 있어 점점 더 교회를 남성적 관점이 지배하는 곳으로 바라보고 있다. 수많은 사람이 기관과 리더들로 대표되는 기독교가 몰이해적이라고 느낀다. 물론 예외도 있다고 말하겠지만 전체적으로 여성을 존중하지 않는 제도처럼 느껴진다는 것이다.[4]

이는 우리가 듣고 싶어하지 않는 이야기다. 하지만 지속적으로 많은 여성이 기독교회를 탈출하고 있는 현상을 관찰한 이는 비단 헨드릭스뿐이 아니다. 30년이 넘는 동안의 여성 사역을 통해 나는 하나님을 자신의 마음과 목숨과 뜻과 힘을 다해 사랑하고 싶지만 교회를 통해 성경적인 하나님의 이상을 듣거나 볼 수 없었던 여성들의 비통함

---

4) William D. Hendricks, *Exit Interviews* (Chicago: Moody Press, 1993), 261.

을 반복적으로 들어왔다.

헨드릭스는 한 여성과의 면담을 전하고 있다. 이 면담 내용에 따르면 하나님을 찾아온 그녀의 노력은 (여러 교회에서 실망을 경험한 후) 결국 그녀를 남서부에 위치한 한 보수 복음신학교로 인도했다고 한다. 이 여성은 그곳에서의 강의와 한 동료 여학생에 대해 다음과 같이 이야기하고 있다.

영국에서 왔던 한 여학생이 기억나요. 그 여학생은 교회에서 여성이 무엇을 할 수 있고 없고의 문제에 대해서는 관심이 없었어요. 그녀에게 그것은 문제가 되지 않았죠. 하지만 우리가 함께 듣고 있던 한 강의에서 그녀는 정말로 분노했는데 그녀가 말한 대로 "하나님의 형상이 그녀의 영혼 안에서 학대받고 있"었기 때문이에요. 저는 이것이 너무 정확한 표현이라고 생각해요. 하나님이 남성과 여성을 만드셨지만 그 교수님은 여성의 역할에 대해 너무나 제한적이셨어요. 그래서 제 가슴이 조여왔지요.…선생님은 남성이시기 때문에 그것이 어떤 느낌인지 절대 아실 수 없을 거예요.

헨드릭스는 이 면담에 대해 다음과 같이 평가함으로써 결론을 내리고 있다.

지금껏 그녀가 다닌 신학교와 대부분의 교회를 포함해서 이 기간 동안 디아나가 느껴온 좌절감의 상당 부분은 그녀가 여성으로서 그리고 인간으로서 존중받고 있다고 느끼지 못한다는 것이었다. 그녀는 자신의 감정이나 의심이 중요하다고 느끼지 못했다. 또한 다른 대안적 관점이 있어서 그것에 기여할 어떤 것이 있다고도 느끼지 못했다. 모든 것은 지나치게 깔끔히 정돈되어 있었고 따라서 현실적이지 못했다.[5]

이 책이 당신의 설교를 도와 당신의 회중 속에 있는 모든 "디아나"들이 하나님의 은혜와 사랑의 복음을 분명히 듣게 되고 자신의 마음과 목숨, 뜻과 힘을 다해 하나님을 사랑하며 자기 이웃을 자신과 같이 사랑하게 되기를 나는 소망한다. 이것이 설교의 제일가는 목적이다. 당신이 청중으로 하여금 자기 존재의 모든 부분으로 하나님과 타인을 사랑하도록 한다면, 당신은 이들과 하나님 나라를 위해 위대한 일을 이룬 것이다.

더 생각해볼 문제

- 당신 회중의 60퍼센트가 25세 미만이라고 하자. 이것은 당신이 설교하는 방식에 영향을 미치는가? 만일 회중의 60퍼센트(나 그 이상)가 여성이라면 이런 사실은 당신의 설교에 어떤 영향을 미치는가?
- 여성이 발언할 때(모임이나 성경공부 혹은 개인적 대화에서) 당신은 이들의 이야기에 정말로 귀 기울이는가? 당신은 이들이 무

---

5) 같은 책.

엇을, 왜 말하는지를 이해하기 위해 질문하는가?

• 운동선수나 외과의사, 기업 간부, 비행기 조종사, 리더들에 대한 예시를 사용할 때, 당신은 그중 다수를 여성으로 제시하는가?

• 당신은 주부의 기량이 직장에서의 기량만큼 중요하다는 사실을 강조하는가? 당신은 미혼 여성의 은사를 기혼의 상태와 모성만큼 칭찬하는가?

• 1년 중 당신은 얼마나 자주 성경에 나오는 강인한 여성에 대해 설교하는가? 이런 여성에 대한 시리즈는 어떤가?[6]

• 성경의 내러티브 부분을 설교할 때 당신은 한 번이라도 그것과 관련된 여성의 관점에서 바라본 적이 있는가?

• 회중을 기도로 인도하거나 상처 입은 이들을 위해 기도할 때, 당신은 한 번이라도 교회 안에서 폭력적인 결혼 생활을 하고 있는 이나 성적 학대를 받는 어린이를 위해 기도해본 적이 있는가?

• 당신은 성경적 원리를 그것이 사용될 수 있는 삶의 상황에 적용하는가? 당신의 적용은 신앙의 실천이 이루어져야 하는 복합적인 상황을 반영하는가?

• 당신은 반대 성의 사람을 비하하는 농담을 함부로 하는 편인가? 왜 그런가?

• 당신이 남성이고 기혼자라면 당신은 설교를 좀 더 여성에게 의

---

6) 일부 설교자들은 내가 쓴 *A Woman God Can Lead: Lessons from Women of the Bible Help You Make Today's Choices* (Grand Rapids: Discovery House, 1998)가 구약과 복음서의 성경 내러티브에 등장하는 여성의 삶을 설교하는 데 유용했다고 말한다.

미 있는 것으로 만들기 위해 아내에게 도움을 요청하는가? 당신은 젠더 이슈의 관점에서 당신의 설교를 비평하도록 당신의 회중 속 몇몇 여성에게 기꺼이 부탁할 수 있는가?

여성을 위한 설교

Copyright ⓒ 새물결플러스 2016

1쇄발행_ 2016년 9월 26일

지은이_ 앨리스 P. 매슈스
옮긴이_ 장혜영
펴낸이_ 김요한
펴낸곳_ 새물결플러스
편   집_ 왕희광·정인철·최율리·박규준·노재현·최정호·한바울·유진·신준호
디자인_ 서린나·송미현·박소민
마케팅_ 이승용·임성배
총   무_ 김명화·최혜영
영   상_ 최정호·조용석

아카데미_ 유영성·최경환·황혜전

홈페이지 www.hwpbooks.com
이메일 hwpbooks@hwpbooks.com
출판등록 2008년 8월 21일 제2008-24호
주소 (우) 07214 서울특별시 영등포구 양평로 11, 5층(당산동5가)
전화 02) 2652-3161
팩스 02) 2652-3191

ISBN 979-11-86409-73-2 03230
책값은 뒤표지에 있습니다.

이 도서의 국립중앙도서관 출판예정도서목록(CIP)은 서지정보유통지원시스템 홈페이지
(http://seoji.nl.go.kr)와 국가자료공동목록시스템(http://www.nl.go.kr/kolisnet)에
서 이용하실 수 있습니다(CIP제어번호: CIP2016021151).